U0612814

盛世帝王
李世民

石云涛 著

SPM
南方传媒　广东人民出版社

· 广州 ·

图书在版编目（CIP）数据

盛世帝王李世民 / 石云涛著 . -- 广州 : 广东人民
出版社 , 2025. 7. -- ISBN 978-7-218-18455-5

Ⅰ . K827=421

中国国家版本馆 CIP 数据核字第 2025LP1211 号

SHENGSHI DIWANG LI SHIMIN

盛世帝王李世民

石云涛　著

版权所有　翻印必究

出 版 人：肖风华

责任编辑：陈泽洪　宁有余
责任技编：吴彦斌
装帧设计：仙境设计

出版发行：广东人民出版社
地　　址：广州市越秀区大沙头四马路 10 号（邮政编码：510199）
电　　话：（020）85716809（总编室）
传　　真：（020）83289585
网　　址：https://www.gdpph.com
印　　刷：河北鹏润印刷有限公司
开　　本：710mm×1000mm　1/16
印　　张：16　　字　数：260 千
版　　次：2025 年 7 月第 1 版
印　　次：2025 年 7 月第 1 次印刷
定　　价：69.00 元

如发现印装质量问题，影响阅读，请与出版社（020-87712513）联系调换。
售书热线：（020）87717307

目 录

抑扬佛道

艰难的太子废立

引　言

　　历史像滚滚东去的江水，一刻也不停留地向前推进。自东汉末年天下大乱以后，中国经历了近四百年的分裂动荡。至 6 世纪末隋王朝建立，实现了南北统一，代之而起的大唐帝国进一步巩固和发展了封建王朝大一统的局面。一个伟大的时代便到来了。

　　伟大的时代呼唤伟大的人物，一个没有伟大人物的时代最终只会在历史中黯然失色。隋文帝、隋炀帝、唐高祖都是那个时代相当杰出的人才，在中国历史上数百名皇帝中，他们都不是平庸之辈，他们都建立了其他许多帝王所不及的功绩，他们都有自己天才的方面。但与随后的一个人物相比，他们似乎又都有些许逊色，甚至有不同程度的瑕疵。

　　这个历史巨人的出现，需要若干年的酝酿，但在隋末的遍地烽火中，我们已经依稀看到了他的影子。一位年方十八岁的青年将军，骑着一匹剽悍战马从太原出发，一路冲杀而来。历史已经赋予他重大的使命，他就是未来的唐太宗、起兵反隋的太原留守李渊的次子李世民。在攻克西河后，他的封号是"敦煌郡公"。

　　他的面影随着一场场血战而越来越清晰，他也是经历了无数的艰难险阻才走上历史的前台的。

　　在父亲李渊义旗之下，李世民率领日益壮大的义士队伍连战皆捷，与各路义军配合，攻入长安，从而宣告了腐朽的隋王朝的最终灭亡和一个新王朝的诞生。李渊称帝，在隋王朝的废墟上建立了唐朝，李世民被晋封为秦王。

　　此时在中国大地上，群雄角逐，鏖战方酣。新兴的大唐政权四面受敌，面临着新的严峻考验。英勇而果敢的秦王立刻投入巩固和发展新兴政权的统一战争之中。

首先威胁新政权生存的是陇右的薛举、薛仁杲父子。薛举于隋大业十三年（617）称帝，国号为秦，自称西秦霸王，尽有陇西，有众十三万。闻李渊入定长安，遂进围扶风，将图京师。秦王统军出征，一战获胜，威慑西秦。

　　但薛氏还不甘心，再度举兵。秦王再次引兵抗击，高墌之战唐军失利而返。薛仁杲乘胜而来，秦王又挂帅应敌，这次秦王初则坚守不出，以逸待劳，后又乘其粮尽兵疲之机大举出击，彻底击溃了薛仁杲。在与薛氏父子交战过程中，秦王的坐骑是一匹有四只白蹄的纯黑色骏马——白蹄乌。当时秦王催动白蹄乌，亲率数十骁骑冲入敌阵，所向披靡，唐军呼声动地。

　　击灭陇右薛氏父子，便解除了唐朝的后顾之忧，秦王本应该专心东向，与群雄争夺中原。可是另一个劲敌刘武周崛起于北方，"南向以争天下"。他占据雁门、楼烦、定襄等郡，于义宁二年（618）称帝，改元天兴；他外连突厥，受封为"定杨可汗"，在突厥的支持下，他联合梁师都，攻取唐的后方晋阳（今山西太原），进逼绛州，威胁长安。

　　秦王上表请兵，决心平殄刘武周，克复汾、晋。李渊命秦王挂帅出征，秦王引军乘坚冰渡河，屯兵柏壁，与刘武周大将宋金刚对峙。他闭营养锐以挫敌锋，分兵出击捣其心腹，等待时机，后发制人。相持半年之后，宋金刚粮尽兵疲，撤北而去，秦王立刻率大军出击，他骑着一匹名叫特勒骠的战马，大败敌军于吕州，又乘胜逐北，一昼夜行军二百余里，有时一日八战，连战连胜。秦王两日不食，三日不解甲，穷追不舍。刘武周听说宋金刚大败，弃并州逃奔突厥；宋金刚也率百余骑北投突厥，后来两人都被突厥所杀。秦王凯旋。

　　隋炀帝在江都被弑后，隋的残余势力集中在东都洛阳。留守官奉越王杨侗为帝，朝政为守将王世充把持。唐武德二年（619）四月，王世充夺位称帝，国号郑。洛阳地处"天下之中"，交通四方，为漕运中心，全国各地缴纳的赋租集中在这里，仓廪丰盈。炀帝以之为东都，以此控扼中原。因此，洛阳在政治、经济和军事上地位都十分重要。对于新兴的唐王朝来说，能否实现天下统一，洛阳的掌控对帝国是否可以操控天下具有重要意义。

　　当西、北两方的对手被击平之后，高祖于武德三年（620）命秦王统军进攻洛阳。秦王首先率步骑五万夺取了东都西线的主要据点慈涧（今河南新安），接着便对洛阳城实施包围。王世充请求"息兵讲好"，遭到秦王的拒绝，他说："奉诏取东都，不令讲好也"。迫于唐军的强大压力，王世充属下的州县官吏纷纷降唐。唐军多次与东都军进行激战，在唐军的猛烈攻势下，洛阳城已经岌岌可危，王世充求救于河北窦建德，窦建德担心东都破后自己会受到唐朝的威胁，因此发兵十万前来援助王世充。战场上的局面为之改观，唐军面临腹背受敌的危险。

有人主张退保新安，避开窦建德的锋芒。有人主张对洛阳暂取守势，集中力量打击窦建德，窦建德破，洛阳自然瓦解。面对强敌，秦王没有惊慌失措，他采纳了后者的建议。他修书给窦建德，劝他放弃对王世充的援助，窦建德不听。二十多天后，秦王诱敌出洞，引窦建德全军出击，却又施疲兵之计，不立即与之交战。结果窦建德忙着布列阵势，从早上忙到中午，兵士又饥又累。当窦建德的军士都争着饮水时，秦王觉得时机已到，他亲率轻骑迅速出兵，大军随后也掩杀过来。唐军的突然进攻使窦建德猝不及防，立刻陷于被动。秦王又亲自率数员猛将冲至敌阵的背后，竖起唐军的旗帜，于是窦建德的军队溃败，窦建德被活捉。秦王派人用囚车推出窦建德，让东都守城者观看，王世充等自知无路可走，只好投降。

征讨东都时，秦王初乘战马名飒露紫；与窦建德虎牢对阵，又骑一匹战马名青骓。击破窦建德后，又攻洛阳，则又换乘什伐赤。秦王身冒矢石，冲锋陷阵，除了青骓之外，另外两匹都曾在战场上身负重伤。

东都大捷，秦王班师回长安，高祖为胜利的将士举行隆重的欢迎仪式，秦王身披黄金甲，站在兵车上，身后是二十五位威武的大将，铁骑万匹，军乐嘹亮，朝野轰动。高祖以其功大，古代任何称号都不足以和秦王的战功相配，于是另授"天策上将"的称号，地位在诸王之上，并让他开天策上将府、辟署僚属。

后来河北刘黑闼又数度举兵，秦王又率兵征讨。拳毛骗就是他在肥乡与刘黑闼交战时所乘的战马。这匹黑嘴黄毛的蒙古马，在战斗中身中多箭，依然忍痛站立，不想停止驰骋。

秦王历次征战所骑的六匹战马，后来被雕刻在青石上，置于昭陵墓前，成为秦王辉煌武功的象征。人们称之为"昭陵六骏"。

当战争的硝烟渐渐消散，刀光剑影、人喊马鸣的战场沉寂下去，秦王便走到了历史的前台。在击灭了天下群雄之后，他又以非常手段夺取了皇位。这时他还不到而立之年。

但直到这时，我们还只能认定他是一位非凡的军事指挥家。

他注定要成为一位政治上的巨人，可是现实中，这位政治巨人并没有一条平坦的大道可走。当他即位为帝时，面临的是内忧外患的严峻局面。《贞观政要》是这样记载的：

太宗从即位之始，霜旱为灾，粮食价格昂贵，突厥侵扰，引起边境州县不安。那时，从京城长安到河东、河南、陇右广大地区，饥荒尤其严重，一匹绢才能换到一斗米。

对他来说，这是机遇，更是挑战。也许他的雄心壮志会在现实面前碰得粉碎，或许他会从政治舞台上匆匆而过，像历史上的短命帝王一样。但严峻的现实更有可能激发应战的激情和勇气，更能激发一位天才的各种潜能，使他的智慧得到充分展示和发挥。我们看到他很快树立了信心，迅速组织力量投入社会治理中，他的治理是有效的，仅仅数年光景，国家的局势便大为改观。在与突厥关系上，扭转了被动挨打的局面，社会安定，百姓都安居乐业。《贞观政要》又以热情洋溢的笔调赞叹着几年后唐朝社会的新气象：

官吏大多清正廉洁，王公、皇妃、公主之家，大姓豪族强横之辈，都畏惧法律的威严，收敛自己的放纵行为，不敢欺凌平民百姓。经商的人住宿在野外，不会再遇到盗贼，监狱里常常没有犯人关押，遍野是牛马，夜里睡觉，不需要关上大门。加上连年丰收，一斗米才值三四文钱。旅行者从京城一直到岭南，从山东直到东海，皆不用带干粮，路途上有充分的供应。行人进入山东村落，当地百姓必定供应丰厚，有人动身上路，又有赠送。这都是过去从来没有过的。

这段话或许有溢美之词，但在太宗贞观年间，社会确实在短时间里发生了巨大变化，这有许多材料可以证明。又过了几年，在政治安定、经济发展的基础上，唐朝又先后击灭和征服了东突厥、吐谷浑、薛延陀、西突厥，大唐王朝的声威广被域外。这为后来唐朝三百年基业奠定了坚实的基础。历史上称太宗治理下这种安定繁荣的社会景象为"贞观之治"。

薛延陀灭亡之后，漠北的铁勒部落的回纥、同罗等十二部纷纷归属唐朝。北方草原民族内附诸部推太宗为"天可汗"，意谓"可汗之上的可汗"。这个称号绝不仅仅是太宗一个人的光彩，更是唐朝的荣耀。

那时的中国是世界上最先进、最文明的国家。

唐都长安那时是世界上最大的国际性都市，处于丝绸之路的东端，联结着域外许多繁华的都市。无论人口数量、建筑规模还是经济水平，它与丝绸之路的另一端——阿拉伯人的巴格达东西辉映，西方的罗马都只能瞠乎其后。

　　贞观盛世局面的出现有着多方面的因素，它丰厚的物质成果和精神成果是无数人民共同创造的。但不能否认，作为国家生产和各项事业的最大组织者，唐太宗李世民是有着他独特的贡献的。他的个人素质对这个盛世的出现起到了良好作用。

是争夺，还是历史的选择

玄武门之变与秦王登位

唐武德九年（626）六月四日晨，太子李建成和齐王李元吉并马而行，入宫参见父皇李渊。他们已经从张婕好那里得知，秦王李世民密奏他二人淫乱后宫，并欲加害秦王，李渊今日正要鞠问此事，因此他们心里都忐忑不安。他们虽然将京城的作战力量作了部署，但他们并没有充分估计事情的复杂性和严重程度，杀身之祸正一步步向他们逼近。他们不知道，秦王劾奏太子、齐王是一计，而此计的真正目的并不是希望李渊鞠问翔实，加以处罚，而是利用李渊召问，引蛇出洞，杀太子而夺位。这是计中之计。

高祖李渊已召裴寂、陈叔达、萧瑀等大臣等待建成兄弟。

秦王李世民却在太子他们必经的玄武门埋下了伏兵。

这是一场险恶的政治阴谋，建成、元吉正一步步走入陷阱。

建成、元吉入玄武门，至临湖殿，发觉有变，立刻勒马转辔，想各回宫府。就在这时，李世民边喊边纵马追来。元吉拈弓搭箭，欲射世民，但由于仓皇失措，连续三次没有把弓拉满便射了出去，自然不能命中目标。李世民却沉着镇静，一箭射死了建成。秦王府骁将尉迟敬德率七十名精骑接着赶来，又把李元吉射下马。不料，秦王的马受惊奔入路边树丛，李世民为树枝所挂，落马不能站起。受伤的元吉迅速赶来，夺弓想扼死李世民。尉迟敬德跃马赶来，大声呵斥，元吉逃命要紧，松手向武德殿狂奔，被紧追不舍的尉迟敬德射死。

建成部将冯立与薛万彻、谢叔方等率东宫、齐王府精兵二千赶到，要为太子和齐王报仇。但李世民部将张公谨闭关拒之。玄武门守将敬君弘和吕世衡都是秦王亲党，挺身出战，为宫府兵所杀。薛万彻见不能冲进玄武门，扬言要杀向秦王府。秦王部下十分惶惧。在这紧要关头，尉迟敬德持建成、元吉首级示众。宫府兵顿时人心溃散，四处奔逃。冯立、谢叔方、薛万彻也随乱军亡匿。

皇帝李渊正在太极宫海池泛舟，看来他并没有把建成、元吉的事看得多么严重。秦王兄弟失和是众所周知的事情，这次秦王弹奏太子、齐王，他大概认为这不过又是一次兄弟之间的纠纷。尉迟敬德突然闯入宫来，擐甲持矛，径直来到李渊身边。他说太子、齐王作乱，秦王举兵诛之，宫府兵还在玄武门激战。他奉秦王之命，前来保卫皇帝的安全。李渊明白自己的处境，立刻接受尉迟敬德的请求，亲手写下一道御旨，令诸军皆受秦王指挥。秦王天策府司马宇文士及立刻出东阁门宣布了这道命令，一场兵乱安定了下来。

这场宫门喋血事件，史称"玄武门之变"。事变的结果是太子李建成和齐王李元吉丧生，皇帝李渊退位，秦王李世民三天后被立为太子，两个月后即位为皇帝。诚如史家所评价的，这场政变的性质没有正义和非正义之分，纯属皇室内部为争权夺利而进行的兄弟相残和父子相煎。在这样的斗争中，任何心慈手软的一方，在关键时刻犹豫徘徊、错失良机，或者权术智谋稍逊一筹，都会给自己带来灭顶之灾。李世民对付父皇、兄弟，像过去对付其他大敌一样，表现出他的刚决果断和权谋心机，使他成为这场斗争的胜利者。

冰冻三尺，非一日之寒。李世民和李建成的矛盾由来已久。李建成是李渊的长子，在反隋建唐的斗争中立下不少战功。按照立嫡以长的传统，他被立为太子，继承皇位是当然的事情。当李氏父子建立唐朝时，他被名正言顺地立为太子。但与此同时，他的弟弟秦王李世民在灭亡隋朝、统一天下的过程中建立了远远超过他的功业。"嗣君不征"是惯例，这使李建成失去许多立功扬名的机会。相反，李世民打过许多大仗、硬仗，他指挥的一些重大战役对唐王朝的建立具有决定性的意义，这使他赢得了声名。其功之高，父亲李渊以为"古官号不足以称，乃加号天策上将，位在王公上"。从心理上说，李世民必然不满意建成为储君，继皇位，更不服气。"聪明英武，有大志"、不甘居人下的李世民必然会产生争夺皇位的野心。他手下那些跟随他出生入死的谋士勇将也会产生建成执政功高不赏的忧虑，必然鼓动他争夺最高统治权。李建成则因功不及秦王，仅以长子身份而居嗣君之位，不能不对秦王生戒备之心。实际上，秦王的功业声名确实对太子构成了威胁。

兄弟之间心理上的隔阂可能从李建成被立为唐王世子时即已产生。但那时建成与世民功业相当，天下纷争，李氏父子皆倾全力与群雄角逐，两人的争强较胜心态还处于朦胧潜伏状态。后来，建成为太子，多留守京都，李世民以英武过人多出征应敌。及至李世民先后消灭薛举父子、刘武周、宋金刚、王世充、窦建德，击败刘黑闼，两人在军功上便拉开了距离，心理上的距离也越拉越大，骨肉亲情逐渐为权力之争所代替。经过几年的酝酿，到武德五年（622），兄弟之间的矛盾便表面化、公开化了。这时唐王朝的统一战争已经结束，新兴政权已经稳固，到了分享和争夺胜利果实的时候了。

李建成、李世民之外，还有一个弟弟李元吉，也有夺位野心。他既没有建成作为长子继承皇位的合法地位，也没有世民劳苦功高、声名远播的优势。但他有自己的打算。他考虑的是建成和世民哪一个更容易对付，将来取而代之。建成性格敦厚，为人较秦王懦弱，他想支持建成巩固其太子地位，杀秦王而后除太子，伺机为变。当他的部下说他的名合成一个"唐"字，"终主唐祀"时，他就高兴地说："但除秦王，取东宫如反掌耳。"因此他与建成合谋，一起陷害世民。

武德五年（622），统一天下的战争刚刚结束，李氏宗室内部的争斗便热闹起来。兄弟三人都培植党羽，私树威名。当时以皇帝李渊的名义发出的文件称为诏敕，以太子建成的名义发出的文件称为"令"，以秦王、齐王的名义发出的文件称为"教"。李渊父子都向朝廷各部发号施令。"太子令，秦、齐王教与诏敕并行，有司莫知所从，唯据得之先后为定。"这些来自不同方向的文件相互冲突，不管是朝廷公务，还是宫府私事，都要求官府承办。执事的官员都不敢怠慢，而当不能兼顾时，则只好根据得到文件的先后进行办理。元代历史学家胡三省对唐初政治的这种混乱局面评价道："使唐之政终于如此，亡隋之续耳。"太子党深惧秦王的威势，因此积极协助李建成树立声望，以与秦王抗衡。太子中允王珪、太子洗马魏征劝李建成出征刘黑闼残部时就说："秦王功盖天下，中外归心；殿下但以年长位居东宫，无大功以镇服海内。今刘黑闼散亡之余，众不满万，资粮匮乏。以大军临之，势如拉朽，殿下宜自击之以取功名，因结纳山东豪杰，庶可自安。"把军事上的出征和太子地位的巩固联系起来，征刘黑闼却是为了对付秦王李世民，说明秦王的威名对太子地位形成的威胁有多大。这在太子党心中投下了浓重的阴影。

唐高祖既不能违背立长立嫡传统废太子，也不忍心贬黜秦王，这就导致了秦王与太子的长期较量。即便从武德五年（622）算起，这场明争暗斗也延续了四年之久。至武德九年（626），终于酿成你死我活势不两立的局面。曾有人诟病李渊，以为玄武门之变的发生，是他优柔寡断所造成的。如果我们设身处地替李渊着想，作为人君，又为人父，他确有为难之处。

高祖曾对李世民说："建成年长，为嗣日久，吾不忍夺也。"说明他并没有废建成而另立世民的打算。史书上有不少有关李渊企图改立世民为太子的记载，根据当时的情势，都不可信据。那不过是李世民夺位成功后，他自己及属下为他篡位夺权制造的借口。高祖既然决心以建成为后嗣，为了避免身后兄弟相争，就必须加强太子的地位，削弱秦王的势力。高祖实际上也是这样做的。武德九年（626），他听信建成、元吉之言，将秦王心腹程知节、房玄龄、杜如晦等陆续调出秦府，秦府上下都感到不安。程知节告诉李世民说："大王股肱羽翼尽矣，身何能久？"适逢突厥寇边，李建成举荐李元吉督军北征，李元吉又乘机请调秦府名将程知节、秦叔宝、尉迟敬德、段志玄等一起出征，并简选秦王府精锐之士加强军力。李建成与李元吉密谋，定下利用元吉出征饯行的机会杀死李世民，由李元吉在军中坑杀秦府诸将的毒计。

在太子和秦王的斗争中，双方都注意收买对方爪牙作为内线。太子率更丞王晊就是李世民在东宫的一个内线。他把这一重要情况泄露给了秦王。

这时已经到了生死关头，形势迫使李世民及其党羽下定了发动兵变夺位的决心。于是发生了本文开头叙述的那场生死搏斗。玄武门从此在唐史中具有了异乎寻常的意义。

李世民也知道"骨肉相残，古今大恶"，但他采取这种非常手段，是由双方实力对比和他所处的地位决定的。李世民虽功盖天下，但在与李建成争夺皇位的斗争中，却在不少方面处于劣势和被动地位，相对来说，李建成则具有不少优势。

李建成为长子，立为太子名正言顺，而且已久居储君之位。无故不可能有废立之事。立储传统支配着人们的观念，而观念就是一种无形的力量。这种力量支持着建成，使他不需要采取非常手段，只要按部就班，就能水到渠成地继承皇位。一旦高祖晏驾，大权在握，那李世民就成为李建成的俎上肉。而对李世民来说，高祖生前兄弟相安无事，就意味着将来为人所制。这就是他被动的一面。

在宰相中，裴寂、封德彝支持建成，萧瑀、陈叔达倾向世民。裴寂居首相地位，是高祖最宠信的大臣。因此在争取皇帝和大臣的支持方面，建成具有优势。

李建成和李世民都努力争取高祖妃嫔的支持，以求获得"内助"。但建成是太子，妃嫔们大都认为他是李渊的法定继承人，都设法巴结他以图高祖去世后能得到优待。加之建成久居东宫，有更多的机会接触她们，长期以来他又一直在极力拉拢收买，因此她们大多支持建成，在高祖面前说建成的好话，而诋毁世民。

最重要的是皇帝李渊倾向建成。李渊是一个老成持重的人，他的思想行动更多地受传统支配。他对建成兄弟的互不相容是了解的，而他采取的是"保守疗法"。他的希望是各安其位，他不愿意看到任何一个儿子为争夺皇位而失去生命。考虑到建成是长子，而世民功大，权衡利弊得失，在谁为皇嗣问题上或许也犯过思量，尤其在建成有过错时，更有过犹豫，一度产生过改立世民的念头，向世民有过表示。但他最终还是决心维持建成的继承权。他的一个有利于世民的考虑是派李世民居洛阳，与建成各守东、西两都。兄弟二人以陕分界，陕之西建成主之，陕之东世民主之。但这因建成、元吉的反对而"上意遂移，事复中止"。这显然是一个很拙劣的办法。这样做或许在高祖生前可免兄弟二人的纷争，却必然埋下将来分裂对峙的祸根。这件事表明目睹建成兄弟势同水火的局面后，高祖实感无可奈何。在京城里处于劣势的秦王及其党属乐于居洛阳，因为这可以摆脱朝廷控制，在东都发展势力，至少可以形成割据政权。而建成、元吉则担心秦王在洛阳"有土地甲兵，不可复制"，尾大不掉。一旦养虎遗患，将来就有被吃掉的可能。不管怎么说，高祖以建成为太子之意既决，发展下去，世民的处境就越来越不利。

双方都意识到可能有一天将兵戎相见，因此东宫和秦王府都拥有相当数量的武装力量，这不能不说是皇帝李渊的一个失误。在玄武门事变前，除王府兵之外，秦王还能另外集结八百壮士，而冯立等人能迅速召集东宫和齐府精兵两千人，说明他们拥有公开和不公开的兵力都不小。这也是一个祸根。但就兵力来说，合东宫和齐府两支力量必然会超过秦府兵。

既然谋取皇位缺乏正当途径，两军对垒难以取胜，任事态发展等于坐以待毙，秦王便只能采取非常手段。这样做难免不为人诟病是弑兄逼父，但总比束手就擒、为人鱼肉的下场要好。

发动政变的决策是果断的。李世民在事变前夕似乎也有过犹豫，但那只是希望手下为政变再寻找一些堂而皇之的借口，把整个行动考虑得更周密而减少漏洞。

整个事件的策划部署显然是十分周密的，对一切后果都做了充分考虑。这不仅表现在由秦王劾奏太子和齐王，引蛇出洞，伏兵玄武门以守株待兔，而且进一步体现在杀了建成后如何处理跟皇帝李渊的关系。玄武门之变的最终目的是指向最高统治权的，事变后李渊既不能杀，也不能继续执政，因此只能采取既控制又利用的原则。玄武门伏杀建成、元吉得手，李世民立刻派猛将尉迟敬德以宿卫名义把李渊看管起来。从这时起，李渊便成了李世民的傀儡，李世民还要利用李渊导演皇位转移的末场戏。政变当日，高祖下令，一切军权交与秦王。这是很关键的，可能高祖并不乐意，但不得不为之。

李渊立李世民为太子后，军队和国家的一切事务皆由太子处理，处理之后奏知皇帝。李世民实际上已经成为这个王朝的掌权人。

又过了九天，李渊就表示退位，自己加尊号为太上皇。

两个月后，李渊下制传位于太子，李世民即位于东宫显德殿。

这一切都是按照李世民的意旨有计划地进行的，李渊没有给他设置障碍，保证了旧朝向新朝的顺利过渡，李渊明智地退居二线。

这一年李世民二十八岁。这位年轻的天子，被后人称为唐太宗。

第二年正月改年号为"贞观"，历史翻开了新的一页。

李世民以非常手段取得帝位，唐人多所回护，后世褒贬不一。有人指责他"不顾亲""不知义"，说唐代"三纲不正，无君臣父子夫妇，盖其源出于太宗"。这都是从伦理道德的角度进行的批评，封建史学家把他发动玄武门之变视为"罪"和"恶"。但从历史发展的角度评价太宗，几乎没有人认为他做皇帝是不应该的。他的功业和才干都为李建成望尘莫及，按封建传统应该由建成做皇帝，但从国家治理和社会发展的需要出发，李世民是比李建成更理想的皇帝。他治下的贞观之世是中国历史上少有的天下大治的时代。中国历史从东汉末年以来，经历了近四百年的分裂战乱，至隋唐天下统一，大一统的封建王朝与近四百年前的大汉王朝遥相辉映，历史进入了一个伟大的时代。伟大的时代需要伟大的人物出现，只有伟大的人物才能使伟大的时代大放异彩，李世民就是顺应这伟大时代而出现的伟大人物。即便秦王李世民未能取得帝位，那么历史和时代也会创造出另一个"李世民"来适应社会和时代的需要。太宗去世一百年后，诗人杜甫经过太宗昭陵，吟出"讖归龙凤质，威定虎狼都"的诗句。后来杜甫再经昭陵，又吟道："草昧英雄起，讴歌历数归。"意思是说，英雄李世民在天下大乱的时代出现，他消灭了各地争雄的群雄，命运所归，他就应该为社稷之主。杜甫的诗重复用了两个"归"字，充分强调了李世民即位称帝是历史的必然。

"凶逆之罪，止于建成、元吉"

　　李世民"性刚烈"，与建成、元吉积怨既深，玄武门之变后，必欲斩草除根。因此建成五子、元吉五子皆株连被杀，并绝其属籍，即取消其宗室身份。

　　秦府诸将迎合李世民的仇恨心理，主张把李建成和李元吉左右一百多僚属全部杀掉，抄没其家。李世民大概也有此意。只有尉迟敬德坚决反对。他认为，罪过在建成、元吉二人身上，现在他们都已被杀，如果再株连其余党，涉及面很大，可能会有很多人起而反抗，这是造成祸乱的根源，不是求安之计。《资治通鉴》记载敬德的态度，用了"固争"二字，说明李世民也倾向于诸将的意见，否则敬德就不必"固争"了。年轻气盛的世民一旦大权在握，真想把为建成、元吉卖命的党徒杀个干净，一来消除后患，二来也出一出心中的怨气。他知道，在几年来和太子的明争暗斗中，就是这些人天天给太子、齐王出主意，几乎把自己送入死地。

　　天子的英明不在于事事精通，而在于一点即破，能从纷纭众说中迅速决定去取，择善而从。尉迟敬德虽为武将，又亲身参与了玄武门血战，但其头脑非常冷静。他点出"求安"两个字，对太宗无异于敲了警钟。一场宫廷政变刚刚结束，稳定应是每一个新的执政者坚持的最高原则。乱，只能导致自己的根基不稳。非常时期可以乱中夺权，而一旦权力到手，必须迅速稳定局势。帝王也是有血有肉有感情的人，但处理政事不能以感情代替理智，小不忍则乱大谋。为政者忌过于用情。因此，他立刻否定了尽诛建成、元吉左右余党的动议。借皇帝李渊的名义，诏赦天下："凶逆之罪，止于建成、元吉，自余党与，一无所问。"

　　一道赦令，避免了一百多人倒身血泊，也避免了可能由此引起的不测。这实在是一个安慰人心和稳定局势的明智之举。建成、元吉虽死，但其余党不少，社会上存在着严重隐患。武德九年（626）六月四日以后，直接参与玄武门之战的东宫、齐府将士不少逃亡隐匿，不少原东宫、齐府僚属也纷纷流窜各地；京城里尚有不少建成、元吉旧党，地方上也有不少支持建成、元吉的力量。李世民杀掉了建成、元吉，掌握了生杀予夺大权，那些支持和倾向于太子的宰相大臣也不能不心存畏惧。事变刚刚结束，他们都在观望形势，考虑自己的去就。这些人过去是敌对势力，如果现在采取高压政策，必然加强他们的敌对情绪。如果他们联合起来，就会形成新的威胁，局面就难以收拾。

稳定是事变后的最高原则，这一点还不能仅仅着眼于国内的局势。唐初，北方的突厥一直对中原地区的新兴政权虎视眈眈，伺机进犯。八月初一，正当朝廷忙于处理事变后的善后事宜，紧锣密鼓地为新天子登基作安排时，一直在北部地区和唐军交战的突厥突然遣使前来求和。几天后突厥进犯距长安仅七十里的高陵，可知所谓求和，实际是借机窥探唐朝廷的动静。八月初八，李渊传位给世民。八月二十八日，突厥颉利可汗便亲自率军进至渭水便桥之北。突厥之所以敢举全国之众而来，直抵长安近郊，是因为国内刚发生玄武门之变，新天子刚刚即位，他们以为唐朝一定不敢与之对抗。大敌当前，如果不能妥善处理玄武门之变后的遗留问题，特别是建成、元吉的余党问题，造成内乱，必然会给突厥创造可乘之机。

要消除建成、元吉余党的敌对情绪，争取敌对势力的倒戈，清除一切隐患，避免社会震荡，仅仅一道赦令还不足于安定人心，鼓舞情绪。玄武门之变以后，李世民采取了一系列稳妥和积极的措施以稳定局势。其中最重要的有下述几项。

首先，赦免玄武门之变中参与血战的东宫、齐王府将士。

玄武门事变中，建成的部将冯立听到建成被杀的消息，说："哪里有主人活着时享受其恩惠，而主人遭难却远远逃避呢？我不能忘恩负义。"可见他是不惜以生命为代价来报答建成的死党。因此他与谢叔方、薛万彻率宫府兵猛攻玄武门。血战中，他们杀死了支持秦王的敬君弘、吕世衡。薛万彻鼓噪着要杀向秦王府，曾使秦王将士胆战心惊。他们在事变后都逃匿，不知所在。这些欠着秦王将士血债的人本来是最难得到宽恕的，同时也是最容易铤而走险、孤注一掷的，但都在朝廷赦免之列，他们看到赦令后纷纷出来自首。冯立、谢叔方自动归顺。薛万彻藏在终南山，心存疑虑，太宗多次派人向他讲明政策和态度，最后也回到长安。李世民知道这些人都重然诺，讲义气，应该攻心为上。因此，见到他们，总是首先严厉斥责其助太子为"恶"之罪，把兄弟相残的责任归结为他们的挑拨离间。

等到他们表示认罪，便转怒为喜，又褒扬他们忠于主子的义士行为，原谅他们过去的行为。最后对他们任以新的官职，使他们心服口服，感恩戴德，乐于效命。冯立就感激地说："遭蒙不杀之恩，侥幸免于死罪，此生此世，一定以死报答。"

当时，建成、元吉之党散亡民间，虽然朝廷屡下赦令，仍不自安。不久又发生了李瑗之乱。李瑗为幽州大都督，是李建成安插在地方上的一个死党，建成死后他在幽州举兵作乱被杀。地方上人们纷纷告发和捕捉与建成、李瑗有牵连的人，以邀功请赏。太宗接受了王珪的建议，下令："六月四日以前事连东宫及齐王，十七日前连李瑗者，并不得相告言，违者反坐。"坚决制止此类事件发生。

其次，捐弃前嫌，任用东宫旧僚。

魏征原来在东宫任太子洗马，这是侍奉太子并为东宫掌管经史图籍的官职。武德年间，他多次劝建成采取果断措施，及早除掉秦王，以绝后患。他为建成巩固太子地位费尽心机，因此最为秦王痛恨。玄武门事变后，东宫余党纷纷逃亡，魏征端然不动。太宗召见魏征，正颜厉色地责问："那时你为什么离间我们兄弟？"左右官员都替魏征捏一把汗。魏征却举止自若，说："先太子如果听从我的话，一定不会遭到这场杀身之祸。"言外之意，建成若采纳了我的建议，你秦王不会有今天。魏征坦然承认事实、不委曲求全的姿态，使太宗感到很意外。魏征的话也提醒太宗，他确实是一个不同寻常的人。

太宗平时就对魏征的才干深加赞佩，此时立刻收敛了满面怒容，含笑相对，请魏征入座，任命他为太子詹事主簿，这是太子詹事府掌文书、印检纸笔之事的官职。这件事表明，太宗不仅能接受那些迫于威势请罪认罪的人，而且对于那些有才干的人，哪怕桀骜不驯，也不愿失之交臂。数年后，太宗忆及此事，还说："过去魏征确是我的仇人，但他尽心于所辅助的人，有很值得称赏的品格。"这表现了他对魏征效力于建成的谅解，当然也是在鼓励魏征和其他大臣，都能尽心效力于自己。

王珪、韦挺都是建成的亲信。当建成为唐王世子时，王珪被引为世子府谘议参军。建成立为太子，王珪被封为太子中舍人，不久又转为太子中允，很受建成敬重。韦挺任太子左卫率。武德七年（624）六月，他们都做了建成的替罪羊，被流贬嶲州（今四川西南部、凉山彝族自治州北部）。这件事跟杨文干起兵有关。杨文干曾任东宫卫士，与建成关系亲密。后出任庆州都督。这年六月，李渊到宜君县仁智宫避暑，命建成留守长安，由世民和元吉随往。建成便命元吉伺机除掉世民，并派尔朱焕、桥公山送盔甲给杨文干，使杨文干增援元吉，与太子里应外合。但尔朱焕、桥公山发觉了太子的阴谋，害怕株连到自己，到仁智宫告发了李建成。李渊召建成赴仁智宫，加以囚禁，又派宇文颖召杨文干。宇文颖是建成之党，他把实情透露给了杨文干，杨文干举兵反叛。李渊派李世民率兵平息了这场叛乱。有史学家认为，由于这件事，李渊曾一度想另立秦王为太子。但事后他听从了元吉、众妃嫔和大臣封德彝的话，改变了主意。仍派建成回京城居守，只是责备他兄弟失和，却归罪于东宫官属王珪、韦挺和秦王府的杜淹，将他们一起流放于巂州。这次谋害秦王的事件，王珪和韦挺显然都参与了策划。但王珪是"贞谅有器识"的人，太宗"素知其才"。事变后，他们皆被召回朝廷，都被任为谏议大夫。

后来，魏征、王珪都成为唐太宗的得力大臣，对开创贞观盛世的局面发挥了重要作用。

第三，镇抚河北、山东。

从全国局势看，最令李世民放心不下的是河北和山东。这是最容易受朝廷政局影响引起骚乱的敏感地区。隋末唐初，这一带是斗争尖锐之地，是亡隋和李唐反复较量的地方，也是太子和秦王党争的一个热点地区。

当时，河北和山东是泛称，不是行政区划，只是人们的地理观念。所谓河北大致指今北京、河北、辽宁南部和河南、山东古黄河以北地区。山东大致指太行山以东今河南、山东古黄河以南地区。但有时唐人也用山东来泛指包括河北地区在内的区域。这里主要是指通常所说的黄河下游中原地区。这一带自古以来农业经济发达，因而是皇业的根基，朝廷的命脉。"得中原者得天下"，从政治意义上说，任何一个王朝想巩固政权，首先就应该控制中原地区。

隋末，在隋炀帝的残暴统治下，这一带又是遭受赋役剥削最沉重的地区。因此，社会矛盾十分尖锐，人民群众反压迫反剥削的斗争精神特别强烈，这里成为隋末农民大起义的发源地。隋大业七年（611），王薄在长白山（今山东邹平南）首先发动起义，一曲《无向辽东浪死歌》点燃了全国各地武装暴动的烽火。这里大大小小的农民武装力量后来汇聚成李密、翟让为首的瓦岗军和以窦建德为首的河北义军。腐朽的隋王朝在农民起义的烈火中被埋葬。新兴的唐王朝同样面临着河北、山东地区人民的坚决反抗。李世民镇压了窦建德后，窦建德的残部在刘黑闼的率领下又死灰复燃，在唐军沉重打击下，两起两落。人民的反抗使统治者恨之入骨，史书上记载，李渊曾命令李建成把山东十五岁以上的男子全部杀掉，把小孩妇女迁入关中地区。说明新兴的唐政权与这个地区人民的矛盾是多么尖锐。

所谓"山东豪杰"也是唐统治者一向保持警惕的势力。按照陈寅恪先生的研究，"'山东豪杰'者乃一胡汉杂糅，善战斗，务农业，而有组织之集团，常为当时政治上敌对两方争取之对象"。求其家世，可能是北魏镇兵之后裔。隋末唐初，这些人往往成为各大武装集团首领，如刘黑闼、刘武周、宋金刚、苑君璋等。这些人在唐初都遭到唐军的严厉镇压，残余势力潜伏下去，但其反唐情绪并没有消除。建成、元吉被杀的消息传到幽州，王利涉劝李瑗谋反，他替李瑗分析这里的形势时就说："山东地区，人们一开始跟从窦建德造反，酋豪首领，都在窦建德手下做过官，现在全都被废除，成了普通百姓。这些人一直在寻机作乱，就好像是旱苗盼望春雨一样。"这话或许有些夸张，但此地潜伏的反抗力量确实不可忽视。

这一带也是隋残余势力潜伏和活动之所。河北、山东地区的政治经济中心是东都洛阳。洛阳曾是隋王朝的最后一个据点。炀帝被杀，东都留守官便奉越王杨侗为帝，改元皇泰。第二年，东都守将王世充篡守帝位，国号为郑，改元开明，与新兴的唐朝东西对峙达三年多。这一地区南连江汉，北接突厥，隋亡，其残余势力亡奔突厥者不少。他们当然希望有朝一日卷土重来。

河北、山东也是太子李建成地方上党羽力量集中的地区。这一带人性豪犷，重义轻生，凝聚力强。建成和世民都注重在地方上培植势力，都认识到河北、山东重要的地理位置，"山东豪杰"是可以利用的力量，他们便精心在这里安插党羽，争取人心。魏征动员李建成出征刘黑闼之乱，就劝他"结纳山东豪杰"。李世民多次在这一带打仗，总是采取严厉镇压的手段对付反抗者。建成却接受魏征的建议，把俘虏全部放回，以收人望，果然"百姓欣悦"。在这一地区，李建成比李世民有更高的威望。幽州大都督李瑗是李建成的党羽。玄武门之变后，建成、元吉旧党纷纷逃往河北以避祸。

李世民知道河北、山东局势不稳，但也知道大乱初平，河北、山东也有人心思治的倾向，因此他采取了"镇"和"抚"相结合的措施维护政权。

玄武门事变后没几天，李世民就派屈突通为陕东道行台左仆射，出镇洛阳。这是举足轻重的一步棋。

行台即行台尚书省，是承魏晋以来的行尚书台而来的临时地方行政机构。唐初，"诸道有事则置行台尚书省，无事则罢之。"陕东道行台尚书省治在洛阳，李世民为陕东道大行台尚书令（地区最高长官），所以陕东道大行台官员原本皆是李世民亲信。李世民就是凭借陕东道大行台控扼东都，对付李建成在地方上的势力，应付河北、山东事变。在此之前，李世民早已引温大雅为陕东道大行台工部尚书，现在世民考虑到大雅为文儒之士，不足以镇服人心，于是派威名远扬的老将屈突通驰镇洛阳。隋时，屈突通就以秉性刚毅、智勇兼备而为人忌惮，战功显赫。隋亡降唐，随李世民平东都，在这场唐统一全国过程中最大规模的战争中，他功列第一。他曾两度出任陕东道行台仆射，熟悉东都形势。李世民诛太子建成，为了避免河北、山东生事，派屈突通镇洛阳，正是造成一种威慑力量。李世民冷静地在洛阳按下这枚棋子，实在是很关键的一步，对稳定河北、山东局势起到了良好的作用。第二年，屈突通死，太宗痛惜久之，赠尚书右仆射，谥号为"忠"。后来又下诏在凌烟阁画上屈突通的画像，使之成为唐初二十四功臣之一，与房玄龄一起配享太宗庙庭。

太宗意识到，河北、山东地域辽阔，情况复杂，派屈突通出镇，只是消极防守的办法。要认真落实朝廷各项政令，稳定人心，争取支持，还必须有积极的措施。选派魏征安抚河北，是太宗解决河北、山东问题的又一重要部署。

魏征是巨鹿郡下曲阳县人，早年孤贫，性格豪爽，志向高远。不营产业，曾出家为道士。喜读书，阅览广泛。隋朝末年，他见天下渐乱，特别留意纵横之说。所谓"纵横之说"，即研究以智谋辅助人主，凭口辩游说诸侯的学问。他曾在李密的军队中，向李密出谋献策，但不为所用。李密败，他随李密降唐，很长一段时间不为人所赏识，便自请安辑山东，被任为秘书丞，出使至黎阳。这里李密旧将李世勣（后避讳改为李勣）拥有重兵，魏征说服他归附了唐朝。窦建德攻陷黎阳，魏征被俘，窦建德任他为起居舍人。窦建德被李世民擒获，魏征回到长安，受到太子李建成的赏识，引为太子洗马。在太子与秦王的争斗中，他曾为太子出过不少力。他劝建成结纳山东豪杰，说明他对河北、山东局势有清醒的了解。他本人又是河北人，与这一带的各种势力有着密切联系。太宗派他出使，表明太宗不计前嫌、捐弃旧怨了。这对河北、山东人士会起到特殊的安慰人心的作用，这也正是太宗派魏征去的深意所在。因此，玄武门事变后，即武德九年（626）八月，太宗就封魏征为巨鹿县男，提拔为谏议大夫，派他出使河北，做安抚工作，并允许他遇事可根据实际情况自行处理，不必请示。魏征是刚从建成旧党中争取过来的人，太宗这样大胆使用，体现了用人不疑的原则。

魏征深感太宗的知遇之恩，他没有辜负太宗对他的倚重。当他到达磁州时，遇到地方上将前东宫千牛（太子东宫的侍卫武官）李志安、齐王府护军李思行逮捕，解送京师。这两人大概都是玄武门事变后从长安逃出来的，成了地方上邀功请赏的资本。看到披枷戴锁的"二李"，魏征向副使李桐客说："我们奉命出京时，朝廷已有诏命，东宫、齐府的僚属都被赦免，不加治罪。现在又把李思行等人作为罪犯押送京城，今后大家都会怀疑朝廷的信用，担心个人的下场。那么，我们出使安抚也就失去效用了。那些与东宫、齐府有牵连的人一定不再相信朝廷的诚意。这就是'差之毫厘，失之千里'。只因为李思行这一件事，就把朝廷的政策破坏了。况且，既然符合国家的利益，就应该敢想敢做。我们不能只考虑自己的安危，而破坏国家的大计。现在如果释放李思行等人，不给他们加任何罪名，那么远近的人都能为朝廷的信义所感动。自古以来，朝廷官员奉命出使，离开京都后，只要有利于国家，就可以自做决断。何况这次出使，朝廷允许我们根据实际情况自行处理，不用请示。主上重用我们，我们就应该负起应负的责任来报答主上。"于是魏征以朝廷名义释放了李思行等人。他认为太宗应该能够理解他的作为。因为这样做，贯彻了太宗的安抚政策，体现了朝廷的宽大态度，有利于消除太子和齐王余党的敌对情绪和疑虑，并为太宗树立起"信义"大旗，赢得山东豪杰的归心。

果然，太宗闻奏，十分高兴。

魏征的宣慰，宣传贯彻了太宗宽大处理建成和齐王余党的政策和原则，妥善处理了各种关系，使河北、山东局势迅速平稳下来。

"将欲取之，必先与之"

武德九年（626），突厥入寇陇州、渭州。朝廷派右卫大将军柴绍率军抗击。七月三日，柴绍在秦州打了一个胜仗，消灭突厥一千多人，杀死可汗子弟一人。八月初一，突厥遣使来求和（是来观察唐朝廷动静的）。八月八日，李渊传位给太子李世民，突厥便又进寇高陵。尉迟敬德与突厥大战于泾阳，大捷，又消灭突厥一千多人，俘获突厥俟斤（突厥高级职官名称）阿史德乌没啜。但这并没有阻挡住突厥的攻势。颉利可汗亲自率军进至渭水便桥之北，又派心腹执失思力入城见太宗，打探唐朝虚实。

便桥，唐时又叫咸阳桥，在长安和咸阳之间的渭水上，距长安仅几十里。执失思力有恃无恐，十分狂妄，声称突厥颉利、突利两可汗将兵百万，已经兵临城下，想迫使太宗向突厥屈服妥协。

这首先是一种勇气的较量，刚即位几天的年轻天子就面临新的挑战。

突厥是我国北方的一个古老民族，原是匈奴的别支，兴起于北魏末年。北齐、北周时已很强盛，中原割据政权争相与之结为婚姻，纳贡称臣。突厥是在征服北方各少数民族的过程中强大起来的，是一个多民族的混合体，因此内部矛盾尖锐。隋文帝时分裂为东、西两部。东突厥因在隋朝的北部，又叫北突厥。文帝采纳名将长孙晟的建议，对突厥实施分化离间的策略，促使突厥势力衰落，东突厥被隋击败，向文帝称臣，西突厥也一度衰落。但在隋末唐初，由于中原战乱，东、西突厥乘势复振，雄踞漠北，控扼西域，势压中原。东自契丹，西至吐谷浑、高昌诸国，都臣属于突厥。其战士上百万，军事力量十分强盛。当时群雄角逐，薛举、窦建德、王世充、刘武周、梁师都、李轨、高开道等，虽称帝号，却都向突厥称臣，引以为援。李渊在建唐过程中，为了争取突厥的支持，也向突厥称臣，并以"财帛金宝"作交换条件，向突厥借兵。突厥曾送一千匹战马、派二千名骑兵支援李渊。

由于上述原因，唐朝建立后，突厥既以君长自尊，又自恃有功，不断对唐朝进行勒索。李渊因无力与突厥抗争，对突厥妥协退让，委曲求全，以大量的金帛去满足突厥的欲求。但突厥贪得无厌，更加骄纵，对李渊态度悖慢，对唐王朝的君臣言辞无礼，时时表现出其君临中原的姿态。而李渊常以国君之礼待之，如武德二年（619）二月，始毕可汗死，高祖为他举行百官吊丧的隆重仪式，还送丝织品三万段表示对新嗣位的处罗可汗的孝敬。后来处罗死，高祖以同样的礼节进行吊唁。

这次突厥乘唐朝发生内乱，新皇帝刚刚即位，突厥举全国兵而来，除了掠夺财物之外，似乎还打算对新天子进行威胁，以求在政治上获得更多的利益和让步。

执失思力以为有大军压境，新皇帝必然毕恭毕敬，听命称臣，因而趾高气扬，态度强横。

太宗知道，面对强敌，不可示弱，让步只能更加刺激突厥的胃口。执失思力是颉利可汗的心腹，必须先打掉他的傲慢。他没有被所谓百万大军和执失思力的嚣张气焰吓住，喝令执失思力住口，接着怒斥这位骄纵的使者："我大唐与你们可汗当面结为婚姻，赠送的金帛不计其数，是你们可汗背负盟约，引军来犯，深入大唐的内地。而我们却没有做任何对不起你们的事。你们虽为戎狄，也应当有点儿人性，怎么把大唐的恩德忘个一干二净，自夸强盛，以武力相威胁！"太宗只肯定了唐与突厥的和亲关系，意在否定所谓的君臣关系，指明了彼此之间平等的地位，义正词严地斥责了突厥无理侵犯的不义行为。然后命令左右将执失思力拿下，说："我今天先杀你这个忘恩负义之辈，然后再对付来犯之敌！"刚才还骄横不可一世的执失思力立刻浑身发抖，哀求饶命。

萧瑀、封德彝担心因此引起外交上的麻烦，都劝太宗把执失思力以礼放还。太宗不许。他认为，执失思力如此傲慢，如果把他放回，突厥就会认为自己害怕他们，更会以武力相威胁，得寸进尺。于是把执失思力交给门下省，囚禁起来，不准返回。

出乎颉利可汗的意料，太宗亲自骑马出玄武门，与高士廉、房玄龄等六人直奔渭水南岸，与颉利隔水交谈，责备他背负盟约。不一会儿，唐军大队人马陆续赶到，甲兵遍野，战旗飘扬。颉利见执失思力没有跟着来，不知唐军虚实。又看到唐朝皇帝李世民居然挺身轻骑而出，无丝毫畏惧，唐军军容强盛，因而面露惧色。

就在这时，只见太宗一挥手，诸军迅速后退，布好了阵势。太宗自己却留下来与颉利讲话。萧瑀以为太宗轻敌，与敌人距离过近，恐有不测，在太宗马前叩首谏阻。太宗说："我一切都考虑过了，不是你能料到的。突厥敢举全国之众而来，直到京城近郊，是因为他们知道我们国内发生了政变，我又刚刚即位，认为我们政局不稳，不敢与之对抗。我们如果闭门拒守，有任何软弱的表现，突厥一定纵兵抢掠，那时我们就无法制止，损失一定很大。所以我轻骑独出，让他们知道我不害怕他们，又炫耀整肃而强盛的军容给他们看，让他们意识到我是决心与他们交战的。这就出乎其意料，使他们不敢轻举妄动，从而打乱他们的整个计划。敌人已经深入内地，一定有畏惧的心理。所以战则能取胜，和也比较稳妥。制服突厥，在此一举。你们看事情的发展吧！"

果如太宗所料，当天颉利就派人来讲和。太宗答应了他，并约定八月三十日在长安城西会盟。那天，太宗驾临城西，斩白马，与颉利在便桥上结盟。会盟结束，突厥撤军。这就是唐初有名的"渭水之盟"。

事后，萧瑀问太宗："与突厥没有讲和时，将军们争着请战，陛下不答应，我们几个大臣也不明白您的意图。不久，敌人不战自退，陛下用的是什么计策呢？"太宗解释说："我看突厥虽拥众几十万，但队伍不整，老弱混杂，不过虚张声势。从可汗到大臣只是贪图财货。当他们请和的时候，可汗一个人在渭水西岸，而他们显贵的官员都来谒见我。我如果设下宴席，灌醉他们，囚禁起来，再趁势袭击突厥军，其势如摧枯拉朽。实际上我已命长孙无忌、李靖等率大军埋伏在豳州，等待他们。如果他们往回逃，伏兵在前拦截，大军在后猛追，消灭他们易如反掌。之所以不打这一仗，是因为我刚即位没几天，国家还不稳固，局势还不安定，百姓还不够富足，应当息兵以安百姓。一旦跟突厥开战，就要损失许多人力、物力，跟突厥也结下了怨仇。突厥害怕我们进攻，一定严加防备，我们便无机可乘。所以这一次，我不诉诸武力，而仍按惯例用金帛贿赂他们，他们得到了满足，理当退兵，意满志骄，不再防备。我们则养精蓄锐，伺机反攻，突厥一旦发生内乱，就可乘机进军，一举可灭。古人说'将欲取之，必先与之'，就是这个道理。"

萧瑀听后，拜两次叩首说："陛下英明，臣实在望尘莫及。"

观太宗此番分析，说明他对敌情了如指掌，特别是掌握了敌人的心理，因此对战与和都做了充分准备。他没有把对突厥的战争看成单纯的军事问题，虽然战也稳操胜券，但从目前的国家局势来看，要安定社会、静抚百姓，还是以和为上。他知道，和也是要付出代价的，因为在此之前，唐王朝一向是以委曲求全的方式与突厥讲和的，眼下要一下子扭转这个委曲求全的局面也很困难，不给突厥一点儿好处，要他们轻而易举退兵怕不可能。所以还是以赂求和，在一定程度上满足了他们的要求。这和放任他们抢掠，或者以战争方式解决问题相比，损失要小。

以赂求和，又不能让突厥生贪得无厌之心。要让他们知道，这些并不是随时随意可得到的，唐王朝并不承诺满足他们的任何要求。这和以往唐王朝慑于突厥的威胁有求必应的态度是不同的。如果得寸进尺，那将不再姑息迁就，必将坚决予以反击。扣留他们的使臣，面责可汗的失信，在渭水南岸扬军威，都意在告诉敌人这一点。

太宗深知，跟突厥的关系是一个历史遗留问题，积重难返，不是一朝一夕能够解决的，须做长远的考虑。虽然还是用了不少金帛来满足突厥的要求，但这也是一个骄兵之计。让敌人志得意满，对唐王朝不加提防，从而赢得边境地区的相对安定，争取机会休养生息，为将来伺机反攻、夺取对突厥战争的彻底胜利埋下伏笔。此举表现出太宗在对待突厥问题上的谋深虑远。后来，唐王朝先后击灭东、西突厥，正是实现了太宗这一战略意图。

在这个事件中，太宗提出了"静抚百姓"的方针，这也是玄武门事变之后、即位之初稳定压倒一切的政策的体现。

太宗是马上得天下的英雄，但即位之初，在战争问题上的这种慎重考虑和深远谋划显示了这位年轻天子在政治上的日趋成熟。

树立新气象

人事调整与政局新变

　　玄武门之变所解决的绝不是一个皇位问题，而是一个新的统治集团取代一个已经老化的统治集团。秦王李世民登上皇帝宝座，必然要建立一个能够与自己协调一致的决策班子。先前，朝廷早已形成以高祖李渊、太子建成和秦王李世民为代表的政治派别。由于在玄武门事件中取得了胜利，本来处于劣势的秦王集团一下子转变为主导势力，不仅太子党土崩瓦解，高祖一派也处于受支配地位。伴随着李世民登上皇帝宝座，新朝廷将由秦王一派来组建中枢机构。

　　朝廷人事调整工作是和太宗一步步登上皇位同时进行的。玄武门事变当日，高祖下诏告示天下，国家事务皆由秦王处理。三天后，立世民为太子，又诏："从今天起，军队和国家事务，无论大小皆委任太子处理，处理之后上奏。"两道诏书宣告了朝廷权力的转移。

　　李世民被册立为太子后，当务之急便是立刻组织新的东宫。几天后，李世民便宣布了新的东宫文武官属名单：

　　宇文士及为太子詹事；

　　长孙无忌、杜如晦为左庶子；

　　高士廉、房玄龄为右庶子；

　　尉迟敬德为左卫率，程知节为右卫率；

　　虞世南为中舍人，褚亮为舍人；

　　姚思廉为洗马。

　　这些人都是秦王府旧僚，现在摇身一变，都成了太子东宫的僚属。宇文士及时任中书侍郎，天策府司马，他曾随秦王平宋金刚，以功迁秦王府骠骑将军。后又随秦王平王世充、窦建德，以功晋爵郢国公。玄武门事变中，是他宣布了高祖的手敕，平息了兵乱。长孙无忌是太宗的内兄，秦王妃长孙氏的哥哥，少与太宗友善，常从太宗征讨。玄武门之变，就是他和房玄龄、杜如晦一起定谋决策的。杜如晦从李世民入长安时就跟随秦王，后来在陕东道大行台任司勋郎中，又兼文学馆学士、天策府从事中郎。高士廉是秦王妃长孙氏的舅舅，太宗任雍州牧时，他担任雍州治中。玄武门事变中，他带人释放了监狱的囚犯，发给他们盔甲武器，率领他们奔到芳林门，准备增援太宗。房玄龄早在李世民起兵进军渭北时，便"杖策入军门"，投至秦王幕下。从此尽心竭力，筹谋帷幄，最为世民亲重。尉迟敬德是武德三年（620）太宗击破刘武周时，从刘武周手下转投过来的。此后，屡立战功，与太宗是生死之交。在玄武门事变中，他又起到了十分关键的作用。程知节原在王世充幕下，太宗平东都，程知节于阵前揖别王世充，投奔太宗，成为秦府骁将，他也是鼓动秦王发动政变最有力的一人，并参加了玄武门事变那天的战斗。虞世南、褚亮和姚思廉都是秦府文学馆学士，是秦王智囊团中的重要人物。

在这次任命的同时，太宗对尉迟敬德给予特别表彰，因为他在玄武门事变中有突出贡献，太宗不仅任命他担任东宫最高武职，而且还把齐王府国司的金帛器物全部赐给他。除了秦王府旧僚之外，太宗还引用了原太子洗马魏征为詹事主簿，这主要是因为太宗了解到他确是有才干的人。建成已死，他手下的旧僚已不可能对自己形成什么威胁，正可以楚才晋用，变消极因素为积极因素，让他为新的统治集团效命。詹事主簿掌管太子詹事府的印信纸笔，没有实权。先作这样的任命，是对魏征的一个试用，既体现了对建成旧党的宽大政策，同时也显示新的东宫并不全是原秦王府的一班人马。

这个班子在形式和名义上是取代了原李建成东宫机构，但由于李世民以太子身份监国，所以它实际上要行使原来以李渊为核心的最高决策集团的权力。原来的最高集团由于高祖的"高居无为"实质上已经瘫痪了。新东宫班子接下来要做的工作主要是接受新的调整和任命，根据安排为太子继位做他们该做的事情。这些事情大都是表面上的和形式上的。

这是一个过渡形式，人事调整的最终结果将是以李世民为核心的朝廷机构。太子即位为皇帝，有一个复杂的程序，要经过皇帝谦让，太子推辞，皇帝坚持推让，大臣们纷纷劝进，太子不得已而接受，然后受禅，等等。还有一系列仪式，尽管都是虚假的，却又是必要的，同时为新皇帝即位该做的准备工作要跟上。首先是新朝廷人事的安排，这是可以提前出台的，而且东宫和朝廷两套班子执政的局面毕竟不能长久维持，那样会导致混乱。因此，唐朝廷一边安排李渊和李世民的禅位事宜，一边陆续任命新的朝廷要员，作朝廷人事调整。这个调整的实质是把原秦府主要僚属补充到朝廷中枢机构，并发挥主要作用，为世民登基作组织上的准备。

太宗召回一年前被流放的王珪和韦挺，这两个人是李建成的旧党。太宗任命他们为谏议大夫。谏议大夫是门下省官职，掌侍从赞相，规谏讽谕，有建议权，无决策权。这大概与对魏征的任命有相同之处，都有重新起用以观后效的用意。

七月三日，以秦叔宝为左卫大将军，程知节为右武卫大将军，尉迟敬德为右武侯大将军。左卫、右武卫和右武侯都是统率禁军的十二府之一，直属于皇帝。左右卫所领为内军，掌宫掖禁御，督摄仗卫，负责皇宫的安全。左右武侯掌车驾护从、道路营禁，负责皇帝出行时的安全。这几个人都是秦王府名将。程知节、尉迟敬德刚被任命为新东宫的军事统帅，马上又调任为禁卫军的将领，秦叔宝是和程知节一起拜别王世充归附李世民的，随从世民征战，战功显赫，玄武门事变中，又随太宗诛建成、元吉。李世民即位前，先安排了这几位心腹将领为禁卫军统帅，新皇帝的安全可以确保无虞了。

朝廷三省六部、御史台长官和禁卫军将领的重大调整很快出台。七月六日，朝廷宣布了一批新的任命：

高士廉为侍中；

房玄龄为中书令；

萧瑀为左仆射；

长孙无忌为吏部尚书；

杜如晦为兵部尚书。

七月七日，对朝廷中枢机构长官又作了增补：

宇文士及为中书令；

封德彝为右仆射；

杜淹为御史大夫；

颜师古、刘林甫为中书侍郎；

侯君集为左卫将军；

段志玄为骁卫将军；

薛万彻为右领军将军；

张公谨为左武侯将军；

长孙安业为右监门将军；

李客师为领左右军将军。

调整的结果是秦府主要僚属被充实到朝廷中枢机构，并担任主要角色。高士廉成为门下省长官，房玄龄成为中书省长官。尚书省长官为尚书令，由于原先由李世民担任尚书令，现在缺档，以后也没有人再任此职，因此最高长官为左仆射。萧瑀虽属高祖朝旧相，但他一直是支持秦王的，因此由右仆射升为左仆射。长孙无忌、杜如晦分别担任了尚书省六部中最重要的两部——吏部、兵部的最高长官。宇文士及由太子府最高行政事务官也升为中书省长官，与房玄龄一起共掌中书省政务。杜淹是杜如晦的叔父，原为秦王天策府兵曹参军、文学馆学士。因杨文干事件成为李世民兄弟相争的替罪羊，与王珪、韦挺一起被流放到遥远的巂州，现在被太宗召回，任为御史台最高长官。颜师古的父亲颜思鲁曾任秦王府记室参军，颜师古也曾任敦煌公府文学（官职名）。这次由中书舍人迁中书侍郎，为中书省副长官。侯君集、段志玄、张公谨都是秦府武将，段志玄在太原时就和年轻的世民交好，后随世民征战，立下不少战功。建成、元吉曾用金帛拉拢他，他不为所动，密告世民。后随世民参加玄武门之战。侯君集、张公谨在诛杀建成、元吉的事变中都有特殊的贡献。他们都成为禁军将领。长孙安业是无忌的哥哥。李客师是李靖的弟弟，世民当初救过李靖的命，这两个人都可信任，也被任为禁军将领。

封德彝是隋朝旧臣，归唐后被高祖任为内史侍郎，内史省即先前之中书省。曾随太宗平东都，后曾为秦王天策府司马，经萧瑀的推荐，高祖任命他为中书令。他为人狡诈，善于望风转舵。由于他曾多次随太宗出征，所以太宗对他恩宠有加。在太子和秦王的斗争中，他多次向世民出谋献策，劝世民争夺皇位。太宗以为他忠诚可信，赏赐不可胜数。但实际上他是两边买好。据说由于杨文干事件，高祖本打算废太子建成，另立世民，而封德彝却极力替建成游说，使高祖放弃了这一打算。他多次劝太宗夺位，太宗不许，他便暗中转而依附建成，密劝高祖杀太宗以绝兄弟相争之后患。但当时，众人不知这些事，太宗依然很信任他，所以安排他任右仆射。第二年封德彝生病，太宗又亲自去看望。他去世，太宗还十分悲伤。十多年后，他"潜持两端，阴附建成"的事才为太宗所知，太宗削除了他的赠官和食封，把他的谥号由原来的美谥"明"改为恶谥"缪"。谥号代表了对一个人的盖棺论定，这样一个恶谥就等于把封德彝的一生全否定了。

在高祖朝的宰相中，太宗最厌恶的是裴寂。裴寂曾参与了太原起兵的密谋，并以粮米布帛助唐军，有"佐命之勋"，最受高祖亲重。但在秦王与太子争夺皇位的斗争中，他长期支持建成。特别是他谗毁刘文静，导致刘文静被杀，使秦王失去一个重要臂膀，太宗对此一直耿耿于怀。但裴寂是高祖朝首席宰相，位望既崇，不能轻易摇动，而且在太宗即位的过程中，还需要这位老臣继续扮演必要的角色。裴寂时任左仆射，太宗则又任命萧瑀为左仆射，以分裴寂之权，实际上是削夺他的实权，但表面上依然很尊重他。太宗即位那一天，高祖派裴寂和萧瑀把皇帝玉玺和丝绶授予太宗。太宗派裴寂到南郊举行祭礼，宣读祭文，把太宗即位的消息仰告上天。这些工作都是应该由裴寂做的，别人不能代行。要解决裴寂的问题，太宗还需要机会和借口。所以三年后，太宗终于接连抓住他的把柄，先把他罢官放归乡里，又把他流放到静州。后来太宗要把他召回时，他却死在流放的地方了。

另一位被保留了相位的是陈叔达，而且不久又加光禄大夫，以表示对他的尊重。陈叔达一直是站在太宗一边的，太宗即位之初，念及他一向支持自己的功劳，也不能给予降职的处理。对于萧瑀和陈叔达在过去朝廷的斗争中倾向自己的政治立场，太宗始终没有忘怀，心存感激。

在高祖朝的宰相中，被罢相的是杨恭仁。杨恭仁出身隋朝宗室，无论在隋代，还是在唐初，武功、政绩都相当可观，我们也没看到他在太子和秦王的争斗中有任何倾向性的记载。被罢相似乎没有必要的理由。他原任吏部尚书，兼中书令，这次调整，他被任命为雍州牧、扬州大都督府长史，而由长孙无忌接替了其吏部尚书职位，由宇文士及接替了中书令。为什么把杨恭仁调下来，史学家都没有做出很明确的解释。《旧唐书》中杨恭仁的传记里有这样的记载，说杨恭仁联姻帝室，他的从侄女是齐王元吉的王妃。那么他的罢相或许是跟这种牵连有关。但杨恭仁为人"性冲厚"，这种姻亲关系似乎对他打击不太大。后来他又调任洛州都督，太宗对他颇为倚重，说："洛阳要地，本来应该由亲王去镇守。我的子弟虽然也不少，但我担心他们不能胜任，所以把这个重任委托给你。"

经过这一番调整，朝廷新班子的组阁工作便完成了，这为太宗即位作好了组织上的准备。八月八日，高祖传位给太宗。从六月四日至此，只用了两个月的时间，就实现了旧朝向新朝的顺利过渡。

新的中枢机构由高祖朝的宰相和秦王府旧僚组成，最重要的变化是秦府一批朝气蓬勃奋发有为的文武僚佐进入朝廷重要部门，参与决策，而且发挥越来越主要的作用，一扫高祖朝那些元老们暮气十足的沉闷气氛。班子的调整还没有结束，这本来就应该是一个变动不居的动态结构，"流水不腐，户枢不蠹"，作为一个领导群体，不可能是铁板一块，它是一定要根据形势发展不断吐故纳新的。此后不久，太宗就吸收魏征、王珪进入最高决策层，使新班子增加了新生力量。在太宗的决策班子中，其骨干人员都是年富力强精力旺盛的人。据统计，那一年，高士廉五十一岁，房玄龄四十八岁，杜如晦四十二岁，尉迟敬德四十二岁，魏征四十七岁，王珪五十七岁，萧瑀五十二岁，长孙无忌三十二岁。更重要的是这些人都经历了隋末以来复杂的政治斗争，富于统治经验和积极进取精神，以天下为己任，向往建功立业。太宗与他们君臣协力，共同开创了光耀千古的贞观盛世。也可以说，就是他们托起了大唐初升的太阳。

后宫择贤得内助

太宗即位的第十三天，册立长孙氏为皇后。后来的事实证明，这也是贞观年间政治清明的新气象，奠定了后宫整肃的基础。

这一年长孙皇后二十六岁。长孙皇后出身名门，她父亲是隋右骁卫将军长孙晟，是一位令突厥人闻风丧胆的将军。母亲是隋扬州刺史高敬德的女儿，高氏家族是河北最有名气的世族。长孙皇后和哥哥长孙无忌都是在舅父高士廉家里长大的，十三岁时由高士廉做主嫁给李世民为妻。长孙皇后的这种出身在当时还是很受人看重的，历史发展到隋唐，虽然门阀士族早已在政治上失去先前的重要地位，但年深日久的门阀观念依然弥漫于整个社会。

但重要的还不是长孙皇后系名门之后，而是她的贤惠在政治上给太宗以极大的助益。在封建社会，皇帝的家庭生活并不仅仅是个人问题，同样也是政治问题。太宗的后宫生活作风较之唐代其他皇帝，甚至整个中国历史上的其他皇帝，应该说是比较好的，而太宗这一方面的政治智慧主要体现在长孙皇后身上。内宫与外廷是皇帝生活的两个方面，太宗可以比较妥善地处理有关内宫的事体，与选择了这位贤内助有关。

长孙皇后从小就喜欢读书，精通文史，言行从不违背封建礼仪。但她绝不是一个缺乏政治头脑的女人。武德元年（618），她被册封为秦王妃。此后，便是秦王与太子长期的争夺皇位的斗争。由于这场斗争是李氏宗室内部的斗争，因此皇宫王妃之间就成为一条重要的战线，长孙氏在这条战线上发挥了重要作用。史书记载，长孙氏不仅孝顺高祖，而且也恭敬地对待高祖的妃嫔们，化解了她们与秦王之间的隔阂和矛盾，争取她们对秦王的支持。在玄武门事变的关键时刻，她也挺身站到了斗争的前线。当秦王率领将士们进宫领取盔甲时，她亲自劝慰和鼓励大家，左右都为长孙氏富有激情的言辞所感动，顿时斗志倍增。

玄武门事变胜利后，秦王被立为太子，长孙氏被册封为太子妃。秦王即位，她被册封为皇后。作为皇后，长孙氏深知个人的爱好可能会极大地影响太宗的施政，因此言语行事一向十分谨慎。她性节俭，穿的、用的只要满足平日需要即可，而不贪求奢华。我们不能否定，太宗贞观初年崇尚俭朴，与长孙皇后的这种作风有密切关系。这样太宗对她就更加尊重，连赏罚之事也想听一听她的意见。她知道情感的倾向性常常会影响到赏罚的公正性，何况这种赏罚有可能与自己的宗族直接有关。后宫干政在历史上也曾经导致政治混乱。因此她不愿意在这方面发表意见，但她知道她面对的既是她的丈夫，同时又是地位尊极的皇帝，拒绝也必须委婉。所以她回答说："古人说'牝鸡司晨，惟家之索'，是说妇人篡权专政，就会造成国家的祸乱。我一个妇道人家，哪里敢参与国家事务的讨论。"太宗坚持要跟她谈这方面的问题，她始终不发表意见。

长孙皇后有丰富的历史知识，又经历了唐王朝建立后皇族内部争夺权位的斗争，对于这种斗争的残酷性有清醒认识。她对历史上外戚专权造成政治祸乱的教训倍加注意，对外戚专权最后常常导致一个家族覆亡的悲剧更深自警惧。因此她极力避免自己的宗族因缘皇亲而权宠过盛，这是长孙皇后在政治上最为高明之处。皇后的胞兄长孙无忌与太宗为布衣之交，常从太宗征讨，在太宗夺嫡斗争中，又有决策定谋之功，参与了玄武门之变，被太宗视为佐命元勋、心腹之臣。无忌常常出入太宗的住所，太宗总是把最重要的事务委托无忌办理。无忌确实是当时具有杰出政治才能的人物之一，太宗想让无忌为宰相，主持朝政。但皇后坚决不同意，她寻找机会向太宗奏言："我能托身后宫，尊崇高贵已经到了顶点，实在不希望兄弟侄子任高官要职，布列朝廷。汉朝吕氏、霍氏家族专权擅政，造成的政治悲剧和家族悲剧真让后人刻骨铭心，可以看作是前车之鉴，我们应该引为鉴戒，所以我非常希望您不要任命我哥哥为宰相。"但太宗对无忌信任无比，没有采纳皇后的意见，还是任命无忌为左武侯大将军、吏部尚书、右仆射。当时右仆射就是宰相。有人曾密奏无忌身为国戚，权宠过盛，太宗把奏章拿给无忌看，说："我和你君臣之间，任何事都不应互相猜疑。如果都把自己听说的事情藏在心里，那么做皇帝的和做臣子的就没有办法进行思想交流，就会产生隔阂。"太宗召集百官说："我的儿子年龄都小，无忌为我立过大功，现在我把朝政委托给他，就像信任儿子一样信任他。疏远的离间亲近的，新交离间旧友，人们称为不合人情，我决不听信那些挑拨离间的话。"说明太宗是出于对无忌的信任才有此任命。但皇后心中仍然不安，她暗中劝无忌辞职。在皇后影响下，无忌也"深以盈满为诫"，向太宗提出辞呈，皇后又为他陈请，太宗拗不过皇后和无忌的坚决态度，遂解除了无忌右仆射的职务，这时皇后心中才算踏实、高兴起来。贞观时期朝廷不曾出现外戚擅权的局面，应该说与长孙皇后这种深自抑损的态度有关。

长孙皇后虽然不愿意以自己特殊的身份干涉朝政，以免给太宗施政造成不良影响，但她对政治决不处以淡漠态度。她一旦发现太宗的行为有所失时，总是能善言劝谏。她的及时提醒和据理规劝，常常使太宗幡然醒悟，避免不该发生的过错。太宗有一匹心爱的骏马，一直在宫中饲养，没有生病，却突然死去。太宗大怒之下，要杀掉养马的宫人。皇后劝谏说："过去齐景公因为马死要杀养马的人，晏婴请求宣布养马人的罪过。他说：'你把马养死，是你的第一条罪过；你又让我们国君因为马死而杀人，百姓们听说，一定怨恨我们国君，是你的第二条罪过；其他诸侯国听说，认为我们国君好杀人，一定轻视我们齐国，这是你第三条罪过。'这使齐景公认识到因马杀人的错误，景公赦免了养马人。陛下读书时曾读到这个故事，难道就忘了吗？"皇后的话巧妙地提醒了太宗，太宗的怒意才消除。事后太宗告诉房玄龄说："皇后遇事总是能开诚忠告，对我帮助太大了。"有一天，太宗罢朝回宫，怒气冲冲地说："得杀了这个乡巴佬！"长孙皇后赶忙问因为谁如此动怒，太宗说："魏征老是在朝廷上侮辱我。"皇后退出，一会儿，身着朝服的皇后回来，站在庭阶之前。皇后一般只在朝廷举行大典、重大仪式或盛大的祭祀活动中才穿朝服，表示严肃隆重。现在太宗看到皇后如此严肃地站在那里，吃了一惊，问皇后这是干什么。皇后说："我听说，皇帝圣明，大臣就正直；现在魏征如此正直，是因为陛下圣明啊！我怎敢不表示庆贺呢？"太宗转怒为喜。皇后绝不是小题大做，她知道太宗那一句生气的话，包含着他对魏征的误解。如果不能帮助太宗认识到魏征正直的优点，那么这句气话就埋下了祸根，魏征将来或许会因此掉头，那时朝廷将失去一位良臣。

皇后非常注意维护太宗的声望，她常常担心因为与自己有关的事情会造成太宗的污点。皇后有一位与自己同父异母的兄长叫长孙安业，酗酒无赖。皇后的父亲长孙晟去世后，他不愿养育年幼的长孙无忌兄妹，把他们赶到舅父高士廉家里。对此皇后从来不放在心上，总是请太宗厚待这位异母兄，长孙安业做到监门将军。

后来长孙安业竟然参加了刘德裕的叛逆活动，太宗要杀掉他。皇后哭着给太宗叩头，为长孙安业求情。她主要担心的是长孙安业被杀会引起别人对太宗的误解，她说："安业所犯死罪，无论如何不该赦免。但是因为过去他对我不好，人们都知道。如果现在把他杀掉，人们会认为是我依靠皇上对我的宠爱而报复自己的哥哥，那么皇上也落一个不好的名声，这不是给您和我脸上抹黑了吗？"于是太宗免除了安业的死罪。我们不能排除皇后有为异母兄求情的动机，但她提出问题的角度的确是出于对太宗的考虑，说明她时时注意顾全太宗的面子和威信。长孙无忌也跟妹妹一样爱护太宗的名声。当太宗坚持要让无忌执掌朝廷政柄时，无忌就推辞道："我荣幸地成为皇上的贵戚，现在又让我为相，我担心这样会使陛下招致偏爱外戚的不好名声。"显然无忌是受到了皇后的影响。

对于自己的子女，皇后从来不加娇惯和溺爱，不允许他们因为是皇帝的子女就奢侈放纵，挥霍无度。长乐公主是长孙皇后所生，又是太宗特别喜爱的女儿，她出嫁时，太宗敕令有关官员赠送的陪嫁资财，比长公主多一倍。皇帝的姐姐和妹妹被称为长公主，辈分自然比公主要高，公主的陪嫁超过长公主，显然出于太宗对女儿的偏爱。魏征对此提出了批评，他说："过去汉明帝时，将要给皇子加封，明帝说'我的儿子怎么能跟先帝的儿子相比呢？'之所以称为长公主，是因为她们地位比公主尊贵，情感上虽然有差别，从道理上讲却没有区别。如果让公主的嫁资超过长公主，从道理上讲不通，希望陛下考虑这件事。"太宗认为魏征的话有道理，回宫后把魏征的话讲给皇后听，皇后没有因为减少了自己女儿的嫁资而怨恨魏征，反而大加赞叹，她说："曾听人们说，陛下器重魏征，就是不知道是什么原因。现在听到他如此劝谏陛下，实在是一位能以道理限制皇上私情的人，真可以称得上是刚正直爽的国家大臣。我跟陛下结发为夫妻，受到皇上的宠爱，情深义重，每次跟您讲话，还要先看一看您的脸色，有的话要等您高兴时才敢说，不敢轻易冒犯您，何况是作为臣下，从情感上说不是骨肉之亲，从礼法上说又有君臣之隔。所以能做到这一点，韩非说很难，东方朔也说不容易，实在是有道理啊。忠言逆耳利于行，统治国家的人最需要的就是听到这样的话，采纳忠言则百姓安宁，拒绝这样的批评就会造成政治的混乱，我诚恳地希望陛下深思这个道理，那真是天下百姓的幸运。"为了奖赏魏征直言敢谏的行为，皇后请太宗派人把五百匹绢帛送到魏征家里。太子李承乾的乳母遂安夫人曾经告诉皇后说：

"东宫器用缺少，欲向皇上奏请，增加一些器物。"皇后不答应，她说："做太子的，应该担心的是不能立德扬名，器物少一些有什么要紧呢？"

封建社会的后宫，后妃姬妾之间常常争宠相斗，互相倾轧，演出一幕幕悲剧，皇帝也常常因此坐卧不安。贞观时期不同，太宗不曾为后宫风波所搅扰，其中便有皇后的不少功劳。长孙皇后总是像母亲一样对待后宫其他妃嫔。有的妃嫔患病，皇后总是亲自去看望，把自己的药物和食物送给病人吃用，因此得到后宫上下的爱戴。后宫有人犯了过错，引起太宗发怒时，皇后总是先顺着太宗的怒气，加以斥责，请太宗把事情交给她去处理，等到太宗怒气消解时，她再慢慢为犯者开脱，按照实际情况进行适当的处置。这样不至于滥施刑罚，使宫人蒙受冤屈。豫章公主是太宗下嫔所生，其母早死，皇后视若己出。后宫风平浪静，使太宗能够集中精力处理政事，没有后顾之忧，这在政治上实际有很大的助益。

长孙皇后严于律己，不仅生活简朴，更可贵的是她从不愿意因为个人影响国家大事。贞观八年（634），她随太宗到九成宫，患了重病，生命垂危。太子承乾在身边侍奉，告诉她说，各种药物都已经用过，但病情不见好转，请奏明父皇，赦免天下囚徒，并度人为僧，希望能得到神灵保佑。皇后不同意，她说："死生都命中注定，不是人力能争取的。如果修福可以延长寿命，那么我一生不曾做过坏事；如果行善没有效用，又有什么福佑可以求助呢？赦免囚徒是国家大事，佛教只是表示朝廷让异方之教存在，实际上不仅浪费资财，有损政体，也是皇上一向不愿信奉的，怎能因为我一个妇道人家而扰乱国家的法令呢？"承乾不敢上奏太宗，把皇后的话告诉了房玄龄，房玄龄转告了太宗，太宗和身边大臣都感叹不已。大臣们请求太宗大赦天下，为皇后祈福，太宗听从了大家的意见。皇后听说后，坚决不同意，太宗只好中止这件事。

皇后对太宗情深意挚，有同生死共患难的誓愿，对李唐帝业忠贞不贰。她认为，汉高祖刘邦死后，吕后执政，吕氏专权，造成了西汉王朝政治上的动乱，破坏了高祖的事业，也败坏了高祖的英名。因此她不愿意让西汉的历史悲剧在唐朝重演。太宗患病，多年不愈，皇后侍奉太宗，日夜不离身边，她随身藏着毒药，一旦太宗晏驾，她随时准备随太宗而去。后来她病危时，从内衣中拿出毒药袋让太宗看，她说："我决心在陛下辞世时，以死相随，不能像吕后那样，危及大唐政权和陛下的英名。"贞观八年（634），太宗巡幸九成宫，柴绍报告有人作乱。太宗全身披挂，出宫询问情况，皇后带病跟随，不离身边。左右的人都劝阻她，她说："皇上受到如此惊动，我哪还有心照顾自己！"也就是这一次加重了她的气疾。

最能表现长孙皇后优良品质的，莫如她临死时的遗言。奄奄一息的皇后替自己考虑得很少，关于她的后事，她要求从简，她说："我生前没有给百姓做多少好事，更不可以因为我的死给百姓造成灾难，希望不要为筑坟而劳扰百姓。因山为坟，只用瓦器、木器陪葬。"但她十分关注朝廷的政局，当时房玄龄因为微过被免官，赋闲在家。她告诫太宗："房玄龄侍奉陛下时间最久，小心谨慎，虽然参与了许多奇谋密计，但从来没有泄露出去只言片语，如果没有大的过错，希望还要任用他。"最让她念念不忘的还是太宗的事业，她告诫太宗："我死后，希望陛下亲君子，远小人，接受忠臣的劝谏，屏弃奸人谗言，减少劳役，停止游赏畋猎。如果那样，我虽然身没九泉，死无所恨。不必让儿女们来，看到他们悲哀的样子，只能扰乱您的心思。"对于她的家族，她仍然像过去一样，反对委以重任，避免外戚擅权，也避免祸及子孙。她交代太宗说："我本族的人，幸运地靠着皇亲的身份做了官，既然不是凭才能被提拔的就容易垮台。希望不要委以重要的职位，只要能以皇亲的身份定时参加朝会就足以对得起他们了。"我们不能否定皇后的亲属有因缘帝戚而升官的，我们也很难要求封建社会一位皇后完全做到公而忘私，但像长孙皇后这样能时时注意限制宗族权宠过盛，已经是难能可贵的了。

长孙皇后三十六岁去世，谥号为"文德皇后"。她生前曾搜集古代妇女的优秀事迹，编成《女则》一书，自己作了序。还写过一篇文章，批评汉明帝马皇后，她认为马皇后没有裁抑排斥外戚在朝廷做官，让他们在当朝尊贵豪盛无比，限制他们车马服饰的奢华，是在细小的事情上加以防范，却在政治大事上埋下祸难的根源。但她告诫收藏文稿的人说，这是她自己用来自我警诫的，写得没有条理，不想让太宗看到，千万不要告诉别人。她死后，后宫负责收藏文稿的人告诉了太宗，太宗看后更加悲伤，他把皇后的文稿拿给大臣们看，说："皇后这本书，足以流传后世。我也知道人总是要死的，但总是不能割舍对皇后的思念之情，因为她总是能善言规劝，弥补我的过失。现在不能再听到她良言相劝，实在是在后宫失去一位贤内助啊！想起来我就控制不住自己的悲伤。"

纵观长孙皇后的一生，称之为女政治家并不为过。贞观盛世的出现有这位皇后的一份功劳，她的贤明和聪慧转化成了太宗的政治智慧。由此我们明白了一个道理，一位英明而成功的皇帝总是集中了众人的智慧，才成就了他的千秋伟业，而选择一位贤明的皇后，便是找到了一个智慧的源泉。

新天子施政开明

李世民以太子身份监国，实际上已经掌握了最高统治权，他便开始向朝廷大臣和天下百姓展示新的最高统治者的风采。他先安排了新的东宫官属人选，接着便命放养禁苑所养鹰犬，取消各地对朝廷的贡奉。鹰犬是皇帝畋猎用物，而畋猎是皇帝荒废政务的表现；那些贡奉都是各地珍异物产，贡奉这些物产总是浪费地方上大量人力物力。太子又召集文武百官到朝廷议事，听取他们对于治理国家的意见。太子不崇耳目之娱，不尚驰猎游赏，体察下情，勤心政事，作风严谨，政令简易清肃，立刻赢得了朝廷内外的欣悦和拥戴。

尽管朝廷发布了大赦令，建成、元吉余党流散藏匿于各地，仍然惶恐不安。地方上那些投机取巧的人纷纷告发并捕捉他们以邀功请赏。为了进一步解除余党的思想顾虑，消除由此引起的不安，太子采纳王珪的建议，下令不许追究和告发，这是朝廷第一次以李世民的名义向地方上发布有关前太子余党的新政策。

高祖已降手诏给裴寂等人，明确表示了退位为太上皇的意图，朝廷便开始为太子登基做准备。朝廷人事做了新的调整，适应李世民即位的新的朝廷组织已经形成。因为李渊即将退位，他的命令不再称诏，而改称为"制"，仍由李渊下制，传位于太子。李世民辞让了一番，便于八月九日即帝位，正式走上政治前台。

新天子即位，照例派大臣到南郊祭天，并大赦天下。根据太宗即位大赦诏书，武德九年（626）八月九日黎明以前，不论罪行轻重，不管是已经发现的，还是没有发现的罪犯，以及监狱里在押的囚徒，全部免罪释放。从武德元年（618）以来，流放配军的罪人全部放还。所有官员的爵位都晋升一级，五品以上的官员没有封爵采邑的，封为开国男；六品以下官员的品阶各升一级。关中地区和蒲、芮、虞、秦、陕、鼎六州百姓免两年租调；全国百姓都免除一年的徭役。八十岁以上的老人，赐给二石米，五段绵帛；百岁以上的老人，赐给四石米，十段绵帛；

按惯例都给一个名义上的官职，以表示对老人的尊敬。孤寡老人、失去父母的儿童和没有亲人赡养的人都要根据困难情况给予救济。朝廷征召那些以孝敬长辈、品行优良而闻名乡里的人到京，加以表彰和提拔。州府应将那些义士、节妇的名字上报，在他们门上挂上光荣匾。那些有声望、有学问、敢于批评社会不良现象和勇于向朝廷提出建议的人，地方要推荐到朝廷来，并附上荐举状。

考虑到玄武门之变后建成、元吉之党有人逃匿，朝廷限期令亡命山泽、挟藏军器的人自首，不自首者将治罪，并将时间宽限到三个月。重申不允许告发大赦以前的罪过，告发者以所告发的罪处治。

大赦令体现了新天子的体恤下情、宽仁厚爱，普天之下，俱沐皇恩。

太宗初即位，便着手解决那些不便于民的社会弊端。当时，为了禁止金银绫绢等贵重物品的私下交易活动，沿黄河各津要关口都设立了关卡，禁令很严，限制了各地人民正常的交通贸易往来，是百姓们意见最大的一个热点问题。太宗下诏撤销沿河各关口的守务，制止路霸行为。诏文说："国家设立关卡的地方，都是交通要道。它的目的是禁止坏人的犯罪违法活动，并不允许侵害百姓。但是多年来，禁令防备越来越严，这不是安定人民招徕外商的好办法。潼关以东沿黄河两岸的关卡应全部废除；按照过去规定，金银绫绢等不能出入关卡，今后不再禁止。"这对促进商业贸易活动是一项积极的措施。诏书于八月十七日发布。

同一天，太宗下诏释放掖庭宫女三千人。封建时代，为了满足最高统治者的荒淫腐化生活，朝廷总是在全国范围内广选美女，以充皇帝后宫。李渊晚年，"多内宠"，妃嫔众多，史书记载，仅那些妃嫔们所生的"小王"就有二十多人。宫女奴仆更是不计其数。在太宗这次释放后，大臣张玄素后来还说其数尚多。这也是高祖时弊政之一。太宗诏书严厉斥责了这种奢淫行为。太宗说："如今我继承了皇位，决心像父母一样抚育天下百姓，克制自己的欲求，励精图治。但我看到后宫掖庭，人数很多。我担心这些女子长久地离开亲人，受幽闭之苦。所以现在遣散她们，让她们都回到亲人那里去，任随她们婚配嫁人。"

从即位当天到这年年底，新天子十分操劳。他很明智果断地处理了纷至沓来的一系列具体事务。处理这些事务，表现了太宗的远见卓识和才干，他的史臣对他这几个月所做的主要工作作了具体的记载。

九月初一，结盟而还的突厥颉利可汗派人献给太宗三千匹马，一万只羊。太宗没有接受。他要求颉利可汗把所掳掠的中国百姓归还唐朝。一年前，唐军与突厥交战，失利，中书侍郎、行军长史温彦博为突厥俘虏。突厥知道温彦博为唐朝廷要员，想从他那里知道唐军兵力、粮草情况，温彦博拒绝回答，突厥就把他押解到阴山。现在太宗指名要突厥放温彦博回朝。这件事表明，新天子不看重羊马财货，重视的是人才和百姓。

虽然突厥一再表示友好的态度，但太宗却没有放松警惕。刚即位没几天，他就请各禁卫军将领和禁军兵士到显德殿院子里练习射箭，他告诫将士们："忘战必危！自古以来，北方的戎狄就不断侵扰中原。最令人担心的是边境稍微安静，做皇帝就放松戒备，追求游乐，忘记了战争的威胁，因此敌人一旦打来，就没有办法抵御。现在我不派你们从事力役，干一些挖池、筑苑的活，而让你们专门练武，习射弓箭。朝廷上无事时，我亲自做你们的教练；突厥来犯时，就做你们的统帅。希望能有效地抗击来犯之敌，使唐朝百姓过上安宁的日子。"他每天请好几百人在显德殿庭院进行教练，亲临现场，测试众人的箭法，对射中次数多的人加以奖赏，军官则给以上等的考评成绩。大臣们纷纷劝谏，说："法律规定，挟带兵器到皇帝住所的人要处以绞刑，就是担心有人刺杀至尊。现在让兵卒们在陛下身边弯弓射箭，陛下身处士卒中间，万一有亡命之徒暗中行刺，发生了意外的事情，就会危及社稷的安危，陛下要为国家着想啊！"韩州刺史封同人听说这件事，情急之下，诈乘驿马到朝廷，情真意切地劝阻太宗。太宗不听，说："帝王视四海如一家，我把四境之内的百姓都看作我的子女，对天下百姓都推心置腹，何必对侍卫我的卫士们妄加猜疑呢？"皇帝的恩信极大地鼓励了卫士们，他们刻苦训练，几年内都成为勇敢善战的勇士。

太宗对跟随自己东征西讨和夺取皇位立下大功的人进行封赏。九月二十四日，他当众为长孙无忌等人论功封爵，量定封邑。长孙无忌、房玄龄、尉迟敬德、杜如晦、侯君集等都得到分封。太宗派陈叔达在大殿台阶下唱名宣布。然后问道："我论功行赏，恐怕不一定都很妥当。如有不当，可以自己提出来。"于是诸将争功，吵吵嚷嚷。太宗的从叔淮安王李神通感到委屈，他说："太上皇在晋阳起兵，我在关西最先响应，多年来出生入死。房玄龄、杜如晦等文人儒士，现在却功居第一，我心里不服气。"太宗回答说："当义旗初起时，每个人都有自己的打算，叔父虽然最先起兵，也是为了自谋避祸，又不曾亲临战阵。山东没有平定时，你受命出征，窦建德南犯，你全军覆没；刘黑闼第二次作乱，你的部队又望风溃逃。现在论功行赏，房玄龄等人有运筹帷幄安定社稷之大功。正像汉代的萧何，虽然并没有在前线血战，但他辅助汉高祖，指挥筹划，却是汉朝第一功臣。叔父是我的至亲，我什么都舍得送给你，却不能因缘私情，滥加封赏。"本来将军邱师利等人都自以为功大，对朝廷封赏不满，打算上诉，现在看到李神通理屈，互相诫说："陛下如此公平地行赏，对亲属也不偏爱，我们更不应该妄自上诉了。"于是诸将心悦诚服。

这种不私其亲的原则还表现在对秦府旧僚的待遇上。房玄龄曾告诉太宗说，秦府旧僚没有得到提拔的，都有怨言，他们说："我们侍奉秦王这么多年，现在提拔任命，我们反而在前东宫和齐府的人之后。"太宗立刻严厉批评了这种论调，他说："做帝王的最公正无私，所以天下人才倾心爱戴。我和你们每日吃的粮食和穿的衣服，都取之于百姓，所以设官分职，都是为了百姓的利益。应当选拔和任用那些贤明而有才干的人做官，岂能不问贤愚，就先任用旧僚，而后用新人。如果新人贤明，旧僚却行为不端，难道能舍弃新人而任用旧僚吗？任用官员不管他是否贤明，只说旧僚不满，不符合朝廷处理政务的原则。"

"示天下以至公"，还表现在处理皇亲的待遇上。过去，李渊想提高宗室地位以镇抚天下，所以与李渊同曾祖、同高祖兄弟的儿子，即便是小孩都被封王，这样的亲王达数十人之多。太宗严肃地问大臣们："把宗室的后代都封为亲王，对国家和人民有好处吗？"封德彝回答说："过去只有皇帝的儿子和兄弟才被封王，其余的如果不是有显赫的功劳，是没有封王的。太上皇施恩于九族，大量封宗室为王，自两汉以来亲王没有像现在这么多的。爵位提高了，就要供给许多力役杂夫，恐怕这不是向天下显示公平的举措。"太宗说："说得对！我做天子，是抚养百姓的，哪里能烦劳百姓来供养自己的亲族呢？"这年十一月，太宗把封为郡王的宗室子弟都降为县公，只有几位立过功的除外。

整治社会环境，移风易俗，也是动乱后朝廷应该着力从事的工作，因为良好的社会风俗是政治清明的重要体现。民间占卜和鬼神崇拜欺妄百姓，骗人钱财，常常令普通人家疑神疑鬼，破财毁家。政治上图谋不轨的人，也往往利用占卜淫祠蛊惑人心，煽动百姓。这是造成社会风气污浊的根源之一，也是造成社会不安的重要因素。太宗下诏："私家不许任意立祠祭祀鬼神，不合礼仪的祈祷应全部禁止。除了朝廷允许的龟易五兆等卜筮正术，其他各种各样的占卜也全部禁止。"

太宗年轻时虽也曾跟随太原张后胤学过《春秋左氏传》，其实自幼"不精学业"。他自己说："少从戎旅，不暇读书。"他却知道文士和知识的重要。早在武德四年（621）尚为秦王时，他就开始认真读书，钻研学问。他在秦府创立了文学馆，礼聘杜如晦等海内知名文士入馆，与他们讨论文史经义，借以提高文化素养并笼络治国人才。这种切磋讨论常常进行到深夜。文学馆文士之盛，当时称"秦府十八学士"，文士入文学馆被人们羡称为"登瀛洲"。太宗即位后更加明白文治的重要性，他说："我虽然凭借武功平天下，但最终还是要靠文治德化来治理国家。"为了继承秦府文学馆的传统，太宗在弘文殿收藏经、史、子、集各类书籍二十多万卷，分列为甲、乙、丙、丁四部，在弘文殿旁设立弘文馆，精选天下文学之士虞世南等人，以本官兼学士，让他们轮流到弘文馆值日。太宗听政之暇，请他们到内殿，与他们讨论过去的言行得失，商榷政事，常常讨论到深夜。显然这个团体是一个很有用的政治顾问班子，太宗贞观初年在政治上表现出来的聪明智慧正是从这种讨论中得来的。

天子应该树立权威，而新天子即位，最难处理的是与自恃有功的老臣的关系。起初，萧瑀向高祖推荐了封德彝，高祖任命封德彝为中书令。太宗即位，萧瑀任左仆射，封德彝任右仆射。萧瑀是一位耿直的人，封德彝却很诡诈。常常是两人事先商定的事情，封德彝在太宗面前又变卦。两人因此发生了嫌隙。这时房玄龄和杜如晦为太宗所亲重，执掌朝政，这两个人都亲近封德彝而疏远萧瑀。萧瑀心里愤恨不平，上疏论争，因为言辞不够恭敬，惹火了太宗。正好萧瑀和陈叔达又当着太宗的面大声争吵，萧、陈二位都是高祖朝旧相，在当年的皇位争夺中都支持过太宗，显然他们都以老臣身份在年轻天子面前倚老卖老，太宗觉得这太不成体统，于是他以"不敬"的罪名，把萧、陈二位都免了职。

太宗即位之初，在处理跟老百姓有关的事务上，表现出求真务实的态度，反对搞花架子。民部尚书裴矩上奏，请求对遭受突厥抢掠的百姓进行赈济，每户补助一匹绢。太宗说："我以诚信对待百姓，不想空有救济百姓之名而没有解决实际问题，户有大小，难道不论人口多少，都一样颁赐吗？"于是根据太宗的旨意，朝廷以人口为标准，救济由于突厥侵扰而蒙受损失的百姓。显然太宗的行为更切合实际。

历来统治者总是称犯上作乱的百姓为"盗"，太宗对此有自己看法。一次，他跟大臣们讨论如何消除"盗贼"，有人请用严刑峻法来禁止，太宗不以为然，他对持此论者投以讥笑，说："百姓之所以为'盗'，是因为赋役繁重，官吏贪求，饥寒交迫，所以才不顾廉耻，铤而走险。我们应该节省费用，破除奢侈之风，减轻百姓的赋役负担，选拔廉洁的官吏，使百姓有吃用不尽的东西，那时老百姓自然不会违法犯罪，哪里用得着严刑峻法？"

　　太宗把边远地区少数民族和中原地区百姓一样看作自己的子民。益州大都督窦轨上奏，称僚人叛乱，请求发兵进剿。太宗说："僚人依靠山林险阻，偶尔出来干些违法的事，历来如此；州县官如果能向他们讲信用，施恩于他们，他们自然顺服。怎么能轻易动用大军进行镇压呢？俘获其百姓，把他们比作禽兽，哪里是为民父母的人应有的思想呢？"所以他最终没有同意窦轨用兵的意见。

　　太宗还表现出闻过即改、从善如流的优良品格。他经常把魏征请入自己的寝宫，听魏征评论朝廷施政的得失。魏征知无不言，太宗都高兴地接受采纳。太宗曾派人到各地征兵，封德彝建议："中男虽然还不到十八岁，那些身高体壮的人也可以征发。"太宗采纳了封德彝的建议。诏敕传到魏征那里，魏征不肯在诏敕上签字，于是又退回太宗手里。太宗批复下来，魏征依然坚持自己的意见。这道诏敕反复传递了四次，魏征坚决不肯签署。太宗一时大怒，把魏征召进来，责备他说："那些身材高大的所谓'中男'，都是成年的奸民诈冒的，目的是躲避兵役。征发他们有什么不好？而你却如此固执！"魏征回答说："军队在于统率得法，不在人数众多。陛下征发那些成年的男子，按照兵法统率他们，足以无敌于天下。何必大量地征发那些不到成年年龄的孩子去充数呢？既然规定不到成年年龄不服兵役，那么征发中男当兵就是失信。陛下常说要以诚信统治天下百姓，想使官吏、百姓都无欺诈行为。可是现在即位不久，已经多次失信于民了。"太宗听了，十分吃惊，问："我哪里失信了？"魏征指出："陛下初即位，下诏说：'百姓积欠国家的租赋，全部免除'。官吏们以为欠秦府官衙的，不是国家租赋，依旧催促百姓偿还。陛下从秦王升为天子，王府之物不是国家财物又是什么呢？陛下还说过：'关中地区免除两年的租调，关外免一年的徭役'。可是不久又下敕说：'已经服了劳役和已经交纳了租调的，从明年开始依旧交纳'。散还之后又征收，百姓就不能不感到奇怪了。现在已经征收了百姓租调，又征发他们当兵，那么从明年开始又是什么呢？而且与陛下共同治理天下的是地方官员，平常亲自接见他们，把大权交给他们，而涉及征兵的事又怀疑他们欺诈，这难道是以诚信治理天下吗？"魏征一口气指出太宗这么多失误，太宗没生气，反而高兴地说："起初我以为你固执，认为你不懂行政事务。现在听你议论起治国的道理，发现你实在道出了最关键的问题。如果皇帝发号施令却不讲信用，那么百姓就不知道该怎么做，国家怎么能治理好呢？我的过错实在太大了！"于是取消了征发"中男"的敕令，并赐魏征一口金瓮作为奖励。

太宗很虚心地听取臣下的意见。他听说景州录事参军张玄素很有名，召见他，问他皇帝处理政务的原则。张玄素发表了自己的见解说："隋朝的皇帝喜欢自己独揽政务，不信任大臣，大臣们都害怕，只知道接受皇帝的命令去执行，没有人敢违抗。以一个人的智慧去处理天下繁杂的事务，即便是得与失各占一半，谬误就不少了。臣下阿谀奉承，皇帝受到蒙蔽，国家不灭亡还等什么呢？陛下如果能谨慎地任用大臣，让他们分担朝廷事务，高居皇位考察他们的成败，然后加以处罚或奖赏，哪里还用得着担心国家治理不好？还有，隋末乱离，依我看真正是想争夺天下的不过十几个人，其余的都是为了保全自己的父老乡亲和妻子儿女，盼望有贤明的国君而归服呢。这就可以知道，思乱的百姓很少，只是做皇帝的不能使他们安定罢了。"这种舍弃做具体事务而总揽大纲的原则正是皇帝为政的要诀，对于即位不久尚缺乏统治经验的太宗来说，极具有启发性。因此，太宗认为张玄素说得好，就把他提拔为侍御史。

张蕴古向太宗上《大宝箴》，称颂古之圣人"以一人治天下，不以天下奉一人"，批评历代昏君瑶台琼室、丘糟池酒的荒淫腐化生活，认为皇上应该耳聪目明，洞察事物的萌芽状态。因此受到太宗的称赏，赐给束帛（五匹帛捆为一束，古时用为聘问、馈赠和奖励的礼物），并任命他为大理丞。

据记载，当初，天文官曾发现太白星经天，太史傅奕向李渊汇报天象说："太白星出现在秦地分野，预示秦王当统治天下。"这话曾对李世民造成威胁。（这件事是否属实，大有疑问，很可能是为李世民当皇帝而制造的谎言。）太宗即位，没有怪罪傅奕，还召见他，请他吃饭。太宗告诉傅奕："你先前的上奏，差一点儿造成我的灾难。不过，凡有天象变化，你应该像过去一样报告，不要隐瞒。不要因为当初的事就害怕了。"太宗对傅奕坚决反对佛教不理解，他问傅奕："佛教的道理深奥玄妙，你为什么偏偏不相信它呢？"傅奕回答说："佛是外国狡诈的人，欺骗自己国家的人们。中国邪僻之人，取老庄玄谈，又以妖幻之语加以文饰，用以欺骗愚蠢的百姓，对百姓无益，对国家有害，我不是不理解它那一套，而是鄙视它，不愿意学它。"太宗听了他的话，深感他说得对。

由于太宗虚心听取臣下意见，所以臣下也敢于直言进谏。太宗担心官吏接受贿赂，暗中派左右送财物给一些官员，试探他们是否廉洁。有一位司门令史接受了一匹绢，太宗就要杀他。民部尚书裴矩进谏，他说："作为官吏接受贿赂，论罪真该处死。但陛下派人送绢给他，他收下了。这种做法是引诱人去犯法，恐怕不符合'用德引导，用礼约束'的原则。"太宗对裴矩的批评表示认可，高兴之余，他召集五品以上文武官员，告诉他们说："裴矩能据理力争，不当面屈意顺从，如果大家事事都能做到这一点，何忧天下治理不好？"《资治通鉴》的作者司马光评价这件事说："古人说过'君明臣直'。裴矩在隋代是谄谀之辈，入唐却忠诚守正，这不是他的生性改变了。做皇帝的不喜欢别人的批评，那么忠臣就会变为佞臣；如果做皇帝的喜欢听直言，那么佞臣就会变成忠臣。"

新罗、百济、高句丽三国有旧仇，互相征伐。太宗派国子助教朱子奢前往三国传达太宗的旨意，劝他们和解，三国都上表表示感谢，停止了战争。

玄武门之变后的几个月，太宗的上述表现虽然都是一些具体事务，但这些事务涉及政治、经济、军事、外交、民族、宗教等一系列重大问题，还涉及如何处理君臣之间、君民之间的关系问题。对这些问题的处理方法和态度，既要针对当前的，又要考虑长远的，既要解决具体问题，又要确定处理事务的大体原则。事实证明，太宗表现得相当出色。但我们不能说他天生就是一位明君，他处事还不够老练，甚至有些失误，他是靠那些忠诚正直的大臣的帮助，才避免了错误。但这些事务的处理已经使我们初步看到了太宗身上的许多优秀品质，也初步显示了他作为皇帝具备了开创贞观治世的个人条件。太宗即位后，没有立即改变年号，次年正月初一之前仍沿用"武德"年号，这段时间太宗的施政是贞观之治的前奏。

关心留给后世的形象

史学家也注意到，太宗是一位非常自觉的帝王，深切关心他留给后世的形象。为了证明继承皇位的合法性，也为了提高自己的历史形象，他极力干预和影响了历史的记载。根据历史学家的细心研究，新、旧《唐书》和《资治通鉴》中有关李唐建国的历史、建成和世民争夺皇位的斗争以及玄武门事件的过程，都是取材于当时史官们编撰的国史和依据国史改编成的《高祖实录》《太宗实录》（以下称两《实录》）。贞观初监修国史的大臣是房玄龄，改编成两《实录》的也是他。而国史和两《实录》都被房玄龄等人做过某种程度的篡改，新、旧《唐书》和《资治通鉴》的作者采用了他们的史料。《资治通鉴》的作者司马光也曾注意到史料有作伪之嫌，但他又别无所据，所以只能在必要时略做提示，以引起读者的注意。

贞观十五年（641），褚遂良任谏议大夫，又负责记《起居注》——《起居注》是帝王的言行录，是修史的重要根据，史官据以编修国史。太宗问褚遂良："你近来负责《起居注》，都记载什么呢？《起居注》的记录能让皇帝本人看吗？我很想看一看《起居注》的内容，希望能回顾过去的行为得失，警诫自己，避免重犯过去的错误。"褚遂良告诉太宗："现在的《起居注》，就是古代的左史、右史，是用来记载皇帝的言行的，无论好的、坏的都要记录下来。只希望皇帝不做非法之事，没有听说皇帝亲自看史官的记录。"太宗最担心的是自己的不良行为被记下来，又问："我如果说了错话，或做了错事，你一定记下来吗？"褚遂良说："做官就要谨守职责，我的职责就是把您的言行都记下来，怎么能不尽职尽责呢，不能不记。"这话大概使太宗有点不能接受，黄门侍郎刘洎在旁，提醒太宗："做皇上的有了过失，就好像日月有日食、月食，天下的人都看到了，即便遂良不记，天下人都会记下的。"这话减轻了太宗对遂良的责怒，缓和了当时的气氛。褚遂良真是一位直臣，他信守古代良史的原则，没有迎合太宗所好，虽然这很容易冒犯龙颜，但他在所不惜。正是因为他的正直，太宗临死时，把辅助儿子的重任交给了他和长孙无忌。但也正因为他的正直，最终触犯了高宗和武后，被贬官，并死于贬所。

但太宗并未甘心，他干预史官记载的努力在房玄龄那里得到了实现。贞观十七年（643），太宗向监修国史的宰相房玄龄说："我每读前代史书，觉得有些惩恶扬善的内容很值得后人鉴戒。我不理解自古以来，为什么不让帝王亲自读当代国史？"房玄龄的回答和褚遂良是一样的，他说："有关帝王的言行，无论好坏，国史都是一定要记的，目的是希望当皇帝的不做违法的事情。只是担心所记的内容有时会引起皇帝的不满，所以不能让皇帝亲见。"太宗一面替自己想看国史的动机寻找借口，一面又以命令的语气让房玄龄把国史送上审阅，他说："我的用意与古人不同，现在想亲自读一读国史，如果有记下的好的言行，还无所谓；如果有不好的，想作为今后的鉴戒，能自我改正。你可以收集材料，编好送给我。"房玄龄等人没有像褚遂良那样坚持原则拒绝给太宗看，遵旨删略国史为编年体，撰《高祖实录》二十卷、《太宗实录》二十卷，附表呈上太宗。原来房玄龄和当时修国史的官员并没有秉笔直书，有很多为太宗避讳的话。太宗读到有关玄武门事件的记载，感到避讳的话太多，吞吞吐吐，遮遮掩掩，令人生疑心处很多，就告诉房玄龄说："过去周公为安定周室而杀管叔、蔡叔，季友为了鲁国安宁派人用毒酒鸩死叔牙，都是兄弟相杀。我杀建成、元吉，性质与此类似，目的是维护社稷的安定和百姓的利益。史官记载这件事，哪里用得着隐讳呢？应该立即删除夸饰的言辞，直书其事。"看来，玄武门之变已过十多年，贞观君臣关于这一段是非尚没有统一口径。太宗责备史官隐讳虚饰，要求直书其事，是要求对玄武门事件的具体过程如实来写，没有必要遮盖。但他对这一事件作了定性的指示，确定了宣传和记录的基调，那就是把自己的夺权行为说成是"安社稷，利万民"。接下来的工作就是由史官们依据这一原则把建成、世民争夺皇位的斗争历史重写一遍，强调杀建成、元吉的正义性。魏征认为，国史应该成为具有借鉴意义的历史教材，让将来的继位者从中受到惩恶扬善的教育。按照这一要求，就需要把那一段夺权斗争的善恶双方区别出来，当然应该突出太宗的善的、正义的一面，这跟太宗的宗旨是一样的。因此，根据太宗和魏征确定的这一指导思想，史官们修改后的国史，关于玄武门之变的具体过程应当是比较真实的。但为了强调太宗杀建成、元吉的正义性，关于这场事变发生的长期背景都需要大加删改，若非如此便无法改变事变的性质，不能突出太宗定下的主题。

为了说明杀兄逼父的正义性，就必须贬低高祖和建成、元吉，抬高太宗。为了达到这一目的，史官们究竟都做了哪些手脚，我们现在已不能完全弄清事情的真相，因为事情的真相已被精心地掩盖了。但历史学家敏锐的眼光总是能透过历史的迷雾，捕捉到一些蛛丝马迹。因此，关于李唐建立的过程、建成兄弟争夺皇位的长期斗争以及玄武门之变的发生，史书上的记载受到后来史学家的质疑。

关于谁是晋阳起兵的主要决策者和发起人。李唐肇基太原，首功是晋阳起兵，新、旧《唐书》和《资治通鉴》都据两《实录》和国史记载，李渊本无起兵的念头，是经李世民一再苦劝才下定决心的。李世民已暗中做了大量的组织策划工作，才鼓动李渊起事。为了迫使李渊起兵，李世民甚至和裴寂密谋，以晋阳宫人陪侍李渊，造成李渊的死罪，使他不得不听从世民和裴寂的意见而起兵，但他依然犹豫不决，行动迟缓。后来在李世民、裴寂、刘文静等人一再动员下才决计起兵。这些记载给人以李渊怯懦的印象。其中有意贬低了李渊在兴兵建唐过程中的重要作用和智谋才略，从而把晋阳首谋之功过多地归于太宗，而抹杀李渊为唐朝创立者的地位。关于晋阳起兵的过程，最原始的材料是温大雅的《大唐创业起居注》，根据这本书的记载，李渊早有反隋之心，他运筹帷幄，老谋深算，是晋阳起兵的主要决策人，年轻的李世民和裴寂、刘文静等人只能说有预谋之功。

很多史书还多处记载了李渊在关键时刻总是无可奈何，决策经常发生失误，李世民总是大智大勇，裨补时阙，弥纶左右，才使局面改观，甚至化险为夷。这种记载有的也是出于史官们那支"妙笔"。《资治通鉴》记载，李渊誓师太原，率军直指长安。大军沿汾水向西南挺进。隋将宋老生率精兵两万拒守要冲霍邑，屈突通率重兵屯驻河东，与宋老生相呼应。时又阴雨连绵，唐军粮草不济。李渊召集将佐商讨对策，裴寂等人担心久攻霍邑不下，背后刘武周勾结突厥，进攻唐军后方太原，因此建议北返太原，以后寻机再举。李世民却分析形势，鞭辟入里，认为应当继续进军，义无反顾。李建成附和了世民的意见。但李渊不听，催促大军回师太原。李世民想再入帐劝谏高祖，时天色已晚，李渊已经就寝。世民不得入，在外放声大哭，哭声传入帐中，李渊召问，李世民说道："现在大军已举起义旗，进军长安，前进就能获胜，后退就会溃散。兵士在道路上溃散，敌人又将从背后追来，死期已经不远了，怎么能不悲伤呢？"这时李渊才明白利害，但他说："部队已经出发，怎么办？"李世民说："右军正整装待命，尚未出发；左军虽已出发，还没走远，请让我亲自追回他们。"李渊笑着说："我们的胜败都取决于你，一切都按你的意旨行事。"世民与建成连夜追回左军。接下来便与宋老生大战霍邑，取得出师以来的第一次大捷。霍邑之战在建唐史上意义重大。根据这段记载，是李世民哭帐扭转了局面，使李渊避免了半途而废。但《大唐创业起居注》的记载却与此不同。实际上的情况是，李渊召集文武官员和建成、世民一起谋划，有人提出回师太原，李渊征求建成和世民的意见，兄弟二人分析利害，共同的意见是继续进兵。李渊听了他们的分析，立刻采纳了他们的建议，说明李渊本来也是倾向于进军的。原来并没有所谓"大军已还、世民哭帐、追回左军"的情节。史书妄增这一情节，又进行有声有色的渲染，无非是把历史最紧要关头的最重大决策归功于世民一人，从而贬低李渊的能力，又抹杀了建成之功。司马光也注意到《太宗实录》"尽以为太宗之策，无建成名，盖没之耳"。但他的记载还是受到两《实录》的影响。《大唐创业起居注》中记载李渊骂建议退军的人是"懦夫之徒，几败乃公事"。后来的史书中径指名为裴寂。这是因为裴寂一向倾向于建成因而为太宗所恨，所以把错误推给他，使他成了挨骂的人。实际上根据李渊平日对裴寂的敬重，即便裴寂出此谋，李渊也不会当场如此斥骂他。在《大唐创业起居注》中只说"议者"，并未指名道姓，出此策者未必就是裴寂。

史书中往往将李渊、李世民放在一起来写，以处事的不同态度处处显示太宗高于高祖。唐军攻克长安，李靖被俘，由于李渊与李靖素有隔阂，李渊入城后要斩李靖，李靖大声呼喊："您兴起义兵，目的是为天下除暴乱，难道是因私怨而杀壮士吗？"李世民坚决替李靖求情，李渊才放掉李靖。于是世民引李靖入自己的幕府。《旧唐书·李靖传》中专门记载了这件事，用李渊因私怨杀人衬托太宗的爱惜人才。刘黑闼第二次起兵反唐，李渊盛怒之下，命太子建成把山东地区十五岁以上的男子全部坑杀，把妇女儿童全部驱赶到关中。李世民切谏以为不可，李渊才放弃了这一政策。这是以李渊的残暴来衬托李世民的仁义，但这件事的真实程度也受到史学家的怀疑。

史书中也有为太宗遮掩错误的描写，例如关于高墌之役的记载。武德元年（618）五月，高祖称帝，六月，薛举入侵泾州，游兵进至豳州、岐州。李世民率八总管兵西上抗击,双方对垒于高墌(今陕西长武县北)。敌人利在速战,李世民深沟高垒作疲兵之计。据说李世民患了疟疾,把指挥权交给了刘文静和殷开山,并告诫他们慎勿出战。殷、刘二人轻敌,违背了世民的命令,布阵于高墌西南,又不设防备,结果受到薛举的包抄,双方战于浅水原,唐军全线溃败,士卒战死百分之五六十,大将军慕容罗睺、李安远、刘弘基等战死,李世民领败军回长安,薛举拔高墌城,收唐兵尸体筑成京观(古时为炫耀战功,垒集敌尸封土而成的高冢,称为京观),京师为之震动。这是建唐史上一次惨重的失败。事后归罪于刘文静、殷开山,二人受到除名的处分,李世民却没有责任。实际上,李世民为元帅,虽然患病,仍在军中,攻守大计,他不可能不与闻。殷、刘也不可能冒死违背其决策。因此我们认为关于这件事的处理和记载,都有为李世民遮掩错误之嫌。

史书对李世民当为天子作了不少渲染。据说,晋阳起兵以前,刘文静见到李世民,就看出他不同寻常,与李世民结交,并对裴寂说:"这不是一个平凡的人,豁达大度,类似汉高祖;神明英武,同于魏武帝。虽然年轻,却是名高一世的人才。"李密是自视甚高不轻易服人的人,但对李世民却倾心佩服。武德元年(618)十一月,李世民讨平薛举父子班师,高祖派李密到豳州迎接。李密自恃智略功名,见到高祖李渊,还常常表现出骄傲的神色,及至见到世民,不觉吃惊佩服,私下对秦府将领殷开山说:"真是一位英明的主上,不是这样英明的人,怎么能平定祸乱呢?"平东都时,李世民和房玄龄曾微服拜访过道士王远知,远知出来迎接,说:"你们两人中有圣人,是秦王吗?"世民告诉他,自己就是秦王,王远知说:"您很快就会做太平天子,希望您多珍重。"这些记载都意在说明,李世民做皇帝是有天命的,因此从他的气质和神色便可断定,甚至可一眼看出。

史书上还记载高祖李渊多次表示立世民为太子,甚至早在晋阳起兵前,李渊就对李世民说:"如果事情成功,那么天下都是由于你的努力得到的,就立你为太子。"攻克长安后,李渊为唐王,将佐都请求立世民为世子,李渊也打算立世民为世子,是李世民自己坚决推辞,才立了建成为世子。后来世民功名日盛,李渊常有心以世民取代建成。武德七年(624),发生杨文干事件,李渊派世民率军征讨,告诉李世民说:"文干的事与建成有牵连,恐怕响应的人不少,必须由你亲自出征。等你得胜回来时,就立你为太子。我不能像隋文帝那样杀死自己的儿子,把建成封为蜀王。蜀地的兵士脆弱,战斗力不强,将来他能拥戴你,你应该保全他的生命；他不拥护你，你收拾他也容易。"李渊有废立之心，与封德彝商议这件事，封德彝表示反对，才使李渊又改变了主意。后来李世民还说："武德六年（623）以后，太上皇想废建成，而立我为太子。那时我不为兄弟所容，实在有功高不赏反为人所害的恐惧。"我们在前文已经分析过，李渊以建成为太子的意图其实不曾动摇。史书上的这些记载大都是出于李世民及其史臣们的有意虚构和过分渲染，目的在于强调李渊有"废立之心"，说明由李世民继承皇位本来就是高祖李渊的既定方针。这是为建成、元吉定罪的基础。如此，发动玄武门之变，诛杀建成、元吉，就不是李世民夺位之举，而是维护高祖的既定方针，建成、元吉"谋反"的罪名也才能成立。

史书中也处处以建成、元吉和李世民做对比，突出建成、元吉的无德、无能、无功。建成嗜酒好色，畋猎无度，既不预太原之谋，又无大功。元吉残忍好杀，喜鹰犬，好畋猎，贪色好淫，每战必败。在功业方面，建成、元吉的确无法与李世民比较，但过分贬低二人的才能，抹杀他们在建唐过程中的贡献也不符合历史的实际。建成稳重敦厚，元吉勇猛过人，都不是等闲之辈。但他们在政治斗争中失败了，他们的历史画像是由他们的对手涂抹的，脸上不免多了几道黑墨。

据说建成和元吉还多次谋杀和陷害世民。武德七年（624），李渊在长安城南射猎，太子、秦王和齐王随从。建成有一匹胡马，肥壮剽悍，喜欢尥蹶子。建成故意鼓动世民试骑这匹马，意在颠翻世民，致其伤残。世民骑着这匹马追赶一只鹿，马突然尥起蹶子，把李世民掀起来，但世民敏捷地跃起，挺身落地，站在好几步远的地方。当马又起步奔跑时，他飞身骑到马的背上。那匹马不死心，又反复几次想把世民摔下来，李世民则三落三起，仍然骑在马的身上。李世民识破了建成的诡计，回头告诉宇文士及说："他想用这种方法害我，死生是命中注定的，他又能把我怎么样呢？"建成听说了世民的话，就煽动妃嫔们在李渊跟前说秦王的坏话，她们歪曲世民的话，说："秦王说自己有天命，将要做皇帝，岂能轻易被摔死。"李渊大怒，召见建成兄弟三人，责备李世民道："天子自有天命，非是凭智力求得的，你想当天子，怎么这样着急呀！"李世民摘掉帽子，叩头于地，请李渊把这事交司法官审查，李渊仍怒气难消。正在这时，有官员通报，突厥入寇。想到对付突厥还非得世民不可，李渊才转怒为喜，慰劳勉励世民，与世民共同谋划抗击突厥事宜，并命世民出征应敌。据说李渊常常这样，一面压抑排斥世民，一面又离不开世民。李元吉曾告世民部将张亮谋反，交司法官审判，企图迫使张亮承认犯罪事实，进而牵连世民。但张亮宁死也不招供，使元吉的这一阴谋最终破产。建成还曾夜召世民饮酒，酒中下了毒。世民喝过酒后，心口剧痛，吐血数升，是淮安王李神通把他扶回了西宫，救治及时，世民没有被毒死。

这些都出于贞观史臣的手笔，是不能充分信据的。甚至在玄武门之变前夕，李建成和李元吉密谋，利用元吉出征饯行谋杀秦王，并在军中坑杀秦府诸将的密计，究竟有多少可信的成分，我们也没有把握。

李世民是建唐的功臣和智略过人的军事家，这是应该承认的。太宗与史臣们又歪曲史实，虚构了上述种种故事，拔高世民而贬低李渊、建成和元吉，无非是证明李世民杀建成而夺皇位，取李渊而代之，未及李渊晏驾便继位为皇帝是合理合法的。特别是建成、元吉步步进逼，谋杀世民，更说明李世民发动玄武门之变是被逼不过的，而建成、元吉之死则是咎由自取、罪有应得。李世民杀死建成、元吉，即位为帝，使大唐避免了祸乱，起到了定社稷、安黎元的作用，是正义的。

为君之道，务在安民

确定"圣哲施化"的基本原则

太宗即位的第二年正月初一，把年号改为"贞观"。贞观元年即627年。

在迎来即位后第一个新年之际，太宗举行了盛大的宴会，招待朝廷大臣。这个宴会上演奏了歌颂太宗武功的《秦王破阵乐》。太宗告诉大家："过去我受命专征，击败刘武周，所以军中和民间就产生了这套乐曲。虽然是攻打杀伐之音，不像表现文治德化的乐曲那样雍容舒缓，但是我的功业是通过征战取得的，通过乐曲表现辉煌的武功，是为了表示不忘根本，牢记天下得来不易。"封德彝趁机称颂道："陛下以神智和英武平定天下，哪里是推行文治教化之君能与之相比的呢？"太宗立刻否定了封德彝的观点，他说："平定祸乱，要靠武功；而要保有天下，则靠文治。文治武功各随其时。你说文治不如武功，这话说错了。"封德彝立刻叩头认错。

我们看到，太宗的政治思维已经随着个人地位的上升和时代社会的发展发生了变化，战争的硝烟已经消散，秦王的时代已经过去，偃武修文、治国安邦应当成为今后的基本原则。太宗的头脑转变得很迅速、很及时。回首往事，他为过去的胜利而感到自豪和满足；展望未来，他知道这一切又仅仅是开始。

太宗很清醒地知道，国家的局势不容乐观。隋末以来，持续十多年的战乱对社会经济造成巨大破坏，遭受战争破坏最严重的关东地区，疮痍满目，一片残破。直到贞观六年（632），魏征还说，从洛阳往东，直到海边，灌莽巨泽，千里萧条，人烟断绝，鸡犬不闻，道路上行人稀少，杂草丛生，行走艰难，而且这几年自然灾害也十分严重。从武德七年（624）以来，关中、山东、河东连年遭受水灾、旱灾，造成粮价暴涨。现在，灾荒最严重的是京师所在地关中和河东、河南、陇右等地，一匹绢才能换到一斗米。百姓缺吃少穿，四处流浪。唐初关中地区是府兵集中地，折冲府主要分布在这一地区，其主要目的是拱卫京师，这里的百姓是府兵制下的主要兵源。如果情况继续恶化，任随百姓东西逐粮，必然影响到军队的征集和调发。一旦有战事发生，后果就不堪设想，而且大量流民的存在本身便潜藏着严重的不安因素。和建成争夺皇位的斗争虽然以玄武门之变而告结束，但隐患仍然不少。

就在太宗改元迎新的宴会结束不几天，天节将军燕郡王李艺在泾州举兵叛乱。这位李艺曾随建成讨刘黑闼，恃功倨傲，秦王身边的人到他的军营，他无故对秦王的人进行殴打。他对秦王如此不客气，显然是以建成为靠山，有讨好建成的动机。但他没想到朝廷会发生玄武门之变，对秦王即位感到意外，因而心中不安。有人劝他谋反，他就诈称接到了高祖李渊的密旨，进兵长安。虽然这场叛乱很快就被平息了，但它也提醒太宗天下并不太平。隋末以来一直存在的边患依然十分严重，北有突厥，西有吐谷浑两个强大敌对势力，对中原地区虎视眈眈，边境地区战事不断。稍不留意，随时都有大规模侵犯的可能。太宗即位之初，就面临着如此严重的内忧外患的局面。

能够通过治理实现天下大治吗？这个问题一直是悬在太宗心中的问号。这时太宗的政治心态真可以说是"如临深渊，如履薄冰"。面对一个布满战争创伤的国家，他的内心升起一种强烈的忧患意识。贞观初期，太宗言谈话语之间常常流露出很多担心。他说话常用到"畏""惧""恐""忧""不敢"等字眼，那么他都忧虑什么呢？

他担心百姓因贫思乱。太宗曾经和大臣们谈论政教风化，他说："现在大乱刚刚结束，恐怕百姓不容易被教育感化啊！"对于如何缓和阶级矛盾，稳定社会秩序，实现天下大治，他没有找到稳妥的措施和办法，因而心中不安。

他害怕重蹈隋王朝灭亡的覆辙。他告诉侍臣们说："像隋炀帝那样暴虐无道，做大臣的都不敢讲话，终于使他听不到别人的批评，以至于灭亡；虞世基等人阿谀奉承，最后也都落了一个可悲的下场。隋朝灭亡的悲剧离现在不远，我和大家都应该保持警惕，不要像炀帝君臣那样为后世所笑。"君昏臣暗，导致破国亡家，是太宗内心最为忧惧的，他曾告诫大臣们说："一个人想照见自己的容貌，必须有明亮的镜子；一位皇帝想知道自己的过错，一定要靠忠臣。当皇帝的如果自以为是，当大臣的又不加匡正，想不发生什么危险和失败，怎么可能呢？国君丧失了国家，大臣又怎能保全自己的家族呢？"

他担忧地方官员不能胜任安抚百姓的重任。他告诉群臣说："我每到夜晚常常思虑百姓的事情，有时到半夜还不能入睡，唯恐都督、刺史不能很好地安抚百姓。所以在屏风上记录下他们的名字，坐卧常看。如果有人任职期间有良好的政绩，也都一条一条地写在他的名字下面。我深居皇宫之中，不能亲眼看到、亲耳听到远处的情况，所能委托的人就只有都督、刺史。这些人身上实系社会治乱和国家安危，选任特别需要合适的人才。"

他担心自己施政无方，造成政治上的动乱。因此，他鼓励臣下发表关于皇帝如何施政的意见。他问魏征："什么样的国君称得上是明君？什么样的国君属于昏君呢？"他问王珪："近代君臣治国，大多不如古代的帝王，这是为什么呢？"听说张玄素很有名气，尽管他只是一位州里录事，仍请过来向他咨询为政之道。他希望做明君，而担心成为昏君；他希望像古之明君那样治国，而担心像近世之君那样走下坡路。太宗深恶谗佞之辈误国，也深惧作为君主为谗佞之辈所蒙蔽，他曾向大臣们历数北齐和隋代谗佞之臣祖孝征、杨素等谗害忠良，导致国家衰败的具体事例，深以隋文帝受谗佞之徒蒙蔽为诫。他说："古人云：'世道混乱，谗佞之辈就会得志。'确实如此。我常常防微杜渐，来杜绝佞臣离间忠良的祸端，仍然担心思力不济，不能辨别忠奸，或者受蒙蔽而不觉悟。史书上说：'猛兽处于山林，无人敢去采摘山中的野菜；正直的大臣在朝廷，奸邪之辈就不敢施展其阴谋。'这是我深切期望于诸位的。"对于太宗的这种审慎心理，魏征非常赞同，他说："《周礼》中说：'对没有亲眼看到和没有亲耳听到的，应戒备小心，忧危恐惧。'《诗经》中说：'君子平易近人，但不要听信谗言；谗言虚妄得很，会造成国家的动乱。'孔子也说：'讨厌花言巧语误国害民。'都是针对谗佞之辈而说的。据我观察，自古以来，统治者如果听信谗言，妄害忠良，国家一定衰败灭亡，希望陛下小心谨慎，深以为戒。"

对于自己即位之初的政治心态，太宗说："人们都说当天子的就要尊崇自己，无所畏惧。我却认为应该谦虚恭敬，常怀畏惧。古时舜告诫禹说：'如果你不自矜，天下无人能超过你的才能；如果你不滥用武力，天下无人能与你争功。'《易经》中说：'为人之道最忌骄傲自满，而崇尚谦虚谨慎。'做皇帝的如果只知道尊崇自己，不能做到谦虚谨慎，倘若他做了错事，谁肯触犯龙颜进言劝谏呢？我每想说一句话，做一件事，总是上畏皇天，下惧群臣。苍天在上倾听下界的声音；卿士大夫在下，皇帝受到他们的瞻仰。做皇帝的一言一行都受到上天和群臣的监视，怎么能不畏惧呢？从这个角度考虑问题，只知道经常地谦虚谨慎，心怀畏惧，仍然担心不能让上天和百姓满意。"这种忧危恐惧之心使太宗每次临朝听政，总是非常谨慎，他说："我每天坐朝，要说一句话，就想一想这句话对百姓有没有好处，所以不敢多说话。"

太宗担心的事太多了，但归结起来，就是担心政权不稳固，国祚不长久。特别是担心百姓造反，把王权统治推翻。如何巩固新兴的唐朝政权？贞观之初，太宗君臣曾针对这一问题反复展开过讨论。一次，太宗跟魏征谈到历史上的政治得失，太宗忧心忡忡地说："当今大乱之后，恐怕不可能很快实现天下大治。"魏征说："不然！人们在危困时就担心死亡，担心死亡就盼望社会安定，百姓们盼望安定，就容易进行教化。所以战乱之后的百姓容易教化，就好像饥饿的人容易给食物吃。"但太宗仍然信心不足，他说："一位圣明的国君往往用毕生精力治理国家，然后才停用武力，实现社会安定。现在承大乱之后，希望社会安定，岂能是很快就能实现的？"魏征解释说："一般的君主是那样，而圣哲明君并不如此。如果圣明的皇帝推行仁政教化，上下同心，百姓很快就会安定下来，就像听到声音那样快。一个月就足够了，相信不是太难的事。如果说三年成功，应该说还是太晚了。"太宗觉得魏征说得有道理，而封德彝等人不以为然，他们当着太宗和魏征的面反对说："夏、商、周以后，人情越来越奸诈虚伪，所以秦朝使用严刑峻法，汉代又参用威势权术。都是想进行教化而情势不允许，哪里是不想进行教化呢？魏征所言，完全是书生之见，如果听信他那些不识时务不切实际的话，必然会导致国家的衰败和混乱。"封德彝等人的话如此刺耳，年轻的魏征没有让步，他反驳说："五帝三王，并没有更换人民去进行教化。推行帝道则称帝天下，推行王道则称王天下，都是根据当时所治理的百姓的实际情况进行教化罢了。读一读古史，就可以清楚了。过去黄帝与蚩尤打了七十多次仗，战乱真够严重了，但胜利之后，天下便很快太平。九黎发动叛乱，颛顼征讨，征服之后，也没有失去太平的景象。夏桀残暴失德，商汤把他放逐，而商汤也很快进入太平时代。纣王是无道之君，周武王讨伐他，到周成王时也天下太平。如果说人性越来越虚伪奸诈，失去了纯朴的德性，那么到了现在应该全都变成了鬼魅，哪里还能加以统治而进行教化呢？"封德彝等人辩不过魏征，但都说实行德治教化不行。《贞观政要》中将这场辩论放在贞观七年（633），"七"字当为"元"字之误，因为封德彝死于贞观元年（627），所以这件事必定发生在贞观元年。

在这场辩论中，魏征是少数派，与封德彝等人相比，他又是年轻的一代。太宗没有接受多数人实行霸道的主张，而采纳了年轻的魏征"圣哲施化"的政治方针。太宗说："我看自古以来用仁义治理天下的帝王，统治的时间就长久；用严刑峻法统治人民的，虽然能整治一时的动乱，失败灭亡来得也快。这些既然是前代帝王的经验教训，足以作为我们的借鉴。现在我要专以仁义诚信治理天下，希望革除近世以来人情虚伪奸诈之风。"这是太宗决心推行仁政的政治宣言，也是贞观之初经过君臣反复讨论而最终得出的结论。此后数年间，太宗力行不倦，努力贯彻执行这一大政方针，结果经济发展，社会稳定，人民安宁，国力强盛，先后击灭突厥和吐谷浑，实现了天下大治。太宗对贞观初年的这场讨论印象非常深刻，几年后他向大臣们回忆说："贞观初年，在如何治理国家方面，人人都有不同的见解，但大家都说当今不可实行帝道、王道，只有魏征鼓励我推行王道，实行仁政。我听从了他的意见，没过几年，遂致国家安定，远夷宾服。自古以来，突厥就是中原的强敌，现在他们的酋长挎着刀为我做卫士，他们的部落都穿起了汉人的衣服，接受了汉化。我成就如此功业，都是魏征的功劳。"他很感谢魏征的出谋献策，所以又回过头来告诉魏征说："玉石虽然有美好的材质，夹杂在石头中间，不被良好的工匠雕琢研磨，跟瓦砾没有区别；如果遇到良好的工匠，它就成为流传万世的国宝。我虽然没有美好的材质，却因为得到你的切磋琢磨，烦劳你用仁义来约束我，用道德来弘扬我的品质，使我成就了这么大的功业，你也足以被称作良好的工匠了。"

古人说："忧劳可以兴国，逸豫可以亡身。"太宗开创了贞观治世的局面，为大唐基业奠定了坚实的基础，而从心理上说，这却是从忧危恐惧开始的。贞观初年太宗忧世不治，"如临深渊，如履薄冰"的忧患心理驱使他孜孜不倦地探求治国安民的方略，终于在君臣切磋中找到了治世的正确路径。

以民为本，抚之以静

太宗出生于隋开皇十八年（598）十二月，那时正是隋王朝"民多殷富"的强盛时期。但统治集团的腐朽性也很快暴露出来，他们利用政治上的特权，占有大量土地，残酷剥削农民，在地少而人众的情况下，广大农民往往衣食不给。在这个腐朽的统治集团中，又出现了隋炀帝这位历史上有名的暴君，他改年号"大业"，急于求成，荒淫奢侈，穷兵黩武，滥用民力，赋役繁重，终于迫使走投无路的百姓揭竿而起，走上了反抗的道路。隋大业七年（611），山东邹平王薄起义，揭开了隋末农民大起义的序幕。那一年李世民十二岁。此后，各地农民起义此起彼伏，星火燎原，在全国范围内燃起熊熊烈火，隋王朝在冲天火浪中土崩瓦解。青少年时期的太宗耳闻目睹了广大人民的饥寒交迫，也身感实受了农民反抗的巨大威力。

大业十一年（615）四月，李渊调任为山西、河东抚慰大使，往山西、河东黜陟官吏，镇压农民起义。到龙门，李渊击溃了当地母端儿（又作毋端儿）率领的义军数千人。李渊的这次赴任，十六岁的李世民随行，应当经历了这件事。李渊到太原，将世民留在身边。雀鼠谷一战，李渊又击败了农民军将领甄翟儿，世民参加了这次激战，并表现得非常英勇。但这时全国范围内的农民起义正风起云涌，势不可挡。李世民虽然年轻，对当时的形势却非常清楚。他对父亲说："今盗贼日繁，遍于天下，大人受诏讨贼，贼可尽乎？"他认识到，腐朽的隋王朝已经没有能力镇压农民起义，它灭亡的命运已经无可挽回了。

李渊父子进军关中，之所以能够顺利代隋而立，太宗也非常清楚，那是因为农民起义已经从根本上瓦解了隋的统治。隋末群雄竞逐，也都是由于农民起义极大地打击了隋王朝的统治，他们才能乘势而起，企图实现自己争夺天下的野心。

正像后来马周所言，太宗"少处人间，知百姓辛苦，前代成败，目所亲见"。

这种亲身经历使太宗清醒地认识到隋王朝灭亡的根本原因是失去了民心，并导致农民的反抗。战国时期的思想家荀子早就说过："君者，舟也；庶人者，水也。水则载舟，水则覆舟。"太宗君臣经历了隋末丧乱以后，从隋王朝灭亡的教训中，对这一古训有着深切的体验。每想到隋朝的灭亡，太宗的脑海里便浮现出一个可怕的景象：一叶扁舟在波涛汹涌的大海中颠簸，终于被滔天巨浪吞没。张玄素曾向太宗分析过人民造反的原因，他说："据我观察，隋末乱离，那些真正想争夺天下的人不过十几个。其余的都是为了保全父老乡亲、妻子儿女，等待有道国君的出现，从而归附于他。可知百姓喜欢动乱的人很少，只是作为最高统治者不能使他们安居乐业罢了。"太宗认为张玄素的话说得很好。看来人民的反抗归根结底还是在于如何统治他们。隋炀帝一方面残酷压榨人民，一方面严厉镇压人民的反抗，才把人民逼上了铤而走险的道路。太宗深刻地感受到隋炀帝统治方法的错误。为了避免重蹈隋王朝覆灭的命运，就必须改变统治方法。封德彝等所持的观点无疑是沿着亡隋的道路走下去，这为太宗所不取。自古以来，统治方法不过是"霸道"和"王道"，要改变亡隋"霸道"的统治方法，那就只能采取王道仁政，所以太宗乐于接受魏征的政治主张，这是很自然的。

推行"圣哲施化"的仁政方针，就是"以民为本"的思想在政治上的体现。所谓民本思想就是统治者把百姓看作社会的主体，而君主和官吏则是根据百姓的需要而设立的。统治者要重视百姓的作用，要爱民、利民、富民、察民心、顺民情、安定民生，取信于民，争取百姓的拥护和支持。"以民为本"的目的是巩固统治，使国家长治久安。"以民为本"的思想在中国古代政治思想史上源远流长，历代政治家和思想家都有过不少阐述，但令人惋惜的是真正切实贯彻落实的太少了。

太宗慑于隋末农民起义的巨大威力，出于维护唐王朝统治的需要，一改隋代末年的苛政，努力减轻人民的负担，使人民安居乐业。这种对待百姓的态度，用他自己的话说，就是"抚之以静"，即用"安静"的方法抚养百姓，使百姓能够休养生息。太宗即位不几天，突厥颉利可汗率兵来犯，太宗赂之以金帛，示之以威信，与颉利结盟，使突厥罢兵。事后太宗解释这样做的原因："为国者要在安静。""安静"就是使百姓安居乐业。其实高祖李渊早就表达了"安人静俗"的愿望，武德元年 (618)，举行盛大的阅兵式，高祖下诏说："安人静俗，文教为先。"就是说，要使人民和社会安定，首先要以礼法进行教化。但他接着就指出，由于天下未定，仍然要练兵习武，大集诸军。后来他又发布过《罢差科徭役诏》《申禁差科诏》，反复强调了减轻徭役负担，使百姓得以休养生息的思想。但是武德前期，唐王朝忙于统一战争，武德后期皇室内部斗争激烈，与民休息的方针不可能得到贯彻落实。太宗即位，天下已定，皇位争夺的斗争也已结束，太宗适应社会发展的需要，适时地提出了静以抚民的方针。

一旦把静以抚民作为指导思想，太宗就时时处处从百姓的利益出发，至贞观九年（635）时，太宗回忆数年的施政情况，说："过去刚打下长安，发现炀帝后宫珍宝、美女无院不满，可是炀帝仍不满足，仍然无休止地征求，加上他东征西讨，穷兵黩武，百姓不能忍受，终于导致了隋朝灭亡。这些都是我亲眼所见。所以我日夜孜孜不倦地寻求治国的良方，只希望天下无事，使百姓安宁。于是这些年徭役不兴，五谷丰收，百姓安乐。治理国家就好像是种树，不摇动树根，树的枝叶就茂盛。皇帝清静无为，百姓怎么能不安乐呢？"这说明太宗推行与民休息的方针的确是从隋朝灭亡中吸取了教训。

圣哲施化，推行仁政，与民休息，使百姓安宁，不是几句空话，必须有具体的措施才能把这一方针落到实处。贞观时代君臣不仅认识到与民休息的重要性，而且孜孜不倦地探求安定百姓的政治措施。贞观二年（628），太宗告诉侍臣说："一切事务都必须重视根本，国家以人民为根本，人民以衣食为根本。但要丰衣足食，要以不误农时、适时耕种为根本。而要不误农时，作为国君就要清静无为，不能生事扰民。如果频繁地兴兵打仗，大兴土木，营建宫室，却想不误农时，那怎么可能呢？"王珪趁机告诫太宗："过去秦始皇和汉武帝，对外穷兵黩武，在国内则建筑高大的宫殿，用尽了民力，于是给国家造成深重的灾难。他们难道不想使百姓安定吗？他们的过失在于统治人民的方法和措施。隋朝灭亡的悲剧离现在不远，陛下亲承其弊，知道应该改变他们那种做法。但开始时做好比较容易，要善始善终则很难。我诚恳地希望陛下能慎终如始，这样才能充分地展现出这一政治方针的完美。"太宗说："你说得对。要使国家和人民安定，关键在于国君，国君清静无为，百姓就安乐；国君纵欲，百姓就悲苦，所以我要抑制个人的情欲，克制自己而自我警诫。"王珪指出秦始皇、汉武帝缺乏安定百姓的方法和措施，从而肯定了太宗为安定百姓所做的种种努力。

去奢省费，割情屈己

从秦始皇、汉武帝和隋炀帝等人的教训中，太宗认识到要贯彻落实抚民以静的方针，重要的是处理好君民关系。天子必须抑情损欲，克己自励，才能减轻人民的负担，使人民安居乐业。人民安居乐业，国家才能长治久安。做国君的才不至于重蹈覆辙。太宗即位不久，对如何防止百姓为盗的问题上，他就提出了"去奢省费"的主张。贞观之初，太宗告诫侍臣："皇帝应该坚持的原则，首先是必须使老百姓能够存活下去，如果损害百姓来奉养自身，就好像是割自己大腿上的肉填自己的肚子，肚子填饱了，人也没命了。要想安定天下，首先必须端正自身，没有身体端正而影子弯曲的，也没有皇帝行为正派而百姓思乱的。我总是认为伤害身体的不是外界的事物，都是人的偏好和欲望造成了自己的灾祸。如果偏好美味佳肴，沉溺于音乐女色，贪欲越多，损失越大，既妨害政务，又侵扰百姓，而且说出一句不合理的话，百姓就会离心离德。心里产生了不满，就会离心叛变。我每想到这些，就不敢放纵自己，任情逸乐。"太宗的话立刻得到魏征的充分肯定。

太宗确实志存俭约，反对奢侈腐化。他告诉侍臣们："隋炀帝在许多地方建造宫室，用来尽情地行幸玩乐，从西京到东都，沿途都是离宫别馆，甚至连并州、涿郡也无不如此。驰道宽数百步，两旁都栽上树木以作修饰。沉重的徭役超过了人民承受的能力，百姓都聚集起来，为贼作乱。及至隋朝末年，连一尺大小的土地、一个百姓也不属于皇帝所有。由此来看，广建宫室，尽情游幸，到底有什么好处呢？这都是我亲耳所闻亲眼所见的事实，我自己深以为戒。所以不敢轻易动用百姓，害怕浪费人力，只希望百姓们安居乐业，没有怨恨和叛变发生。"

贞观元年（627），太宗想建一座新的宫殿，砖瓦木料齐备，即将动工，他却停下了。他告诉侍臣们："自古以来，帝王要有所建造，必须以顺应民心为贵。过去大禹凿开九座山，疏通九条大江，使用了大量人力，可是却没有人怨恨诽谤，原因就是人心所向，而且利益为天下人共同享有。秦始皇营建宫殿，人们却有不少批评，因为这是他个人的私欲，不能和大家共同享受其利益。我之所以停止修建这座宫殿，就是想起了秦始皇的事。古人说得好，'不做无益的事情来妨害有益的事情''看不到有何欲望，就使民心不乱'。由此可知当表现出有所欲求时，就必然会乱民心。至于像雕刻精巧的器物，佩带和玩赏的珠玉珍宝，如果都尽力满足自己骄奢淫逸的追求，那么国家危亡的日子也就不远了。"他自己带头倡导节俭之风，自然也要求臣下厉行节俭。他诏令："从王公以下，住宅屋舍、车马服饰、婚嫁丧葬，都要严格按照官品爵位高低享受一定的待遇，不准超越规定。一切超越规定的做法都要严加禁止。"将作大匠窦琎奉命修葺洛阳宫，在宫中开凿池苑，筑起假山，宫殿高大壮丽，浪费了不少人力物力。太宗大怒，立刻命令全部拆毁，将窦琎免官。

贞观二年（628），大臣们上奏："按照《礼》的要求，季夏之月，可以居高台楼阁。现在，夏天的暑热还没消退，秋天的霖雨季节刚开始，陛下居住的宫室又低又湿，请建造一个小阁子来住。"太宗不答应，他说："我有气疾，哪里适合住在低洼潮湿的地方？但是如果听从你们的建议，浪费一定很多。过去汉文帝要建露台，想到花费的钱财相当于十户人家的家产，他感到可惜，就停工不干了。我的功德不如汉文帝，可是浪费的财物却超过了他，这哪里是为民父母的人应该做的呢？"大臣们再三请求，太宗始终没有答应。

贞观四年（630），太宗将要巡狩东都，下诏令调发士卒修东都乾元殿。给事中张玄素上疏劝谏，激烈地批评太宗所为劳人费财，比隋炀帝还严重。太宗有点恼火，问张玄素："你说我不如隋炀帝，那么比起夏桀和商纣王怎么样呢？"张玄素回答："如果您一定要修乾元殿，那就和夏桀、商纣王一样，会导致国家的动乱！"张玄素的话提醒太宗想到奢侈导致亡国的历史教训，感叹说："这件事我没有认真思考，才造成这样的局面。"他听从了玄素的意见，回头向房玄龄说："今天玄素上表，我看过后，觉得洛阳宫殿确实不应该修建，将来如果有事须到洛阳去，露天居处也不感到辛苦了。所有的工程应该立即停止。然而处于卑位却能批评尊贵者的行为，自古以来就不容易做到，如果不是张玄素忠诚正直，怎么能做到这一点呢？而且众人唯唯诺诺，不如一个人直话直说。为了奖励直言进谏的行为，可以赐给张玄素二百匹绢。"魏征感叹说："张玄素的话具有回天之力，真可以说是仁人的话，好处太多了！"张玄素的话之所以能打动太宗，关键在于此时太宗有励精图治戒奢省费的思想基础。

这一年太宗再次向群臣重申戒奢侈、省费屈己抑情的思想主张，他说："修建高大华丽的宫殿，到池苑高台游乐赏玩，是帝王喜欢做的事情，却是百姓不喜欢的事情。帝王喜欢是因为这可以放纵逸乐，百姓不喜欢是因为这样做劳民伤财。孔子说：'有一言可以终身行之者，其恕乎！己所不欲，勿施于人。'劳民伤财的事情，实在不能施加到百姓身上。我身为帝王之尊，富有四海，什么事都可以按照自己的意愿去做，确实能够自我节制。只要百姓不想做，一定能顺应他们的意愿。"魏征在旁，立即给予肯定和鼓励，他说："陛下本来就爱护百姓，常常节制自己的欲望来顺应百姓的要求。我听说：'以自己的欲望服从百姓，国家就昌盛；以牺牲百姓的利益使自己快乐，国家就会败亡。'隋炀帝贪欲无穷，就喜欢奢侈，有关部门每有供奉或者兴建，稍微不如意，就用严刑酷罚来对付。上有所好，下必甚焉，上下都比着无节制地追求奢侈，终于亡国。这不仅是史书上记载的，也是陛下亲眼看到的。正是因为炀帝荒淫无道，所以上天命陛下取代了他。陛下如果感到满足，现在就不仅仅是能够满足，而是远远超过了自己的欲求；如果感到不满足，那么即便有超过现在千万倍的财物也不会满足。"太宗对魏征的话欣然接受，他说："你说得非常好，没有你，我哪里能听到这样好的意见？"

贞观二年（628），大旱，中书舍人李百药上言："往年虽然放出不少宫人，但我私下听说，在太上皇宫和掖庭中，没事做的宫人还很多。供养这些宫人，不仅虚费衣食，而且她们久处宫中，心情郁结。阴气郁积，感应上天，也足以造成干旱。"太宗说："隋朝末年，皇帝不停地求选天下美女，以至于离宫别馆，本来也不是皇帝要去的地方，却聚集了许多宫人。供养宫人，费尽百姓财力，我不赞成这种做法，而且除了洒水扫地之外，要这么多宫人，还有什么用处？要放出一批，任她们婚配嫁人。不仅仅借以节省费用，也可以减轻百姓的负担，使这些女子得以顺遂情性。"于是派尚书左丞戴胄和给事中杜正伦负责，在掖庭西门又挑选放出不少宫人。后来太宗说："数年来又放宫人三五千人"。

太宗好畋猎，即位之初也数出游畋。君王出猎，往往呼鹰逐兽，声势浩大，兴师动众，蹂践禾稼，也是君王纵欲使百姓遭害之事。薛收在太宗即位前，曾给太宗上书，劝谏太宗畋猎，引起太宗的深自警诫，专门给薛收写了《答薛收上谏猎书令》，表示感谢。当太宗意识到君王游畋的危害后，便抑制自己的兴趣，不再游猎。贞观三年（629），太宗派人到凉州。凉州都督李大亮有一只健猛的猎鹰，使臣知道太宗喜猎，就讽劝李大亮把鹰献给太宗。大亮不知道这是不是太宗的旨意，于是就写了一道密表奏上，表中说："陛下早就停止了出游畋猎，可是使臣替您向我索要猎鹰。如果是陛下的意旨，那就深违您过去的良好心愿；如果是使臣自作主张，那就是您派了不合适的人到凉州来。"太宗接到这封密表，向大臣们称赞道："李大亮真可以说是忠诚正直。"亲手写下诏书，表彰李大亮，说他"立志方直，竭节至公"，并赐给大亮一部荀悦的《汉纪》。

封禅是封建社会的大典，"封"是在泰山顶上设坛祭天，"禅"是在泰山附近的小山上祭地。举行封禅的目的是"告成功于天地"。名义上是敬天地，实际上是宣扬天子的威德。封禅大典仪式隆重，要花费大量的人力物力。贞观四年（630），唐击灭东突厥，边境地区的紧张局面有所缓和，经济形势也已经好转。第二年正月，各地朝集使朝拜既毕，即将散归各地。他们以赵郡王李孝恭为代表，向太宗上表，认为当今四境的各民族都已降服，边境安宁，请求封禅。太宗没有答应。他亲手写诏答复孝恭等人。在这道诏书中，太宗回忆了隋末以来的离乱和自己兴兵除乱建立唐朝的历程，也回顾了即位以来尽心竭力励精图治的努力。他肯定了当前"海外无尘，远夷慕义"的大好形势，并把这些成就归结为"三灵显命，百辟同心"。但他没有被眼前的成就冲昏头脑，他说，由于战乱，社会被破坏太严重了，社会凋敝，经济尚没有得到恢复、发展，大量的土地还没有开垦，粮食储积不多，仓廪还很空虚。如果说已经家给人足，他还感到非常惭愧。鉴于这种情况，他说："我哪里敢冒昧地效法前代帝王到泰山封禅，那只能被人们讥笑为是虚美。"太宗也表达了他的愿望，那就是到了有吃用不尽的粮食，人民都载歌载舞，民俗世风都达到淳朴的时候，他将根据朝集使的要求举行封禅大典。

贞观后期，在天下大定经济发展的情况下，太宗逐渐产生了骄逸之心，生活上不再能保持即位之初那种厉行节俭之风，但他仍能听从臣下的规谏，从历史上吸取教训，及时改正错误，克制情欲，继续倡导去奢省费的传统。贞观十一年（637），他还下诏提倡薄葬，诏书中他赞扬了古之明君贤人薄葬的美好品行，痛斥了历史上昏君佞臣违礼厚葬的不良行为，发出"奢侈者可以为戒，节俭者可以为师"的号召，要求自王公以下以至百姓，都要依礼薄葬。贞观十六年（642），太宗又停止修建一个宫殿，他向大臣们作了这样的说明："我最近读《刘聪传》，传中记载，刘聪要为刘皇后建凤仪殿，廷尉陈元达恳切劝谏，刘聪大怒，命人杀掉陈元达。刘皇后亲手写了奏疏请赦免陈元达，辞情恳切，刘聪的怒气才消解，并感到很惭愧。人们读书，就是为了增长见识而对自己有所助益，我读到这件事，认为可以深以为戒。最近我本想建一座宫殿，又设计了一个小阁楼，在蓝田县采集木料，现在各种建筑材料都已备齐。但联想到刘聪的事，我又命令停下了这项工程。"

由于太宗抑情损欲，躬行俭约，起到了率先垂范的作用，贞观一朝君臣都能节制自己的欲求，厉行节俭。岑文本任中书令，住宅低洼潮湿，室内没有帷帐等装饰品。有人劝他置办一些家产，他叹息道："我本来是汉南一介平民，并没有汗马功劳，只是舞文弄墨，却身处中书令的要职，仕途已经到了顶点。享受国家这么多的俸禄，心中的忧虑已经很多，哪里还能去考虑经营产业呢？"他对自己所得的满足感和不营产业为念，令闻者赞叹不已。户部尚书戴胄去世，他的住宅破漏不堪，连举行祭奠的场所也没有。太宗知道这种情况，命令有关部门专门为他建一座小庙。温彦博官至尚书右仆射，家里穷得没有安睡的正室，死后只能将尸体停放在旁室。太宗听说后，大加嗟叹，赶快命有关部门为他造正室，并多给一些抚恤品。魏征住宅内起初也没有正堂，后来病重垂危时，太宗要为魏征盖正堂，把为自己修造小殿的材料拿去用，又派人送去素褥布被。

太宗即位后力戒骄奢，对于减轻百姓负担，节省人力、物力起到了良好作用。贞观九年（635），太宗结合历史上的经验教训，对君王奢侈导致亡国的悲剧有了更深刻的认识。他对魏征说："我最近读周史、齐史，发现末代亡国之君施行恶政大多很相似。齐主特别喜欢奢侈，所有的府库储存之物，差不多都被他挥霍干净了，以至于所有的关口、集市无不收税征敛。我曾说这样做犹如馋人吃自己的肉，肉吃完了一定死去。做皇帝的不停地赋敛，百姓贫困不堪，这个皇帝必然亡国。齐主就是这样。"贞观十六年（642），国家经济形势好转，粟的价格每斗值五钱，特别便宜的地方，每斗仅值三钱，太宗仍强调节俭，他告诉侍臣们说："国家以人民为根本，人民以粮食为生命，如果庄稼收成不好，那么百姓就不为国家所有。现在遇到这么好的丰收年景，我作为百姓的父母，只想躬行俭约，坚决不要因为丰收就奢侈浪费。我常常想把财物赐给普天之下的百姓，使他们都富贵。现在减少徭役，使他们不误农时，所有的百姓都尽力从事农业生产，这样就使他们都富裕了。诚恳踏实地倡导礼让之风，使乡里百姓之间，年少的尊敬年长的，妻子尊敬丈夫，这样就使他们都尊贵了。只要使天下百姓都能够这样，我不听音乐，不畋猎，而乐在其中。"后人对太宗勤俭节约奋发图强的作风给予了充分肯定。开元元年（713）三月，晋陵尉杨相如上疏议论时政，对唐玄宗说："隋氏纵欲而亡，太宗抑欲而昌。"他希望玄宗从中吸取经验教训。

发展生产，恢复经济

隋末以来的战乱，造成了社会经济的严重破坏，加之唐初连年的自然灾害，突厥抄掠，太宗即位之初，百姓生活艰难，流离失所。但面对百姓的困苦，政府并无经济实力加以救济。贞观二年（628），尚书左丞戴胄就向太宗说："水旱灾荒，历代不免，即便是圣明的天子在位也是如此。国家如果没有可用九年的储蓄，《礼经》上就明白地告诫人们要警惕了。现在正值丧乱之后，户口减少。百姓每年交纳的赋租，不能充实粮仓，马上就支付国用，仅能满足当年的需要。如果遇到灾荒，就没有粮食拿来救济灾民。"太宗对百姓的疾苦非常了解，他有一次出外狩猎，就见到当地百姓都穿着破烂的衣服，因此心中十分不安。他也知道国库的确空虚。他更知道经济状况对安定社会的重要作用。如果农民的生活不能改善，经济形势不能好转，社会矛盾就无法缓和，政权就不可能巩固。仓廪实则知礼节，民贫则思乱，他对此有深刻认识。

要改善人民生活，扭转财政上拮据困窘的局面，就必须大力恢复和发展社会经济，在当时最重要的就是搞好农业生产。太宗的认识是："民以食为天，农业是政治的根本，百姓饥寒交迫，就不顾廉耻，为了生存，就会铤而走险，犯上作乱。仓库充实了，人民不愁衣食，就知道讲究礼义廉耻。所以做皇帝的躬耕东郊，就是表示对于天授农时的尊敬。国家没有可用九年的储备，就不足以防备水旱灾害；家里没有一年穿的衣服，就不足以抵御寒冷。应该鼓励百姓专心务农、勤于耕种，这样才能避免饥寒之患。"他强调搞好农业生产的重要性，说："养育百姓，必须使其丰衣足食；而要做到家给人足，从根本上说要靠农业生产。如果不能搞好农业生产，即便瓦砾都变成随侯珠，沙石都变成和氏璧，举目所见，到处都是珍宝，也不能使百姓摆脱饥寒困苦。"

农业是传统社会的主要物质生产部门，太宗树立了以农为本的思想，这标志着唐王朝的政治方针已经转向以发展经济为中心。农民是主要的生产者，要恢复和发展农业生产，就要有充足的从事农业生产的劳动人手。但是由于隋末丧乱，战争造成人口大量减少，唐初劳动力严重不足。隋代极盛时全国户数达九百万，人口四千六百多万，平均每户约五口人。经历了隋末战乱，唐初武德年间天下著籍户数骤降至二百多万。若以每户五口计算，全国仅一千多万人口。由于人口的大量减少，造成大量土地抛荒。当时人口减少最严重的是黄河中下游地区，用魏征的话说，自伊、洛以东，茫茫千里，人烟断绝，鸡犬不闻。据武德六年（623）《简徭役诏》，长江、淮河流域，一直到岭南的广大地区，也是土旷民稀，百姓不少是从外地逃亡到这里来的。高昌王麹文泰武德年间赴长安，回国后告诉其臣下说："我看到秦州、陇州以北，城邑萧条，没法跟隋代强盛时相比。"连当时人口最集中的关中地区，户数也减少了一半多。

为了发展生产，提高生产力，就要尽快增加户数和人口。为此太宗采取了一系列有效的措施。

首先是招徕和赎还隋末以来流落入沿边各少数民族和被突厥掠去的中原地区百姓，争取周边各少数民族人民的内附。唐初户口减少的原因首先是隋炀帝的暴政和隋末战乱所造成的社会经济凋敝与大量人口死亡；其次是在隋末战乱中，有的百姓为逃避战祸而移居境外，唐朝建立后，这些人户没有及时回归；最后是突厥对中原地区的历次侵扰，掠去大量的中原地区百姓。太宗即位后，积极创造条件，促使百姓回归故土。武德九年（626）九月，太宗即位才一个月，突厥颉利可汗派人献羊、马，太宗下诏给颉利，一面表示拒收所献羊、马，一面要求他归还掠去的中原百姓。这件事抓得如此及时、如此迅速，说明太宗对人口问题的高度重视。贞观年间，唐朝廷一直重视招徕人口的工作。贞观三年（629），据户部所奏，中原百姓从塞外归来、突厥前后内附和征服各少数民族在边境地区新设州县的人口增加一百二十多万。这个数字约占了当时总人口的十分之一，不可小看。贞观五年（631）四月，唐朝廷用金帛赎回由于隋末战乱而没入突厥的中原百姓八万人，全部送还原籍。贞观六年（632），党项羌前后内属人口三十多万。贞观十三年（639），太宗命吏部尚书侯君集率兵讨高昌，诏书中陈述的出兵理由之一，便是流移塞外的中原百姓受到高昌王的阻挠不得返回故乡。诏书说："隋末炀帝失道，天下沦丧，由于战乱，中原衣冠士族、守边将士和边境地区的百姓，有的漂泊流离，寄身于沿边各少数民族地区；有的被敌人俘虏，拘留异乡。大唐建立以后，中原地区安定了，他们都盼望返回故乡。当他们途经高昌时，却都被高昌拘留，高昌强迫他们从事繁重的力役，他们在遥远的域外忍受着极度的苦难，却上诉无门。"贞观十五年（641），太宗遣职方郎中陈大德出使高句丽，陈大德到了高句丽以后，以喜欢游山玩水为借口，又用绫绮贿赂高句丽官吏，从而得到游历各地的机会，目的则是接触战乱中逃亡到高句丽的汉人。那些汉人见到故国的使臣，都向陈大德诉说自己原来家在某郡，隋末从军没于高句丽，高句丽人把那些流离失所的女子嫁给他们，于是他们就和高句丽人杂居，繁衍人口，差不多占了当地人口的一半。当他们问到家中亲人时，陈大德不管是否了解实情，统统告诉他们亲人都生活得很好。这些人都哭着互相转告。几天后，那些流落高句丽的隋朝百姓远望唐朝使臣痛哭，人数之多，遍于郊野。陈大德的用意显然在于吸引他们返回故土。贞观二十一年（647）六月，铁勒诸部内属为州县，太宗下诏派使者用财物赎还没落入铁勒的汉民。这些汉民返回，朝廷又供给他们归途所需资粮，把他们送回故乡。同时，室韦、乌罗护、靺鞨三部人民被薛延陀俘掠的，也诏令赎还。说明这项工作在贞观年间一直在进行。

其次，劝勉男女及时婚嫁，提倡鳏寡再婚再嫁，鼓励生育。太宗即位不久，就注意到人口减耗的严重问题。为了增加人口，发展生产，贞观元年（627）正月，他颁布了《令有司劝勉民间嫁娶诏》，制定了鼓励早婚和多生育的政策。他针对长期战乱造成男女不能及时婚嫁、鳏夫寡妇生活困难的状况，诏令各级政府做好百姓男女婚配工作。这道诏书规定男子年龄二十岁、女子年龄十五岁为法定结婚年龄，提倡鳏夫、寡妇再婚再嫁。凡是到了结婚年龄的男女，鳏夫年龄不到六十岁，寡妇年龄不到五十岁，配偶丧期超过丧礼规定的时限，地方上就要向他们宣讲结婚的道理，由媒人进行说合，使他们嫁娶成婚，建立家庭。对于社会上没有婚配成家的大龄男女，朝廷委托州县官做好匹配工作，要以礼娶聘，使他们同类相求，满足他们的要求，不要使他们委曲求全。对于那些穷困得无力嫁娶的百姓，仰望他们的亲戚近邻乡里富有人家能给以资助，使其成就婚姻。而鳏夫六十岁以上，寡妇五十岁以上，或者妇人年龄虽少而有子女以及那些立志守节保持贞操的人，则任其自愿，不要强迫他们嫁娶。诏书还规定要以辖区内男女是否婚配及时和户口有否增减作为考核官员政绩的依据。如果在自己担任长官的地区，百姓都能及时婚配，鳏夫、寡妇的人数减少，调查证明户口增多，那么就提高刺史、县令的考评成绩；反之，如果刺史、县令在劝导男女婚配方面工作不力，造成男女不能及时嫁娶，境内户口减少，那么将视为工作失误，在考评时降低成绩。由于徭役全为男子承担，因此为了增加赋役人手，太宗鼓励生育男孩。贞观三年（629）四月，太宗颁布《赐孝义高年粟帛诏》时，规定从当年正月以来生育男孩的妇女，每人赐粟一石。贞观年间，太宗屡次释放宫女，任其婚配嫁人，不仅直接增加了劳动人手，而且也可以通过她们的婚配使人口增加，其作用是明显的。

再次，鼓励逃户还乡。唐初国家著籍户口减少的另一个原因，是战乱中大量的百姓四处逃亡，由于离乡背井，脱离本贯，因而脱离了国家的控制。豪族大姓为了获得劳动人手，趁机荫庇逃户，漂泊异乡的百姓为了生存，只好没身为奴，为豪强所奴役。其结果是减少了国家的赋役对象。在上述的《赐孝义高年粟帛诏》中，太宗特意提出："刚刚返回故乡的逃户，家中没有储存的粮食，州县长官要根据他们的困难情况加以赈恤。"这样做的目的是吸引逃户回归乡里，逃户的回归意味着国家劳动人手的增加。

然后，提倡僧尼还俗。南北朝以来，佛教盛行，寺院拥有大量的僧人和尼姑。北魏时出家人数达到二百万，在全国只有几千万的人口中占比很高。隋代崇佛，允许大量的百姓出家，僧尼队伍更加膨胀。对于经国家允许的出家人，政府发给度牒，持有度牒的僧尼可以免除课役。农民为了免除课役，多有出家为僧尼者。这样寺院日多，僧尼日众，而国家的劳动人手和赋役对象日益减少。这种情况严重影响了国家的财政收入和对劳动力的控制。贞观年间，政府一边用法律手段遏制百姓剃度为僧尼，勒令违法入寺者还俗，另一边采取积极措施鼓励僧尼还俗。贞观年间还俗僧尼达十余万人。政府倡导他们还乡生产，互相婚配，从而起到了增加人口的作用，充实了农业生产和手工业生产的劳动力量。

最后，为了提高社会生产力，朝廷对刑徒也采取宽松政策，尽量地减少死刑，使他们投入生产劳动。贞观六年（632）十二月，太宗亲自审阅登记在押罪犯，看到应该处死的，认为他们可怜。太宗想起六年前的一件事，右卫率府铠曹参军唐临出任万泉县县丞，县里关押着十几名罪犯，正是春耕大忙的季节，天下了雨，春雨贵如油，唐临大胆地把这些犯人都放回了家，让他们耕种，事后都按期返回，于是太宗把这些死囚纵放回家，让他们到第二年秋天行刑时再回京接受执刑。

同时敕令全国各地，对天下死囚都参照这种办法处理。这就使一批罪犯不至于在监狱里闲置下来，造成财物和劳动力的浪费。贞观十六年（642）正月，朝廷对犯死罪的人免除死刑，把他们送新设立的西州（今新疆吐鲁番一带）服劳役，开发边远地区。

太宗想尽一切办法，增加国家的劳动人手。贞观十九年（645），唐军从高句丽前线撤军，当时在唐军营中有一万四千多名俘虏。按过去的惯例是作为奴隶赐给有功将士的。但这次太宗下诏，命朝廷有关部门合计每一位俘虏的价格，折合成布和钱发给将士们，而将俘虏作为国家编户安置，成为国家合法的赋役对象，向政府缴纳赋租，承担国家劳役和兵役。

贞观年间积极的人口政策和措施，有效地促进了人口的迅速增长。至贞观二十三年（649），全国著籍户数由武德年间的二百多万增加到三百八十万，估计人口增加了约五百万。

在以农业立国的社会里，发展生产恢复经济的另一个重要内容是土地的开垦和耕种。必须有效地将农民固定在土地上，合理地确定农民对土地的占有关系，才能调动农民的生产积极性和创造力，充分开发地力，增加农产品的产量，实现经济的增长，从而使人民衣食有余，国家富强。在土地问题上，唐初存在的状况是一方面战争造成了广大地区的人口锐减，大片土地抛荒；另一方面是在人口密集地区（主要是朝廷所在的关中地区），农民得不到足够的土地。加上贵族豪强兼并土地，土地又过分集中于少数人之手，土地显得严重不足。无论是地广人稀之地土地开发不足，还是地狭人繁之地耕者少田无田，都严重地影响农业生产的发展。

为了解决土地问题上的尖锐矛盾，太宗即位后不遗余力地推行均田制。

均田制是北魏孝文帝太和九年（485）开始实行的土地制度，唐朝建立之初，高祖李渊就于武德七年（624）颁布了均田令。那时太宗正忙于北抗突厥，内斗建成、元吉，恐怕较少参与均田令的推行。当时均田令落实的情况大概也很不力，史书上我们看不到有关这方面的记载，恐怕成效并不显著。

唐初颁布的均田令，在具体内容上与北魏以来的均田制有很大不同，这主要是因为唐统治者根据唐初的实际情况作了某种变通。根据武德七年（624）均田令的规定，土地的度量，以五尺为一步，二百四十步为一亩，一百亩为一顷。中男、丁男，每人给田一顷；病弱残疾者，每人给田四十亩；寡妻妾每人三十亩；凡另立门户的，户主加二十亩。所分授的田地，十分之二为世业田（又叫永业田），十分之八为口分田。世业田属私有，人死后授给继承门户的人；口分田属国有，身死则收入官府，另行分配。唐初的均田制并不是均天下所有之田，它并不触动原有的土地占有关系，更不是夺富人之田以给贫户。元代马端临说："似所种者，皆荒闲无主之田。"唐初均田制的意义在于，一是将天下抛荒的土地配授给无地或少地的农民，使人有田耕，地有人种；二是限制贵族地主对土地的侵吞和兼并，唐政府通过均田制，承认地主以前所拥有的土地的合法性，但均田以后，地主不得再兼并土地，占田过限将受到惩处；三是鼓励地狭人繁的"狭乡"的农民移往地广人稀的"宽乡"。所谓"狭乡""宽乡"就是从授田是否足额来划分的。由于地狭人繁，农民得不到均田令中规定的土地亩数，这样的地区是为狭乡；得到了均田令中规定的亩数，则为宽乡。唐政府允许居住或移住宽乡的人们耕种按照均田制分授的亩数以外的土地。唐初均田制是适应当时生产发展需要而制定的土地制度，是提高生产力和发展经济的积极而有效的政治措施。但武德年间由于种种原因并没有得到认真而有效的贯彻落实。

太宗即位以后，在推行和推广均田制方面做了大量工作。首先抑制土地兼并。贞观初，长孙顺德担任泽州刺史，他发现前任刺史张长贵、赵士达等人都占有境内数十顷肥沃的田地，长孙顺德向朝廷弹劾了这些土地兼并者，得到了太宗的支持，因而夺回被他们霸占的土地，分给缺田少地的贫户。这件事发生在贞观之初，一方面说明武德七年（624）颁布了均田令后，并没有有效地制止官僚地主、贵族豪强对土地的侵吞，另一方面也说明太宗即位之初立刻认真而严厉地维护均田令的权威性，有令必行，违令必究。

其次，尽力扩大均田的土地范围。隋时在洛阳置有会通苑，又名上林苑，武德年间改为芳华苑。这是供皇帝游乐的地方，太宗即位，嫌此苑占地太多，废弃后赐给当地百姓。根据史书记载，芳华苑周长一百二十六里，可以补充相当一部分授田。贞观十一年（637），洛州遭了严重水灾，百姓资产损失巨大，太宗一面下诏赈济，一面宣布废明德宫之玄圃苑院和飞山宫的苑囿，分给洛阳附近的遭水之家，变皇家的苑囿为农民的田亩。唐朝官府还掌握着大量的职田。所谓职田又叫职分田，是政府按官职品级授给官吏作为俸禄的公田。唐代除给各级官吏世业田外，所给职分田，京官自一品，外官自二品以下至九品给田十二顷至二顷，外官九品为二顷五十亩。太宗有时也把一部分职田授给均田制下的农民。贞观十年（636）他曾下诏，命令朝廷有关部门把京城内外各级官吏的职田收回，除了收取地租以充办公经费的公田，把收回的土地首先授给从外地归来的逃还户和授田不足的丁户。而官吏的俸禄则按每亩二升粟的数目从正仓中支取。到贞观十八年（644）又恢复职田时，朝廷并没有收回已经分配给农民的这一部分土地，而是用京兆府和岐州、同州、华州、朔方等州空闲土地以及山坡水边可以租佃的土地充当。把职田变成永业田和口分田授给均田农民，会在很大程度上缓和农民授田不足的紧张状况。

最后，积极鼓励狭乡农民迁往宽乡，落实相关政策。贞观元年（627），朝廷订立条例，人口密集地区的百姓可以迁往宽乡。说明"移狭就宽"的政策是在太宗即位后订立的，而订立这一政策的目的，主要就是解决一些地区农民授田不足的问题。当时陕州刺史崔善为上表提出异议，他说，京畿地区，可以说是人口密集地区，但这里的丁壮男人，都被编入了军府，平时是耕田的农民，战时则征调为士兵，这对保卫京师的安全具有重要意义。如果任随他们迁移，他们便会从朝廷所在的关中地区迁往关外，那么关中地区人口减少了，兵力就会不足。作为国家政治中心的长安一旦军事力量空虚，就不能对全国的局势起到居重驭轻的作用，长安的安全也会受到威胁。因此他认为"移狭就宽"的原则不能适用所有的地区，应该区别对待。太宗接受了他的建议。崔善为所论仅指"畿内之地"，即京城附近的地区。其他狭乡的百姓仍然可以依据朝廷的规定迁往宽乡，而且给予他们优惠政策。那就是由狭乡迁往宽乡的农民，可以把原来的永业田和口分田卖掉，而一般情况下口分田是不允许买卖的，而且移住宽乡的农民垦荒种地，超过了均田制规定的亩数，不作为"占田过限"处罪，其目的是更多地开垦荒地，使"地尽其利"。刚刚迁至宽乡的农民，还根据他迁往的地方的距离远近，分别免除他一年、三年以至五年的赋役。官吏如果违反了这些规定，国家要处以两年的徒刑。太宗非常关心农民授田不足的情况。贞观十八年（644）二月，太宗出巡雍州，到一个叫灵口的地方，看到这里村落稠密，就问当地百姓的受田情况，知道这里一个丁男仅授三十亩，百姓衣食不足。回宫后他为这里的农民授田严重不足感到非常不安，以至于半夜未能入睡。于是他下诏，命令雍州官员调查统计当地田地特少的农民，免除他们的徭役，并将他们移至宽乡。雍州是"畿内之地"，均田内的农民又是府兵制下的士兵，有拱卫首都之责任，本来是不允许百姓移往他处的，这是太宗作出的特殊批示。

贞观年间，随着唐王朝对突厥、吐谷浑和高昌等用兵的节节胜利，唐帝国的版图也逐渐扩大，太宗也及时地将均田制推广到新开辟的地区。贞观十四年（640），平定高昌，太宗在其地设置西州，并下诏要求将当地的所有官田，都分给过去的官吏、大姓人家和普通百姓。高昌在现在的新疆吐鲁番东南，后来在这里出土了大量的唐代文书。这些文书说明这次分田是按照均田令的规定进行的。高昌早在北魏开始实行均田制之前，就脱离中原政权的控制而独立为国，因此它不可能推行内地的这一土地制度，太宗首先把这一制度推广到这一地区，这对西域农业的发展起到了积极的推动作用。太宗贞观年间是唐代均田制实行得最有效的时期。对提高生产力和农业经济的恢复发展发挥了重要作用。

太宗也很重视屯田工作。屯田是为了取得军队给养和税粮，利用士兵或农民垦种荒废田地。早在武德初年，唐朝就根据并州大总管府长史窦静的建议在太原附近实行屯田，取得良好成效。武德六年（623），尚为秦王的太宗又奏请在并州边界扩大屯田的范围，高祖采纳了他的建议。说明太宗很早就重视屯田的作用。贞观初，朔州刺史张俭在朔州大面积地经营屯田，每年收数十万斛粮食，保证了边境地区的军粮供应。代州都督张公谨也在代州设置屯田，节省从内地往边境地区长途运输军粮的费用。后来瀚海都护李素立在北部边境地区也大开屯田。说明太宗在位期间是很鼓励屯田生产的。这在很大程度上也减轻了农民的负担。

太宗很重视保护生产力。在农业社会里，牛作为重要生产工具，其重要作用众所周知。但自汉魏以来，国家每逢大喜大庆的日子，皇帝一定要赐牛、酒，令天下人聚饮。太宗认为杀牛太多，会破坏生产力，贞观十七年（643），在凉州获瑞石，这是国家吉祥的象征和预示，可喜可贺。但他一反传统，在令天下百姓聚饮庆祝时，下诏禁止宰牛。他说："牛太重要了，是耕种必不可少的工具，宰杀太多，实在背离了君子恻隐之心。这次聚饮，不再赐牛肉，七十岁以上的男子，由州县根据情况供给酒、米、面等，都用公物支出。"这件事充分体现了太宗对农业生产的重视。

农业生产季节性很强，耕种不适时就会造成减产和损失。太宗坚决禁止妨害农业生产的活动和行为，他经常强调要"不违农时"。用他的话说，就是"人以衣食为本，凡营衣食，以不失时为本""农时甚要，不可暂失"。他派大臣到各地巡察，劝课农桑，但又担心使臣出行，扰民生事，地方上送往迎来，影响农业生产。贞观四年（630）他向各地考使谈了一番劝农的道理后，说："派官员们到田垄间劝励百姓，目的是鼓励百姓从事生产，千万不要让百姓们迎来送往。如果迎送往来，就会耽误许多农活。要是这样劝农，还不如不去呢！"贞观五年（631），有关部门上书："皇太子将举行加冠礼，应该放在二月里举行仪式为吉利。请征调士兵作为仪仗队进行训练。"在府兵制度下，士兵平时务农，战时打仗。征调士兵，就会耽误他们的生产。太宗说："现在春耕刚刚开始，恐怕会妨碍农事，改在十月举行吧。"太子少保萧瑀上奏道："按照阴阳家的说法，放在二月为吉利。"太宗不肯听信阴阳家的话，他说："阴阳家拘忌太多，我不愿意按他们的话去做。如果动不动就按他们的话去做，不顾理义，想得到上天的保佑，哪里能得到呢？如果我们的事情都是按正道去做的，自然总是吉利的，而且吉凶在天，怎么能依据阴阳家的拘忌？农时非常重要，不能有任何微小的过错。"太宗喜欢打猎，也总是选取在农闲时进行，以防影响农业生产。

赈灾备荒以度凶年

中国的封建经济是以家庭为基本生产单位的自然经济，这种个体自然经济最经不起自然灾害的打击。一遇天灾人祸，那些略无储积的农民便会面临破产。太宗即位之初，正是唐王朝连年遭遇水旱霜冻等严重自然灾害时期。太宗忧心如焚，作为一位富有责任感的帝王，他不能不关心他的臣民的生活，同时他也知道，农民流离失所必然会造成社会的动荡不安。历史上常常是统治者的暴政和严重的自然灾害使人民雪上加霜，走投无路，最后揭竿而起，统治者因而丧失了政权。用他的话说，就是如果庄稼没有收成，那么百姓就不为国家所有。

贞观二年（628），长安附近大旱，蝗虫四起。太宗到苑中视察禾苗遭害的情况，看到到处蹦飞的蝗虫，他恨得牙根直痒。他抓住几只，诅咒道："百姓以谷物为生命，你们这些可恶的东西却把禾苗都吃掉，这是祸害百姓。百姓有什么过错，错都在我一人身上，你们如果有点灵性的话，不要祸害百姓，就咬我的心吧！反正今天我非吃了你们不可！"说着张口就要吃掉手中的蝗虫。身边的大臣急忙劝阻，说："吃下去恐怕会生病，千万不能吃！"太宗说："我所希望的就是把灾难都转移到我身上，还躲避什么疾病呢？"说完硬是把手中的蝗虫吞下肚去。不少人认为这是太宗收买民心的政治表演，我却认为太宗这样做确实是对自然灾害发自内心的痛恨，因为自然灾害不仅威胁到百姓的生活，也威胁到刚即位不久的太宗的统治。民不聊生，君主又何以自处？

灾荒之年，使百姓衣食有所保证，是大灾面前统治者安定人民的最重要的政治，也是恢复生产的必要保证。因为太宗即位之初就面临着严重的自然灾害，所以他一开始就表现出对赈灾救民的重视。

从即位时起，每当遇到严重灾荒，太宗就及时派出朝廷要员到受灾地区查勘灾情，进行慰问和赈恤。贞观元年（627）八月，关东及河南、陇右沿边诸州霜害秋稼，九月，太宗就下诏派温彦博、魏征、孙伏伽等人分往各地，要求他们迅速赶往灾区，巡察灾情，了解各地损失程度和缺粮户的生存状况，要他们掌握具体详细的情况，迅速向朝廷汇报。朝廷将根据他们掌握的情况和建议进行救济。据记载，太宗在位二十三年，有十八个年头都曾对受灾地区的百姓进行过赈恤。如贞观元年（627）六月，山东大旱，太宗下诏令各地进行赈恤，免除山东地区灾民当年的租赋。这一年关中地区遇到严重饥荒，百姓有卖儿卖女的。贞观二年（628），太宗派御史大夫杜淹出巡关内诸州，拿出御府金宝，把那些被卖掉的男女赎回，还给他们的父母。贞观三年（629）大旱，太宗派中书舍人杜正伦等人前往关内诸州慰问安抚。贞观八年（634），山东、河南、淮南大水，太宗派使臣前往赈恤。贞观十一年（637）七月，洛阳暴雨成灾，加上洛水泛滥，几百户人家被淹没。太宗一边废明德宫和飞山宫玄圃院，把财产分给遭水之家，一边赐给灾民一些绢帛。唐代货币流通是钱帛兼行，绢帛是跟钱一样可以当作一般等价物的。

太宗把赈灾与国家兴亡联系起来。贞观二年（628），他曾向黄门侍郎王珪说："隋开皇十四年（594），天下大旱，很多百姓遭受饥荒。当时国家的粮仓储满了粮食，可是朝廷竟然不肯拿出来赈济，却让百姓到外地逐粮。文帝不爱怜百姓，又吝惜仓库的粮食，到他晚年时，合计全国各地的储积，可供朝廷五六十年支用。炀帝有这些财富可以凭借，所以奢侈无道。炀帝亡国，这也是一个重要原因。凡是治理国家的人，重要的是使人民有所积蓄，不在于存满国家的仓库。古人说得好：'百姓的用度不够，君王又怎么会够？'只要使仓库的粮食能够防备灾荒年景，此外何必去储蓄呢？将来继位的人如果贤明，自然能够保有天下；如果不好，仓库里存的粮食越多，越能刺激他奢侈的欲望，那是造成危险和败亡的根源。"

贞观初年，针对不少地区自然灾害严重，而国家又无力加以救济的情况，太宗则有计划地组织灾民到无灾地区就食，并要求各地长官做好救济灾民的工作。

贞观元年（627），关中旱灾，粮食歉收，朝廷组织饥民到关外"分房就食"。当时蒲、虞等州的百姓都进入邓州，受到邓州官民的照顾。第二年，太宗下诏慰劳和褒奖邓州刺史陈君宾，这道诏书表现了太宗对百姓的关切之情，对邓州人民表现出来的互助友爱之情的充分肯定。太宗鼓励这种互助友爱的精神。他下诏表彰邓州官民的顾全大局：

"由于隋朝末年的战乱，全国范围内遭受战争的破坏，百姓大量死亡，到处呈现出荒凉残破的景象，人口锐减，百姓十不存一，这使我日夜忧虑，每想到此，心里就非常痛苦，简直就像生病一样。因此废寝忘食，夙兴夜寐，孜孜不倦地思虑如何安养百姓。每遇水、旱、霜、雹等自然灾害，就反躬自思，深深地责备自己，为自己道德不够深厚致使百姓遭灾而自感惭愧。担心贫穷的百姓会受冻挨饿，把仓库中的粮食全部拿出来，普遍地加以赈恤。如果有一个百姓没有饭吃，就好像是我夺去了他的口粮一样叫我感到难受，总是分派大臣去尽心救助。去年关内六州和蒲、虞、陕、鼎等州又遭大旱，庄稼没有收成，仓库中储存的粮食不足赈济，就指使百姓分户到各地谋食。最近听说邓州从刺史到各级官吏和百姓等都非常体谅我忧念灾民的心情，凡是谋食的灾民来到，都轮流着进行照顾。当灾民返回家乡时，每人都有剩余的口粮，又另外送给布帛，以表示礼赠。对灾民如此尽心，让我深深赞叹。一是由此可知，虽然灾害无常，但只要大家能互相救济，我们就不怕灾荒年景。二是我们国家已经兴起了一种礼让之风，大家都轻视财物而重视义理，四海之内皆为兄弟。改变了浇薄之风，形成了一种浓厚的仁慈风习。政治教化达到这样的程度，我还有什么可忧虑的呢？那些安置外地灾民、工作布置合理的官吏，我令考核官员政绩的部门将他们评定为最好的政绩。赡养灾民的群众，他们不吝惜个人的财物，慷慨施舍，我已经敕令有关部门免除他们今年应交纳的调物。你们应该理解我的奖励之意，认真地互相鼓励和劝勉，更加努力地做好互相救济的工作。"

　　这道诏书显然是一篇类似加强精神文明建设的号召书。

　　为了避免大灾之年发生饥荒，就必须积储粮食，自古以来统治者就重视发展仓廪事业。唐初，连年遭受水旱之灾，国家都是拿出正仓的粮食来赈济。在未设正仓之处，则让百姓就食别州。贞观二年（628）春，戴胄向太宗分析积蓄粮食的重要性，他指出正仓的粮食严重不足，若遇灾荒，就无粮食赈恤。他认为隋文帝时设立社仓曾收到很好的效果。那时由于有了社仓，在隋文帝期间不曾发生过饥荒。借鉴隋文帝的经验，他建议，从王公大臣以下，直到普通百姓，都要统计他们耕种土地的亩数，每年秋季庄稼成熟的时节，按照地里现有的庄稼确定应该抽取的数量，包括种植水稻、麦子的地方，都抽取一定的粮食，作为义仓粮存贮在州县。义仓的粮食是专为当地群众救济灾荒储备的，不得挪作他用。发生灾荒时，州县可以根据实际情况支出，救济灾民。这样可以减少灾荒年景国家财政上的压力，也使百姓生活有所保障。太宗认为这是一个好办法，他说："既然是为百姓预作储备，官府只是替百姓掌管，用来防备凶年，不是由于我的需要而搜刮百姓。这是有利于人民的事，很值得称赏。应该交给有关部门，商议制定相关条例。"于是交给户部施行。户部尚书韩仲良上奏："自王公以下，按所垦田数，每亩交纳二升税粮，根据各地情况，粟、麦、粳稻皆可。储存于各州县，用来防备凶年。"太宗批准了这一条例。这年四月，由朝廷下诏，令天下各州县都设立义仓。从此每遇灾荒，各地都开仓赈济百姓，有效地减轻了国家的财政压力，百姓也不至因为逐粮而背井离乡流离失所了。这种义仓一直到高宗和武后时期都发挥了很好的备荒救灾的作用。

贞观十三年（639）十二月，太宗又下令在洛、相、幽、齐、并、秦、蒲等州置常平仓。这种常平仓在高祖武德年间已有所置，朝廷并设常平监官主持常平仓的出纳事务。用高祖的话说，常平监官的职责是"均天下之货"。当市场上粮价暴涨时，常平仓则减价卖出；遇到丰收年景时，则扩大收购，储存粮食。以此平衡物价，抑止兼并，减轻百姓负担。但在高祖年间这一积极的措施却半途而废，没有保持下去。太宗恢复了常平仓的设置，并且规定粟藏九年，米藏五年；低洼潮湿的地方，粟藏五年，米藏三年。这就为百姓防备自然灾害筑起了一道新的防线。

唐初自然灾害主要是水旱，而要做到旱能浇、涝能排，提高抗灾能力，就必须兴修水利。太宗重视发展水利事业，当时，朝廷设置有专门机构管理水利，工部有水部郎中和水部员外郎，其职责是制定有关江河水渎池塘的政令及其贯彻落实，疏通沟洫，堰决河渠。凡是水运和灌溉的事务，都由他们掌管。朝廷为水利和水运立法，制定有《水部式》，以法律为手段，保证河水、河防的合理使用。太宗时期，各地兴修水利工作成效显著。据文献记载，贞观年间规模较大的水利工程就有二十多处，都取得了良好成效。如贞观七年（633），朔方开延化渠，灌溉农田二百顷；贞观十年（636），汴州陈留县令刘雅开观音陂，灌溉农田一百顷；贞观十一年（637），扬州大都督府长史李袭誉引雷陂水，又筑勾城塘，灌溉农田八百多顷，百姓大获其利。沧州境内有无棣河，隋朝末年填塞废弃，贞观年间，刺史薛大鼎上奏请开河，得到太宗批准，于是引鱼盐于海，百姓喜得其利，因而咏歌薛大鼎的政绩，唱道："新河得通舟楫利，直达沧海鱼盐至；昔日徒行今骋驷，美哉薛公德溽被。"因为沧州地势低洼，夏天容易造成水潦，大鼎又疏通长芦河、漳河和衡河等三条河，分泄积水，于是境内不再发生水害。瀛州刺史贾敦颐因境内有滹沱河和滱水，每年都泛滥成灾，当地百姓受损严重，上奏太宗，请立堤坝水堰，得到批准，工程完工后，瀛州不再发生水患。贞观年间在水利事业方面所取得的巨大成就，与太宗的重视、倡导和支持是分不开的。

租庸调法与轻徭薄赋

隋炀帝横征暴敛，沉重的徭役负担和赋税剥削超出了人民的承受能力，最终激化了阶级矛盾，是隋王朝灭亡的重要原因。太宗对此亲见亲闻，因此以亡隋为鉴，时刻注意减轻百姓负担。但要维持封建国家的存在，满足统治者生活方面的必要需求，徭役和赋税又是必不可少的。在这里，统治者的需要和百姓的利益是互相矛盾的，解决这一矛盾的途径是制定适度的征敛原则和尽量减轻而不是免除百姓的赋役，从而使阶级矛盾得到缓和。

唐朝建立之初，统治者就开始做这种努力，武德七年（624）四月，颁布了赋役令。唐代赋役令的具体内容就是租庸调法，其实制订赋役令的工作从武德初年就开始了，武德二年（619）二月就初步制定了租庸调制，经过数年的摸索、研究和审定，形成了赋役令。按照赋役令的规定：受田户每年每个丁男缴纳二石粟，叫作"租"；每个丁男每年服役二十天，闰年加役两天，如果不服徭役则以绢代役，每天折合三尺绢，这种捐布的代役令叫作"庸"；根据各地的不同情况，每年每丁交纳两丈绢（或绫、拖）、三两丝绵，或者两丈五尺布、三斤麻，叫作"调"。如果国家有特殊情况，需要丁男服役超过规定的二十天，称为"加役"，凡加役十五天的，免除他的调；三十天的则全年的租、调全免。但加役也不许没有节制，一年中通常包括正役二十天在内不得超过五十天。唐初赋役令规定的征敛办法是在均田制的基础上计丁征取的，也就是按照一个家庭中主要劳动力的多少确定征收数额。同前代相比，这种赋役有所减轻，如力役过去是一个月，现在减少为二十天。还可以以绢代役，农民可以根据自己的情况有所变通。这样他们就有可能免除或减少力役，有更充分的时间从事农业生产。

武德七年（624）赋役令颁布以后，我们没有看到有效地贯彻落实的相关史料。由于统治阶级内部争斗激烈，加上国家财政困难，当时朝廷既无力也无暇认真执行这一政策。认真实施这一赋役令是在太宗即位后开始的。租庸调制的意义在于根据百姓的承受能力，为对百姓的徭役和赋税制订适度的原则和固定的标准。严格执行这一法令，就能使国家取之于民而有节，农民输其赋役而有限，百姓有章可循，在完成国家赋役之后，还可以维持个人的生计。这就是古代政治家们所说的"古之善治国而爱养斯民者，必立经常简易之法，使上爱物以养其下，下勉力以事其上，上足而下不困"。

要使这种"经常简易之法"有效地发挥作用，就要严禁违令行为，避免其对法制的破坏。为了保证赋役令的严格执行，太宗注意从如下三个方面做好工作。

一是严禁各级政府和官吏任意增加赋役额，鱼肉盘剥人民；或上下其手，侵吞贪污，化公为私。太宗曾在一道诏书中规定："税纳逾数，皆系枉法。"官吏若聚敛邀功，征收赋税超过了赋役令规定的限额，就以犯罪论处。朝廷采取了种种措施，保证赋役令能够被严格执行。首先是账目公开，当时规定："凡是从纳税户中征收的数额，一定要书写于纸上在县衙门和村坊张贴出来，让百姓知情。"其次是乡账，每年年底，乡里要做出本乡百姓年龄和土地多少的账目，然后县里根据乡账做出县级的账目，州里根据县里做出州级账目，州里上报朝廷户部。又有计账，最基层的组织和地方官吏即城邑的里正、乡村的村正要制订来年的课役计划，然后逐级做出县级、州级的计划，最后报告朝廷的度支司，国家便按此收税。这些措施能在一定程度上防止各级官吏弄虚作假，中饱私囊，造成国家租赋的流失；也使百姓不至于被额外征税，受到地方官吏的过度剥削和欺压。唐朝以后，历代王朝都效仿这种公开租赋征收数额的做法。

二是防止百姓的诈伪假冒。由于租庸调制规定的赋役是计丁征取，而丁口随年岁增减，每年都有变化，丁口的多少决定着授受田地和输纳赋役的多少。加上地有宽乡、狭乡，授田有足与不足，农民有迁徙流动，土地有买有卖，年成有歉有收，唐政府根据这些变化和不同，制定有减免赋役的细则。因此农民为了逃避赋役或减少赋役，往往在年龄、人口和授田亩数等方面做手脚，或虚报丁男口数争取多授田亩，或少报丁男人数而减少或免除应该承担的赋役。为了防止这种情况的发生，唐政府加强了户籍管理。要求每年春天，里正要对当地农户的人口、年龄和相貌特征当面核实一次，这叫作"团貌"。然后将团貌的结果记录下来，编订成册，叫作"手实"。在手实上，先填户主姓名，再填亲属，并且要将每位家庭成员的相貌特征和有无生理缺陷等详加记载，如是否眼瞎、是否腿瘸，何处长痣，哪里生瘤以及脸色黑白，等等。每隔三年造一次户籍，户籍一式三份，分别存入县、州和朝廷尚书省，作为官府检查各地纳税情况的依据。

三是最高统治者戒奢节欲，不因个人的贪求而加役和搜刮百姓，造成百姓的沉重负担，从而使租庸调制所规定的限令受到破坏。太宗这方面的思想和表现，我们在前文已做过论述，此不复赘。

制订租庸调制的主要精神是贯彻轻徭薄赋的原则。太宗即位之初便认识到赋役轻重对发展生产和恢复经济的重要影响。贞观元年（627）七月，他下《缓力役诏》，在诏书中，他回忆即位一年来，自己一直以节俭为怀，忧念百姓，除非是田野收种和军国事务迫不得已时，不曾别差一人，妄求一物，在有丁壮工匠从事某项工程的地方，他总是告诫有关部门，尽量放宽工程期限，不要给百姓增加太多的负担。他批评主管工程建设的少府官吏僚属，说："你们应该知道这些原则和我的良苦用心，可是最近营造兵器铠甲，紧迫地催促工匠，简直不合常理，那是耗尽百姓的人力，来追求自己的政绩。一直都在皇帝身边的官员们尚且如此，那么远方的百姓所遭受的劳役，他们又怎么能受得了呢？"针对这种情况，他要求各地，一般情况下不得滥用人力，如果需要修理整治器械，修筑城墙和护城河，河堤溃决，桥梁损坏，需要修复的，像这类迫不得已的事情，一定要花费人力的，那也要尽量安慰百姓，不要造成百姓的不满和怨恨，尽量地宽缓工程进度，不要浪费人力物力。

此后的在位期间，他反复强调要减轻人民的赋役负担。他说："减轻徭役，减少赋税，主要目的在于提高农民的生产积极性，希望因此造成物质丰富、百姓富足的局面，使家家衣食有余。"他指出，百姓之所以成为盗贼，原因就是赋繁役重，官吏贪得无厌，人民饥寒交迫，所以不顾廉耻，违法犯纪。所以他要轻徭薄赋，去奢省费，选任良吏，使百姓丰衣足食。贞观二年（628）九月，突厥寇边，有的大臣请求修古长城，调集百姓筑堡设障，驻守边境。对这种修长城防备边患的老办法，太宗不以为然，他知道秦代修长城劳民伤财，给百姓造成了很大的灾难，所以他说："突厥连年遭受天灾人祸，颉利可汗非但没有因惧怕亡国灭种而施仁修德，反而更加残暴，以至内部分裂，骨肉相攻，他们离灭亡的日子不远了。我正要为你们大家扫清沙漠，哪能用得着劳扰百姓到遥远的边境地区去修筑长城障塞呢？"

贞观年间，除了推行租庸调法，劳动人民赋役得到减轻之外，太宗还不止一次地用减免租调赋役的办法来减轻人民的负担。特别在各地遇到自然灾害时，太宗总是下诏减免当地百姓的赋役。见于记载、规模较大的就有十多次。

　　为了减轻百姓的赋役负担，太宗十分注意节约国家的财政开支。他并省州县，精简吏员，完善府兵制，尽量减少和避免不必要的战争，借以缩减军费支出。

　　除了晚年征高句丽，贞观年间，太宗基本上没有发动过不必要的战争，不逞强黩武，不好大喜功，这对于一位马上得天下的英雄来说，实属难得。他曾说隋炀帝"东征西讨，穷兵黩武，百姓不堪，遂致亡灭，此皆朕所目见。故夙夜孜孜，惟欲清净，使天下无事"。他对战争的看法是："夫兵甲者，国之凶器也。土地虽广，好战则人凋；邦国虽安，亟战则人殆。凋非保全之术，殆非拟寇之方，不可以全除，不可以常用。"这种战争观显然是非常正确的。

　　贞观初，岭南各州上奏，说高州酋帅冯盎、谈殿等抗击官军，举兵反叛。太宗起初下诏命令发兵进剿。但后来听了魏征劝谏，罢兵未动，而改为遣使招抚，使岭南安定下来。太宗对魏征遣使晓谕的办法非常欣赏，他说："当初，岭南各州都强烈反映，说冯盎反叛。我已下决心进行征讨，魏征多次劝谏，认为只要以恩德进行安抚，冯盎必然不讨自来。我听从了他的计谋，才使岭南没有遭受战争之灾。没有兴师动众，却取得了比十万大军出征还大的胜利。"于是太宗赐给魏征五百匹绢。

　　贞观四年（630），有大臣上言，说林邑国（今越南境内）所上表疏大失君臣之礼，请发兵征讨。太宗说："兵器是凶险之具，不得已才使用。所以汉光武帝说：'每次发兵，不知不觉地头发胡子都白了。'自古以来穷兵黩武的人，没有不灭亡的。苻坚自恃兵强，想吞并东晋，兴兵百万，一战灭亡。隋炀帝也曾想吞并高句丽，兵役连年，人民都怨苦不堪。结果炀帝死于匹夫之手。又如突厥颉利可汗，往年频繁地侵扰我们，部落疲于征兵打仗，最终导致灭亡。现在我了解到这些教训，哪里能轻易用兵呢？只要出兵，就要走过高山险阻，路过那瘴疠之地。如果我的兵士身患疾疫，即便消灭了南方蛮寇，于事何补？"这一年，房玄龄向太宗上奏，说："最近检阅武库里的盔甲兵器，无论质量还是数量都远远超过了隋朝。"太宗没有为此而感到特别高兴，他说："置办军械以防备敌人虽然是很重要的事情，但我只想请你们多考虑一些治国的道理，最重要的是忠于国事，勤心政务，使百姓得以安乐，我把这看作最好的'盔甲兵器'。隋炀帝难道是盔甲兵器不够用而灭亡吗？正是由于不修仁义，而百姓们怨恨叛乱造成的。你们应该体察我这一用心。"

贞观五年（631），西域康国请归附唐朝，太宗没有接受。他向大臣们解释说："前代帝王中，不少人极力扩大领土，以求身后落一个武功强盛的虚名，结果非但无益于自己，反使人民非常穷困。如果对自己有益，对百姓有损害，这种事情我坚决不干，何况是为了求一个虚名而去损害百姓呢？如果我们接受了康国的归附，那么一旦康国受到别国的进攻，遭遇急难，我们就不能不去解救。军队万里出征，怎么能不劳扰百姓呢？如果劳扰百姓而求虚名，那不是我的愿望。他们请求归附，不必接受。"

贞观十七年（643），太宗已经产生了吞并高句丽之心，想到战争会给国家人民造成灾难时，他依然对战争保持一定的警惕。这一年，他向大臣们分析高句丽的形势，征求大家的意见："高句丽的执政者盖苏文杀掉国王而篡夺王位，实在令人不能忍受。现在我大唐国力强盛，攻取高句丽没有困难，我没有立即用兵，先命令契丹、靺鞨派军队骚扰他们，怎么样？"房玄龄试图劝告太宗放弃进攻高句丽的打算，说："我看古代各国，都是强国欺负弱国，兵多者侵略兵少者。现在陛下抚养百姓，将士精锐，攻占高句丽兵力有余却不进攻，正是人们所说的止戈为武，是想制止战争而使天下安定。过去汉武帝多次出击匈奴，隋炀帝三次征伐辽东，结果百姓困苦，国家灭亡，实在就是因为妄动干戈才造成的，请陛下认真考虑。"太宗立刻肯定了房玄龄的话，说："玄龄说得很好！"

体会太宗轻徭薄赋的用心，他思考问题的逻辑起点总是百姓，目的就是安民。他知道民安则国安，国安则君安。反之民不安则君危。

一人之智岂可断天下之务

总揽大纲，委任责成

太宗是一位精力充沛而又雄心勃勃的人，即位之初，立志革新政治，安定天下，巩固大唐帝业，以垂于百世。因此他早起晚睡，躬亲庶务。面对国家凋敝的局面，他的主要精力用于如何安养百姓，后来他回忆说："那时有感于隋炀帝穷兵黩武，荒淫误国，百姓不堪忍受沉重的压迫，终于导致国家的败亡，所以日日夜夜都在苦苦探求治国的方法，只想清净无事，让百姓安居乐业。"

他不仅自己勤勤恳恳，也要求大臣们像他一样，勤心政务。即位不久，他曾告诉裴寂说："最近很多人上书议论时政，我把这些奏疏都贴到墙壁上，这样出出进进都可以一眼看见。我常常思考治国的道理，有时到深夜才睡觉。你们也应当恪尽职守，能有像我一样的精神。"

魏征虽然原是建成的幕僚，但深识治国大体，对太宗也深怀知遇之恩，因此太宗屡次把魏征请到自己的寝殿，向他咨询施政的得失。魏征知无不言，太宗总是欣然接受。

几个月下来，太宗感到非常累，岂止是累，言谈话语决策行事之间，还不免有些偏颇，幸而大臣们总能直言劝谏，才避免了一些不良后果的发生。他曾听从封德彝的建议，下令征调年龄不足十八岁的中男当兵，遭到魏征反对。太宗按捺不住自己的火气，专门找来魏征，大声责备他。谁知魏征不服气，又一口气说出太宗一连串失信于民的事，结果太宗口服心服，转怒为喜，把魏征夸奖了一顿。太宗担心官吏受贿，想出一个自认为很聪明的办法，派人送财物给一些官员，试探他们是否廉洁。有一位司门令史接受了一匹绢，太宗觉得抓住了把柄，就要杀一儆百，处以极刑。这种"钓鱼执法"被裴矩批评为"陷人于法"，太宗认为裴矩说得有道理，赦免了那位可怜的令史。有人为了进入仕途，或升迁迅速，伪造资历和门荫。太宗敕令这样的人自首，不自首者处死。不久果然有诈冒资荫的人被揭发出来。太宗要杀掉他。大理少卿戴胄上奏："按照法律规定，应该处以流放。"太宗很生气，说："你是想信守律条而使我的话不算数是吗？"谁知这位戴胄也是一个坚持原则的人，他说："皇上的敕令是出于一时的喜怒，而法律是国家向天下人民展示大信的。陛下对选人诈冒资历感到忿恨，所以想杀他，现在知道这样做不可，仍然依法断案，这是忍下个人的小忿而保持国家的大信啊！"太宗认为戴胄说得有理，就说："你能严格执法，我还有什么忧虑呢？"

太宗喜欢出外骑马射箭，孙伏伽上疏极谏，说走马射箭以取乐是少年为诸王时可干的事，不是做天子的人该干的事，一方面可能会伤害身体，另一方面也给将来继位的人树立一个不好的榜样。太宗感到高兴，不久就任命孙伏伽为谏议大夫。郿县县令裴仁轨役使门夫干私活，太宗大怒，要杀掉他。殿中侍御史李乾祐劝谏说："法是陛下和天下人共有的，不是陛下的私人之物。现在仁轨因犯轻罪就处以极刑，我担心将来大家都不知道该怎么做是好。"太宗又觉得乾祐说得有理，免仁轨之死，提拔乾祐为侍御史。太宗曾讲到关中人和山东人的优短好坏，太宗极力贬低山东人，有着强烈的地域歧视倾向。殿中侍御史张行成跪奏道："天子以四海为家，不应该把人分为关东关西，认为这里好那里坏，应该一视同仁。如果有所褒贬，恐给人留下一个心胸狭隘的印象。"太宗觉得他说得对，赏赐给他不少绢帛，从此每有重要政事，常使他参与讨论。

即使是在隋代总是阿谀顺旨的裴矩也能够在太宗面前据理力争，这使太宗很高兴。但高兴之余，太宗也不免对当皇帝的人如何处理政务产生了深深的困惑。他想到自己早年，作为一个贵公子，不精学业，游马驰骋，习射练武。后来唐朝建立，建成被立为太子，自己则连年征战，无暇读书。所以一直没有学习帝王之道。如今虽然坐上了龙榻宝座，但对朝廷行政运作和皇帝决策机制还真的不是那么谙熟于心，处理起事务来也就不那么得心应手。即位之初的任情决断和处置失当就是证明，自己也有机务缠身之感。看来这方面还有探索和求教的必要。

他听说景州录事参军张玄素颇通治道，就召见张玄素，问以处理政务的原则。张玄素回答："隋文帝喜欢独揽大权，一个人处理朝廷各种事务，不能信任和重用大臣，群臣都忧危恐惧，害怕受到责怒，所以只知道接受皇帝的命令去执行罢了，没有人敢违反君王的旨意。用一个人的智慧去处理天下众多的事务，即便得与失各占一半，谬误差错也就不少了，臣下阿谀奉承，皇上就受到蒙蔽，国家哪有不灭亡的？陛下如果能认真选拔大臣，根据每个人的才能优长分别委任以不同的政务，安坐朝廷而考察各位大臣的成败加以奖赏或处以刑罚，哪里还担心国家治理不好呢？"玄素所言正是做天子的总揽大纲而委任责成的统治原则，太宗很受启发，认为他说得好，提拔他为侍御史。

有一件事对太宗触动很大，这件事是他向萧瑀讲的，他说："我从小就喜欢弓箭，曾收集保存了十几张良弓，自己认为是天下最好的弓了。可是最近拿给造弓的工匠看，他却说'都不是好材料'。我问他这话从何说起，他说：'木心不直，纹理就都不正，弓虽然是强弓，可是发出去的箭就有偏斜。'我这才明白过去自己对弓的认识并不精深。我是以弓箭打下天下、安定四方的，对弓的认识尚且不全面，何况是天下繁多的事务，怎么能事事精通呢？"太宗对自己的认知真是十分客观，他在施政过程和日常生活中一直在总结经验，体会治国的道理，这使他对执政的理解越来越深，从而在施政治理上越来越成熟。他不相信天命，也不认为当天子的就是天才，这是一种理性认识。能够如此客观地评价自己，能够这样坦诚地承认自己的不足，在中国历代皇帝中，我们还很少看到能像太宗做到这一点的。既然一个人能力有限，既然做皇帝的也不能独断天下之务，那就必然会得出求得贤才以相辅助共理天下的结论。

贞观二年（628），太宗告诉房玄龄、杜如晦说："你们二位担任尚书省仆射，应当协助我处理朝廷大事，减轻我的忧虑和劳苦，最重要的是扩大见闻，求访贤才。最近听说你们亲自听受词讼，判决案件，每天都过问好几百件官司。这样做就连读公文都来不及，怎么能帮助我求得贤才呢？"于是敕令尚书省，凡具体事务都交付尚书左丞、右丞，只有重大冤案或长期积压的案件，应该报告皇帝处理的，才让仆射过问。这件事说明太宗经过一段时间的实际锻炼，确实感到张玄素讲得对，无论皇帝，或者宰相，都应该从琐碎的细务中摆脱出来，掌握重大政策的调整，任用合适的人选去执行朝廷的政令，而不必也不可能事必躬亲。那样做只能掉入事务的圈子里不能自拔，终日忙碌也找不出头绪。现在他认识到起初自己管的事真是有点太具体了，宏观上的该自己决策的事务反而有些忽略。想到这些，太宗不知不觉地感到自己在处理政务时好像站得更高了一些，眼光更开阔了一些。

从"高居皇位，总揽大纲，选贤授能，委任责成"的执政原则出发，太宗曾针对隋文帝提出了不同于常人的看法。贞观四年（630），他问萧瑀："你看隋文帝是一位怎样的皇帝呢？"萧瑀回答："文帝能克制个人的欲望，按照礼的原则行事，勤于政务，不怕劳苦，一心扑在政事上，每一坐朝，就到很晚的时候才结束，有时直到太阳偏西才罢朝。五品以上的大臣，请来坐论国事，负责警卫的兵士要送饭吃，虽然品性算不上仁义明智，但也算是一位勤奋刻苦的皇帝了。"太宗说："你只知道他这样做好的一面，却不知道坏的一面。这个人总是看到别人的缺点，自己心智并不聪明。心智不聪明，有的事理就不明白；总是看到别人的缺点，就常常怀疑别人对自己不忠。他欺负静帝母子而篡夺了北周的天下，总是担心大臣们心里不服气，对朝廷百官都不肯信任，朝廷事务无论大小他都亲自处理，虽然劳神苦形，却不能都做得合情合理。大臣们知道了他的用心，也不敢直言劝谏。从宰相以下，朝臣都只是接受他的命令去执行罢了。我不像他那么想，以天下之大，百姓之多，政事千头万绪，都应该随机应变。这些都委托百官去商议，让宰相们筹划，他们有了稳妥便当的意见，才可以上奏，由我批准施行。面对千头万绪的事务，怎能由一个人思虑决断呢？而且每天即便能处理十件事，有五件事处理得好，那当然不错，可是另外五件处理得不好的事呢？日复一日，月复一月，年复一年，年月既久，错事就越积累越多，国家不灭亡才怪呢！哪里比得上广泛地任用贤人良才，高居皇位，洞察事理，法令严明整肃。这样谁还干违法乱纪的事呢？"太宗所言正是发挥了四年前张玄素讲的为政之道，但已经包含了他这几年来施政的经验，有了他自己的切身体会。

明于知人，善于任使

对人才的重视是太宗的一贯作风。从酝酿晋阳起兵，到攻克长安，以及在与群雄角逐的征战过程中，太宗都十分重视人才的收罗。秦王府人才济济，对他开创大唐基业和夺取皇权发挥了重要作用。没有那些文臣武将，就没有太宗的文治武功。薛举父子割据陇右时，手下的太常博士褚亮没有受到重用。太宗平薛仁杲，因平时听说褚亮有才能，于众人中找到他，非常尊重地接见他，加以引用，并且说："我受命出征，有一件事很值得高兴，那就是击败敌人后，从敌人的营垒中收罗到有才能的人。"

现在，他逐渐认识到治理大唐国家，从朝廷到地方，都需要大量的文武干济之士。在他在位期间，始终汲汲求士，以达到得贤才辅弼君臣、共理天下的目的。同时他也要求臣下以求贤为己任，广泛地搜求人才。贞观二年（628），太宗对封德彝说："要治理天下使之安定，最根本的就是要有治国的人才。我一直请你推举贤才，可是一直不见你有所推荐。朝廷事务如此繁重，你应该替我分担忧劳，你不发言推举，那么我还依靠你做什么呢？"封德彝为了替自己辩解，回答说："我虽然愚笨，对陛下的嘱托，岂敢不尽心？但直到今天，我还没有发现有奇才异能之辈。"太宗对封德彝的回答简直又失望又生气，他责备道："前代贤明的君王像使用器具一样，总是根据其特长任用人才，都是在当代得到有用人才，而不可能到另一个朝代去借用人才。难道非要像武丁那样梦见了傅说，像周文王那样遇到了吕尚，然后才能施政吗？而且哪一个朝代没有贤才呢？只担心都被遗忘在草野而不被人发现罢了！"太宗的情绪如此激动，令封德彝感到非常惭愧，红着脸怏怏退下。

相传周公为了接纳贤士，曾一饭三吐哺，当有贤才求见时，他来不及把饭吃完，就以礼迎见。后来曹操歌颂他："周公吐哺，天下归心。"贞观之初，太宗汲汲求士，大有周公遗风。贞观三年（629），太宗诏令百官上书论时政得失，中郎将常何上书讲了二十多件事，太宗看了以后，觉得十分符合自己的心意。但他想到常何是一位武人，不可能有这种见识，也不可能有这样的文才，所以感到很奇怪，就问常何是怎么回事。常何如实地告诉太宗："这些并不是出于我的思考，都是我的家客马周写的。"太宗敏感地认识到，马周是一位不可多得的人才，当日便派人去召马周。在马周没有赶到之前，太宗又迫不及待地四次派人，接连去催促，强烈地表现出求贤若渴的心情。马周是一介布衣，受到太宗的不次擢用。后来马周的确表现出不凡的才能，为太宗所倚重。太宗多次表达了他对马周的欣赏。他说："马周对我太重要了，一会儿看不到他，我就思念他。"这件事成为唐代长期流传的太宗爱贤的佳话。一百五十多年后，年轻的诗人李贺对马周的骤蒙擢用还称羡不已，他写诗道："吾闻马周昔作新丰客，天荒地老无人识。空将笺上两行书，直犯龙颜请恩泽。"

由于太宗广泛搜揽人才，所以贞观年间，朝廷贤俊盈朝。对此后人多有评价。初唐诗人卢照邻说："贞观年间，太宗皇帝不愿对外用兵，天下太平。留心政务，大兴文治。虞世南、李百药、岑文本、许敬宗之辈都以文章而进身朝廷；王珪、魏征、来济、褚遂良等人以才干治术显名当世。都能从布衣起家，致身卿相，从容地陪侍太宗，早晚都向太宗出谋献策。我朝人才众多，太宗时是鼎盛时期。"清代的思想家王夫之对此评价说："唐多能臣，前有汉，后有宋，都望尘莫及。"贞观盛世的出现，从统治者治理的一方面看，可以说与太宗身边聚集了大量人才有关。对此太宗深有体会，贞观十一年（637），面对天下大定国力强盛的局面，太宗无限感慨地说："从我即帝位，无为而治，与民休息，至今十多年了。现在天下安定，一派升平气象。这些都是辅弼大臣竭心尽力出谋划策，勇士猛将出生入死奋不顾身，君臣上下同心协力，才造成了今天的大好局面。"

太宗的人才思想和用人实践，确有许多可供后人借鉴的宝贵经验。

（一）充分认识选贤任能的重要意义

太宗认识到，既然一个人不能独断天下之务，那就需要大量人才去治理国家。有了治理国家的人才，天下才能安定；缺乏治理国家的人才，国家就会衰败。因此人才问题关乎兴亡治乱。他多次强调"致安之本，惟在得人""能安天下者，惟在用得贤才"。贞观十年（636）二月，太宗在《荐举贤能诏》中说："详求布政之方，莫若荐贤之典。"认为推举贤才是施政中最重要的制度。直到晚年，他写《帝范》，作为遗训教诫太子时，还专门写了《求贤》一篇，开头就说："治国需要辅助大臣，一定要任用忠正贤明的人。如果任用了合适的人选，君王不必费心劳力，天下自然能治理好。"他把帝王必须借助贤才辅助比作航船渡海需要船桨，鸿鹄凌云需要双翅。他说求得贤才固然劳心费力，而一旦得到贤才，就可减轻许多忧劳。即便是十二辆宝车，千万两黄金，也不如人才鼎盛，也不如拥有一位贤人重要！在他看来，贤者一言，胜过十万之师。他因听从魏征的劝谏，没有对高州酋帅冯盎用兵，只遣一使而岭南安然无恙，就说："我听了魏征之议，不劳师旅，而使南方安定，胜过了十万大兵。"他还认为得一名良将，胜过修筑万里长城。太宗任命李勣为并州大都督府长史，李勣在并州驻守十六年，令行禁止，突厥不敢犯边。

（二）以择贤为要务，自励责人

史书称太宗"孜孜求士，务在择官"。魏征说他"贞观之初，求贤若渴，善人所举，信而任之，取其所长，恒恐不及"。他认为历代都有人才，他们立身处世，总是怀才抱玉，深隐不出，像苍鹰暂时收敛着翅翼，像蛟龙深藏于深渊，期望遇到明君而风云际会，一展抱负，建功立业。因此圣明的君王就要"旁求俊义，博访群英"。他知道自己的见闻总是有限的，为了发现贤才，任用贤才，他要求大臣都要广泛地寻求贤才，及时地向他推荐。为此他专门下敕减轻房玄龄、杜如晦等人的政务，要他们腾出时间来"助朕求贤"。他要封德彝向他推荐人才，批评他把人才的标准悬得太高，久久不见他在这方面的工作有什么成效。贞观十三年（639），他为人才不足而焦虑，不觉埋怨起身边的大臣起来，他说："我听说太平之后一定有大乱，大乱之后一定又会太平。大乱之后就是太平的世道了。能使天下安定的只在于用人方面选拔了贤才。你们不知道哪里有贤才，我又不能认识所有的人。像这样下去，日复一日，就没有途径、没有可能选拔到人才。"太宗还反复跟大臣们探讨选拔人才的具体措施。他了解到吏部选人，每年由几个人在很短时间内考察数千人，往往铨选不精，不能得才，曾想采取汉代的办法，属吏由地方长官辟召。他认为在协助君王共理天下方面，刺史、县令太重要了，因此决定自己亲自确定刺史人选，县令则下诏令五品以上的京官每人推荐一人。

他还想到是否可以令人自举。他一再下诏，令各州县向朝廷推荐人才，亲自考核推荐上来的人才。他还进一步健全科举制，扩大进士科，对人才的选拔和任用进行重大的改革。

（三）无私为本、治国安民是选拔人才的出发点

太宗提出："选贤之义，无私为本。"意思就是在选拔人才上，很重要的一点是不要从私情出发，任人唯亲。那么应该从什么目的出发呢？他认为应该为天下和百姓利益着想。当他初即位时，中书令房玄龄向他反映："秦王府的旧僚有的没有得到官职，而前东宫建成和齐王府的左右却在他们之前被任用，他们都有怨言。"听了这话，太宗发表了他关于为什么目的选拔人才的议论："古人所说的至公，意思就是持平宽仁。丹朱、商均等都是做儿子的，而尧和舜却把他们废黜了。管叔、蔡叔是周公的弟弟，可是周公却把他们杀了。由此可知为人君者，以天下为公，不对人怀有私情。过去诸葛亮是小国的宰相，尚且说'我的心像一杆秤，对人不能有轻有重'。何况我现在治理一个大一统的国家？我和诸位的衣食都出于百姓，这就是说百姓已奉力于上，可是处上位者的恩德却没有达于百姓。现在寻求贤才，都是为了追求使百姓安定这一目标。用人只问他能否胜任，岂能因为他旧僚或新人的不同身份而持不同的态度。一个人见一面，尚且应该相亲相爱，何况是旧僚，我怎么能一下子就把他们忘掉了呢？但如果他的才能不堪重任，又怎能因为他是旧僚而先任用呢？"于是，他对房玄龄提出这一问题进行了批评："现在你不论他是否称职，而只说他们嗟怨不满，哪里是至公之道？"在这里太宗很明确地阐述了他"以天下为公""使百姓安定"的用人宗旨。当然太宗的"至公之道"还是有别于我们今天所说的大公无私，在他的用人实践上也很难做到这一点。他选贤任能有治国安民的动机，但从根本上说，治国安民与巩固他个人的统治和维护本阶级的利益是一致的，特别是在社会凋敝皇权并不巩固的时期更是如此。

（四）坚持才行兼具的标准

统治者应该汲汲求才，但怎样选取人才？选取什么样的人加以任用呢？这也是太宗常和大臣们议论的话题。贞观六年（632），太宗向魏征说："古人云'做

帝王的要根据官职的需要选拔合适的人才，不能匆忙草率地用人'。我现在做任何一件事，都被天下人所看到；说的每一句话，都被天下人听到。任用了正人君子，品行端正的人都受到鼓励；误用了坏人，恶人就争着进来。奖赏如果与其功劳相当，没有功劳的人自然退后；惩罚与其罪过相当，作恶的人就戒惧害怕。所以我知道奖赏和惩罚都不能随便施行，而在任用人才方面特别需要谨慎，要认真加以选拔。"魏征立即向太宗陈述了用人的标准，他说："要了解一个人，自古以来就是一件难事。所以考查其立身行事和政绩好坏，提拔或贬黜一个人，都要了解其为人。现在要想寻求贤才，必须认真地调查了解他的品行。如果了解到他品行确实很好，再加以任用。如果一个人事情办不好，只是才能不够，那还不会造成大的危害。误用了恶人，如果又是有本事的人，为害极多。在动乱的社会，要拯乱救世，只求他有才干，不注重他的品行。天下太平的时代，必须才行兼具，才能任用。"才行兼具就是今天所说的德才兼备，尽管具体内容和标准有所不同，但都是从思想品德和实际才能两方面提出要求的。太宗用人一贯坚持这一高标准。许敬宗在武德年间就进入秦王府文学馆为学士，是有才学的人。但在贞观年间却未至高位，《旧唐书》指出："许高阳（敬宗）武德之际，已为文皇入馆之宾，垂三十年，位不过列曹尹，而马周、刘洎起羁旅徒步，六七年间，皆登宰执，考其行实，则高阳之文学宏奥，周、洎无以过之，然而太宗任遇相殊者，良以高阳才优而行薄故也。"许敬宗才能高但品行不好，所以未蒙重用。而对没才能的人也不滥用。贞观十七年（643）太宗下诏书，令天下诸州向朝廷推荐人才。第二年，各州推荐上来十一人。太宗亲自接见他们，把他们引入内殿，态度非常温和地跟他们交谈，听他们发表自己的政治见解。可是被举荐者都互相观望，张口结舌，没有人能回答上来。起初太宗以为这些人都不曾到过朝廷，不曾见过皇上，面对眼前的场面心情紧张，所以影响了语言的表达，于是又把他们带到尚书省衙门里，改为笔试。可是这些被举荐者整日苦思冥想，始终不理解所提的问题指的是什么。答题既不合事理，文辞也平庸浅薄。太宗很失望，这样的人怎么能用来充实朝廷人才的队伍，又怎么能像鲲鹏一样乘风奋飞呢？于是把这些人全部放还，未加留用。那些推荐人也因为举非其人而受到处罚。但太宗申明国家是需要人才的，各州县仍然要按照朝廷的要求加以推荐，而要"奇伟必收，浮华勿采"，不允许滥竽充数。

（五）慎重择人与明辨善恶

才行兼具只是一个标准，而在实践中要选任一个才行兼具的人并不那么容易。按照太宗和魏征的观点，在太平年代，品行也就是一个人的思想道德是更重要的。任用了坏人恶人，造成的危害大。但什么样的人好，什么样的人坏，并不是容易分辨的。太宗晚年总结自己择人的经验，仍然深深感到知人之难，用人应谨择慎取，他说："用人之道，尤为未易。己之所谓贤，未必尽善；众之所谓毁，未必全恶。"君子小人，并不像人脸上的黑痣那样一眼就能看出，也不是用一天两天时间，或通过一件事两件事就能判断出来的。太宗说："我最近读书，看古人做的善事，我向他们学习，立刻就能效法他们，像他们那样去做，全都没有什么令人疑惑之处。至于任用人才，好人坏人却很难辨别，了解一个人太不容易了。"太宗还认识到，不仅识别人好坏很难，而且人主极容易受迷惑。为什么呢？他说："当皇帝的只有一副头脑，而向他进攻的人很多。有的是以勇力，有的是以口辩，有的是以谄媚，有的是以奸诈，有的是以嗜欲。这么多的人都集中向君王进攻，都想使自己得到重用，从而得到皇帝的宠信和荣禄。当皇帝的稍微放松警惕，就会被他们中的某一个人打倒，那么随之而来的就是国家的覆亡。这就是当皇帝的难处啊！"皇帝的地位尊贵，必然会受到各种诱惑和各种力量的包围，特别是那些小人们采取各种手段蒙蔽皇帝的视听，如果没有清醒的头脑，就不免上当受骗，那时就不可能区别人才的优劣了。用人之所以要慎重，要辨善恶，是因为误用了坏人，就会造成不良后果。贞观三年（629），太宗告诉吏部尚书杜如晦说："最近我了解到吏部选拔人才，只看他的语言口才和文章写作水平，而不全面了解他的思想品行和对周围的影响，结果几年后恶迹才暴露出来，虽然处以刑罚，有的甚至被杀头，可是百姓已受到他的祸害。"所以太宗很注意研究辨别人品优劣的办法。这次他就向杜如晦征求如何能够选拔出那些品行优良的人。既然眼下的铨选制度存在弊端，就应该加以改革，他为此提出让州县辟召地方官的想法，但恰逢要为功臣行世封事，此议搁置了。针对太宗"如何可得善人"的问题，贞观十四年（640），魏征上疏阐述了分辨善恶的"六正""六邪"的标准，为太宗所嘉纳。

（六）唯才是举，破格用人

太宗强调要广泛地搜罗人才，从他选拔人才和任用人才的实践来看，他贯彻了唯才是举的方针，只要有才能，不论亲疏恩怨，不论资历地位，不论门望出身，都大胆加以引用。贞观初，太宗鼓励臣下推举贤才，他说："我现在孜孜不倦地寻求贤才，就是要专心把政治搞好。听说有好人，就大胆提拔，破格使用。可是不少人议论说：'那些被提拔的人都是宰相的亲人朋友。'只要你们大公无私，做事不要害怕别人这样说你，有意逃避责任。古人'内举不避亲，外举不避仇'，那是因为他们推举出了真正的贤才的缘故。只要能推举出贤才，即便是自己的儿子兄弟，或者是与自己有隔阂有矛盾的人甚至是仇敌，也要推荐。"魏晋以来在选拔官吏上一直重视门第，高门望族的人可以平步青云，致身通显，而未必有才华行实。隋唐之际这种门阀观念依然根深蒂固，高祖时用人就偏重士族。而太宗一朝，中央机构中引用了不少出身寒微的中下层地主官员。如张亮早年"素寒贱，以农为业"，后官至刑部尚书，参与朝政；马周少孤贫，出身低微，太宗破格任用，后官至中书令，太宗夸奖他"实藉此人，共康时政"。此外如戴胄、魏征、杜正伦、张玄素、刘洎、李勣等人，皆非高门望族，都致身通显。太宗出身关陇贵族，而魏晋以来，关陇贵族与山东门阀士族之间往往此疆彼界，互相贬损，社会上存在着浓厚的地域观念。太宗起初也受到这种观念的影响，有一次谈话就流露出对山东士族的歧视。但在受到张行成的批评后，他由衷地接受了张行成的意见。贞观年间，他引用了不少山东微族及各集团的人士。他对山东旧门阀以婚姻相高的陋习颇为不满，但并不影响他对山东人士的重用。他即位后，秦王府的旧僚也没有不分贤愚全部任用，他的敌对营垒建成东宫和齐王府旧僚也没有全被罢免，相反原东宫和齐府曾参与谋害秦王的"数百千人"，他"引居左右近侍，心术豁然，不有疑阻"。魏征、王珪、韦挺、薛万彻等都是建成重要党羽，后来都受到太宗的重用。太宗对这种不拘一格任用人才，有他自己的认识。在晚年所写的《求贤篇》中，他说："圣明的君王总是广泛地寻求英才，从不同的途径获致俊杰。搜求到那些身处穷贱地位的人士，使他们扬名当世，不因为他们地位卑下就不任用，不因为他们名声不好就不加尊重。过去伊尹是莘地的一个奴隶，吕望只是渭水岸边钓鱼的地位低下的老人，夷吾是被关押的囚徒，韩信因为逃亡受流离之苦。但是商汤、周文王、齐桓公、汉高祖都不嫌他们穷贱而加以选拔任用，正是在他们的协助下，这些圣君贤王才成就了辉煌的帝业。"

（七）君王要知人善任

用人首先在于知人，知人是用人的基础，而善于用人才能使人尽其才，才能充分发挥人才的积极性。太宗在这方面做得非常成功。他强调要善于辨别人才的善恶优劣，就是要知人善任。他广泛地延揽人才，对他手下的文武大臣每个人的性情特长都了如指掌。太宗常常对大臣们作出自己的评价，注意分析和掌握每一个人的长短得失。这方面他和大臣们有过两次著名的讨论。贞观四年（630）十二月，宰相们陪太宗吃饭，宴席中间，太宗对王珪说："你善于鉴别和评论人物，又善于言谈，请你对房玄龄以下的每一个人都加以品评，并且说跟他们相比，你自己怎么样？"王珪对房玄龄、李靖、温彦博、戴胄、魏征等人一一评论，最后讲出自己的长短。太宗和其他大臣都认为他讲得好。贞观十八年（644），太宗与长孙无忌等人曾开展过一次公开评点当朝大臣的讨论，太宗要无忌给自己提意见，他说："人常常苦于不知道自己的过错，请你明白地指出我有哪些过错。"无忌回答说："陛下武功文德都已达到顶点，我们称扬您的美德还来不及，又有什么过错可谈呢！"太宗说："我是问你们我有什么过错，你们却曲情奉承想使我高兴。我想当面指出你们的长短得失，从而提醒你们今后努力改正，怎么样？"大臣们都跪倒表示感谢。太宗一一指出每一位大臣的长处和短处："长孙无忌善于自我损抑以避免人们猜忌，遇事反应敏捷，决断大事合乎情理，古人也不及无忌的才能；但要是率兵打仗，不是他的长处。高士廉既研究过去的历史，又关注现实社会，头脑清楚，才术超越，面对死亡也不改变自己的气节，做官又不结朋党；所缺乏的是不能耿直规谏。唐俭能言善辩，善于理解和团结周围的人；但侍奉我三十年，却不曾向我提出过劝善规过或兴或革的建议。杨师道性格和行为纯正平和，当然没有什么过错；但情感实在怯懦，缺乏胆识，在关键的时刻难以济事，不能依靠。岑文本性情品质诚实厚道，文章既富文采，内容又充实；但是持论常引经据典，远离现实，所以不切实际。刘洎品性最为坚贞，大有好处；然而重义气，尚然诺，说话算数，不肯食言，偏爱朋友。马周遇事反应敏捷，性情很正直刚正，评价人物，直道而言，我委任他干什么事，大多能称我的心意。褚遂良学问较好，性情也坚贞正直，常常表现出他对我的忠诚。他亲近我，依附我，好像飞鸟依人，我当然就非常喜欢他。"这些评价是中肯的，也是切合实际的。

知人是为了更好地用人。太宗在用人上的经验主要有如下几点。

第一，量才授职，各取所长。良好道德品行是对每一个人的要求，每个人都应该达到一定的水平。但才能却不能要求每一个人都达到某种水平，更不能要求每个人具备所有的才能。才有长短，学有专攻，应该用人所长，根据每个人的特长授予相应的职务。太宗曾批评萧瑀对人求全责备，说："人不可以求备，必舍其所短，取其所长。"他晚年写的《帝范》中有《审官篇》，着重讲了量才授职的问题。在这篇文章中，他重申了贞观之初他提出的"用人如器"的观点。他把圣明的君王任人为官，比作技术高超的工匠制木为器。直木可以作车辕，曲木可以作车轮，长木可以做栋梁，短木可以做柱椽。不论是曲直长短，各有所用。他说："圣明的君王任用人才也像这一样，智者取其谋，愚者取其力，勇者取其威，怯者取其慎，不论智愚勇怯，都可以根据其特点加以任用。所以好的工匠没有可扔掉的材料，贤明的君王没有可遗弃的人才，不要因为他做了一件坏事而忘掉他所有的优点，不要因为小小的缺点而否定他过去的功劳。设官授职，使人尽其才。照这一道理，能够装下一头牛的大鼎，不能拿来煮小鸡；捕捉老鼠的小兽，不能让它跟猛兽相斗；盛三十斤重东西的容器，不能用来装长江和汉水的巨流；能装得下百石的大车，不能用一斗粟把它装满。为什么呢？用大器盛小物就是浪费，能承受轻的器物就承受不了重物。现在人的智能有长有短，有大有小，对有的人来说，上百件事还是小事，而对另一些人来说，一件事他已经干不了。才能小的不能委以重要的事务，智能低劣的不能希望他建立大功。君王区别臣下的才能而授以官职，臣下衡量自己的才能而接受任命。那么做君王的把重任委托给合适的人选，让他们分别承担各方面的工作，自己则高居无为，只需督促他们把事办成罢了。不用劳苦就能治理好国家，这就是设官授职审慎的好处。"

第二，诚信待下，用人不疑。君臣之间，应该上下同心，不能互相猜疑。上下猜疑必然造成君臣离心和内部矛盾的加剧，从而削弱统治力量。隋文帝和隋炀帝猜忌大臣，大臣们不敢直言，阿谀奉承，结果上下相蒙，皇帝为大臣所蒙蔽，不知时政之得失，最终导致了隋朝的灭亡。太宗接受了这一教训，力图创造一种"君臣契合，寄同鱼水"的相互信任、精诚团结的局面。他即位不久，就有人上书，请他辞退佞臣，太宗召见这位上书的人，问他："谁是佞臣？"这人回答说："我身处民间，不能明确指出佞臣是谁。希望您跟大臣们谈话时，假装恼怒来试探他们，那些据理力争不肯屈服的就是直臣，那些害怕您的威风立刻顺从您的旨意的就是佞臣。"太宗说："君是水源，臣就是水流。要是水源混浊而想使水流清澈，那是不可能的。君王自己做出虚假的行为，怎么能要求臣下正直呢？我正要以诚信治天下，在书上看到前世帝王，有的喜欢用权谋诡计施展小手腕来对待他的臣下，我常常替他们感到羞耻。你的办法虽然巧妙，我不采用。"贞观五年（631），太宗强调君臣一心的重要性，他向大臣们说："治国和养病一样。病人刚刚痊愈时，更要加以保养，如果有所触犯，一定会丧失生命。治国也是这样，天下刚刚安定，特别需要小心谨慎。如果这样就骄傲起来，追求安逸，一定导致国家的衰败。现在天下安危，系我一身。所以我一天比一天谨慎，虽说无为而治，其实没有一天敢放松警惕。但我把你们视为我的耳目股肱，既然从道理上说君臣皆为一体，应该同心协力。如果有什么事我没处理好，你们可以毫不隐瞒自己的观点加以批评。如果君臣互相怀疑，不能肝胆相照，互相不愿意倾吐心曲，做到知无不言，那实在是治国的大害。"君王要以诚信待下，臣下要以忠恕事上，这是太宗在君臣关系上追求的最高目标。

第三，任忠良，杜谗邪。太宗认识到，小人的谗毁和离间历来是破坏君臣关系的祸端，因此时时注意杜绝谗邪小人得志的现象。贞观初，太宗曾向侍臣说："我看前代谗邪奸佞之徒，都是国家的奸贼和害虫。有的巧言令色，朋党比周。如果是昏庸的君主，没有不被他们迷惑的，以至于造成忠臣孝子泣血含冤。所以兰草想要长得茂盛，秋风却使它凋谢；帝王想要贤明，谗人却蒙蔽他。历史上这类事很多，不能一一具述。"尚书左仆射杜如晦曾上奏："监察御史陈师合上《拔士论》，说人的思虑有限，一人不能兼任数职，以此认为我和房玄龄等人权位太重。"太宗立刻意识到陈师合有离间自己和房、杜关系的倾向，他告诉戴胄说："我以公正治理天下，现在重用房玄龄和杜如晦，并不是因为他们是功臣旧友，而是因为他们才行兼备。陈师合妄加谗毁和诽谤，不过是想离间我们君臣关系。过去蜀后主昏暗懦弱，齐文宣帝狂妄悖乱，然而他们的国家得到很好的治理，是因为他们任用诸葛亮、杨遵彦而不加猜疑，我现在信任杜如晦等人，也就是像他们一样。"于是把陈师合流放到岭南。太宗还曾告诉房玄龄、杜如晦说："我听说自古帝王能上合天意，以至太平的，都是依靠大臣的辅助。我开直言之路，希望了解冤情，听到臣下的谏诤。可是最近封书言事的人，很多都恶意攻击朝廷官员，都是一些琐碎小事，没有多少可以采纳的。我历览史书，考察前王行事，只要有君王怀疑臣下的，下情就难以上达，欲求得大臣们尽忠尽心，怎么能得到呢？而那些没有见识的人，总是极尽谗毁之能事，离间君臣关系，对国家尤其有害。自今以后，有上书攻击别人小的过失的人，就应该以谗人之罪处罚。"魏征担任秘书监，有人告魏征谋反。太宗说："魏征是我过去的仇人，只是因为他忠于所侍奉的人，所以我提拔他加以任用，何必无事生非，对他进行谗毁。"太宗没有去调查魏征的情况，却立刻杀掉了告魏征的人。贞观十六年（642），太宗告诉褚遂良："我要勤勉地做好下述三件事，希望史官不记载我的坏事：一是把前代的兴衰成败作为借鉴，吸取经验教训；二是进用贤人，共同治理国家；三是斥弃小人，不听谗言。我决心坚持这三条原则，永不改变。"

第四，揽大节，宽小过。金无足赤，人无完人。任何人都有优点和缺点，对一个人的任用或贬退，奖励或惩罚，要看大节，看主流，不以细枝末节而罪人。太宗批评过萧瑀对人有求全责备的缺点。对臣下的缺点和错误，他的态度是"不以一恶忘其善，勿以小瑕掩其功"。房玄龄、杜如晦等人尽心竭力辅助太宗，对唐王朝政权的巩固有杰出的贡献，御史大夫萧瑀却因他们小有过失就加以弹劾。太宗对此置之不问。有一次他批评萧瑀："你性格耿直，坚持原则，古人也不如你；但是你把善和恶分得太清楚了，有时也发生失误。"贞观二十年（646），萧瑀又一次上告太宗，说："房玄龄和中书省、门下省的大臣们结为朋党，不忠于皇上，互相勾结得很紧，把持朝政。陛下不知详情，只是他们还没有达到谋反的程度。"太宗又一次批评他："你说的是不是太过分了！做皇帝的选拔大臣作为股肱心臂，应该推诚相待，任之不疑。对人不能求全责备，一定要舍其所短，用其所长。我虽然不能算聪明，但不至于好坏不分，一下子就迷惑到这种程度呢！"这次萧瑀心里感到很不自在。虽然他多次忤旨，太宗心里对他也有意见，但考虑到他还是忠直居多，所以一直任用他。李靖统兵击灭了东突厥，开拓边境直到大漠。但御军无法，突厥珍宝全被李靖军士抢掠。李靖因此受到御史台的弹劾，太宗对比李靖征服突厥所立大功与军纪不严所犯的过失，不予追究。为此他下了一道特别的敕令，要求御史台中止劾奏。但当李靖入见时，他严厉斥责了李靖的过错，李靖叩头谢罪。过了半天，太宗怒气才消，他说："隋代时史万岁率兵击破突厥达头可汗，立了大功却没有受到奖赏，反而以罪被杀。我却不然，记下你的功劳，赦免你的罪过。"仍加李靖为左光禄大夫，赐给一千匹绢，加封食邑至五百户。侯君集平定高昌，擅自把无罪的人配为奴仆，私取宝货，放纵兵士盗窃。班师后被劾下狱。岑文本认为如果因此治侯君集之罪，恐被天下人批评为"只记他的罪过，好像忘掉了他的功劳"，太宗接受了文本的建议，释放了侯君集。虽然因有大功而赦其大过，不免用法过宽，但太宗此举容易笼络将士之心，激励其为君效命的热忱。

第五，奖赏及时，爱之重之。为了调动臣下的积极性，必须有一定的激励机制。封建社会的君臣都有为个人谋利益的主观动机，因此太宗常常运用利益驱动机制刺激臣下效忠输力。每当有人在某一方面有所贡献，太宗立即以不同方式予以奖赏。像上文所说李靖、侯君集立下战功，弃罪录功，予以奖励，不在话下。奖赏的方式多种多样，封官晋爵、丝绢珍宝、奴婢器物和当众表彰等，不一而足。尉迟敬德在玄武门之变中立了功，太宗把齐王府的珍宝全赐给敬德。魏征指出征募中男入伍不当，帮助太宗改正了错误，赐魏征一口金瓮。张玄素一席话使太宗受到启发，立刻被提拔为侍御史。张蕴古上《大宝箴》，太宗喜欢他所讲的道理，任命他为大理丞。裴矩批评了太宗的错误，太宗专门召集五品以上的文武官员，向大家表扬裴矩不当面奉承，能据理力争。魏征则因为直言谏诤，屡次受到太宗的奖赏，常常得到几百匹绢。孙伏伽劝阻太宗出外骑射，太宗高兴，不久就提拔他为谏议大夫。这种事例在史书中俯拾即是。太宗很能折节屈尊，礼贤下士，关心臣下的生活疾苦。他见到李靖，常呼李靖为兄，不以臣下之礼要求李靖。即位之初，跟魏征讲话，常常不用"朕"字，而喊自己的名字。李勣生了病，医生开的药方，说要服"须灰"才能治好，太宗就剪掉自己的胡子，为李勣配药。马周患病，多年不愈，太宗派名医、中使去探望，亲自为他调药，让儿子去问候。出征高句丽，李思摩被毒箭射中，太宗亲自为他吮血。这些都有利于在君臣之间建立牢固的感情，提高臣下效命君王的自觉性和积极性。

第六，摒除尸禄其位，惩治渎职犯罪。太宗认为，从皇帝到大臣，以及从中央到地方大大小小的官吏，都是靠百姓供养的，所谓衣食皆取之于民。国家设职任官，应该为国家和人民效力。每一名官员都应该恪尽职责，发挥作用。否则就是尸禄其位，靡费百姓血汗。贞观元年（627），他告诉房玄龄："要把国家治理好，最重要的是谨慎而细心地选拔官吏。根据一个人的才能授予相应的官职，要尽量减少官员的名额。所以《尚书》上说：'只能任命贤才做官。'又说：'官员不必多，只在任命了合适的人选。'……你应该认真思考这个道理，合理地定出官员的职位和编制。"房玄龄根据太宗的旨意，将朝廷文武官员职位精简到约六百四十员。太宗感到很满意，又告诉房玄龄说："从今以后，如果有乐工杂类，假使他们的技艺超过了他们的同行，只能作为特殊情况，赐给钱帛以奖赏他们的才能。一定不要破格授予官职，让他们和朝廷上的贤臣君子并肩而立，同坐而食，使君子士大夫感到羞耻。"对于不忠于君，贪污腐败，失职渎职，损害国家利益，坑害百姓的贪官污吏，太宗则坚决予以惩罚。他说："国家大事，唯赏与罚。"他很注意利用赏罚这一杠杆来奖善止恶。史书评价太宗："深恶官吏贪浊，有枉法受财者，必无赦免。在京流外有犯赃者，皆遣执奏，随其所犯，置以重法。由是官吏多自清谨。制驭王公、妃主之家，大姓豪猾之伍，皆畏威屏迹，无敢侵欺细人。"太宗对于朝廷大臣，有过者往往随时给予不同的处罚，包括房玄龄、萧瑀、陈叔达等亲信重臣，都曾经受到罢职、降职的处分；对于地方官吏也加强巡视监察，对违法乱纪、失职渎职者进行打击。贞观二十年（646），他派孙伏伽等二十二人巡察天下，查处不法官吏，结果七人因罪被处死，数百人被处以流放、徒刑和罢职、降职的处罚。对于封建帝王来说，最难做到的是对违法失职的皇亲国戚施以处罚。长孙顺德是长孙皇后的族叔，跟随太宗征战，战功卓著。后来他的监奴接受别人贿赂的绢帛，事情被揭露以后，太宗告诉近臣们说："顺德身为外戚，是我的近亲，又是功臣元勋，官高爵厚，足以称得上富贵了。如果能把自古以来皇亲国戚的遭遇当作借鉴，多做些有益于国家的事，那么国家的府库就会为我和他所共有。何必不爱惜个人的名声气节，因贪污受贿而臭名远扬呢？"太宗不忍心因其小过而废其大功，没有加罪，但当殿赐给他几十匹绢，让他感到惭愧。有人不理解太宗的做法，说："顺德违法受贿，罪过本来不可饶恕，为什么又赐给他绢呢？"太宗说："对于有点人性的人来说，得到这样的绢，比杀头还感到难受；如果他不知道羞愧，不过是一只禽兽罢了，杀了又有什么好处呢？"后来长孙顺德又与李孝常相勾结，太宗将他除名为民。由于这两次处罚，使顺德决心改邪归正。后来当他又担任泽州刺史时，以执法严明而著称。当地官吏多受百姓贿赂，顺德加以惩治，毫不宽容，被称为优秀刺史。但后来顺德又因犯罪被免官，当他生病快死时，太宗听说，十分看不起他，连去看望一下也不肯。江夏王李道宗是太宗的堂兄弟，从太宗征战也屡立战功，贞观十二年（638）任礼部尚书。不久因贪赃枉法而下狱，太宗告诉侍臣们说："我富有四海，士马如林，即便是周游天下，无日休息，从边远的地区获取珍奇宝物，到国外去寻求美味佳肴，难道做不到吗？但是令百姓劳苦而使我一人快乐，我不干这种事情。人心都贪得无厌，必须以理来节制。李道宗俸禄很优厚，却如此贪婪，令人感叹，难道这还不够卑鄙的吗？"于是罢免李道宗的官职，削除他的封爵。

以人为镜与良工琢磨

隋炀帝骄矜自负，讳亡憎谏，他曾经说："有谏我者，当时不杀，后必杀之。"大臣苏威想进一言，不敢明说，利用五月五日端午节献《古文尚书》以委婉规谏，炀帝以为是讥讽自己，立即予以除名；萧瑀劝阻他征伐辽东，被贬出朝廷，任河池郡守；董纯劝他不要驾幸江都，他将董纯于狱中赐死。从此那些直言进谏的大臣都离弃了炀帝，以至于天下有变，大臣们都不敢向炀帝报告。炀帝不知天下形势，最终身死，国破家亡。炀帝的悲剧使太宗铭心刻骨，每念及此便深自戒惧。贞观初，他曾告诫大臣们说："一个人要照见自己的容貌，必须借助于镜子；皇帝想知道自己的过失，一定要靠忠臣。皇帝如果自以为是，臣下又不匡正，想不败亡，哪里可能呢？隋代覆亡的故事离现在时间很近，我们都要引以为戒。你们只要看到有不利于人民的事，一定要极言规谏。"

太宗是一位理性的皇帝，对自己有自知之明。他从隋文帝一人独断天下之务必然造成失误的教训，认识到自己也未必所见皆善。要靠良臣谏诤，才能避免错误。他常向大臣们说："要认识到自己的短处和错误不容易。好像文人和巧匠，自己认为写的文章或制造的器具已经很好了，可是如果让通达事理的人分析他的文章，让造诣深厚的大师观察他的器物，那么文章中多余的词语和器物上的瑕疵立刻就暴露出来。天下事千头万绪，一人听断处理，虽然忧劳不堪，却不能做到尽善尽美。现在魏征遇事劝谏，帮我改正过失，大多能说中我的缺点和不足，就好像是用明亮的镜子照自己的形象，好处、坏处都看得一清二楚。"他从自己的亲身经历中认识到臣下谏诤的重要性。

对于那些唯我独尊的帝王来说，臣下对自己的批评简直是恶意攻击，是对自己的诽谤。太宗不这样看。他认为，从皇帝的角度看，他应以人为镜，从别人的批评中了解到自己的缺点和不足，从而加以改正；从臣下的角度看，他们就像是雕琢玉器的良工，美玉要靠良工加以琢磨，才能成器，帝王要靠臣下的及时劝谏才能成为明君。

"恐人不言，导之使谏"是魏征对太宗贞观之初施政的良好作风所下的赞语。要臣下进谏，首先需要君王虚心求谏。武德九年（626）六月，太宗刚被立为太子时，就立刻表现出虚心求谏的姿态，"令百官各上封事"。古代臣下上书奏事，防止泄露，用袋封缄，故称封事。封事的内容大多是对治理国家的意见或对时政的批评，有的甚至是直接对皇帝的批评。这年八月，太宗正式即位，立即再次要求百官"上封事"。于是臣下的封事纷至沓来，太宗对大臣的封事十分重视，他把这些封事都贴到卧内的墙壁上，以便出出进进都能看得到。他说自己之所以如此孜孜不倦地阅览这些奏事，是为了不辜负大臣的良苦用心。大臣的封事引起他对治国的道理的认真思考，有时直到三更天才入睡。贞观元年（627），太宗告诉侍臣说："正派的君主任用了奸邪之臣，国家就治理不好；正派的大臣辅助一位邪恶的君主，也不能把国家治理好。只有明君贤臣同处于朝廷，君臣互相依靠就像鱼和水一样，那天下才能安定。我虽然不算贤明，希望诸位不惮其烦，以相匡正，补救我的缺失。我诚恳地期待着你们直言进谏，哪怕是尖锐地指责，目的是把国家治理好，使天下太平。"

太宗鼓励臣下直言进谏，他的办法很多，归纳起来，有如下数种。

其一，通过赏赐与奖励调动臣下谏诤的积极性。贞观年间，因上书切谏有功的人，太宗经常给予各种各样的物质奖励和精神鼓励，这类事史书上有很多记载。元律师被判死罪，执法官孙伏伽进谏，以为按照法律，不当处死，判元律师死罪是滥施酷罚。太宗认为有理，就把兰陵公主的庄园赐给孙伏伽。此园价值百万钱。有人提出奖赏太多。太宗说自即位以来，还没有过这种谏诤，给以重赏，就是要鼓励这种行为。贞观三年（629），凉州都督李大亮上表，反映太宗使者至凉州替太宗索要苍鹰之事，太宗赐给大亮金壶瓶、金碗各一枚，荀悦《汉纪》一部。贞观四年（630），给事中张玄素谏修东都之乾元殿，尖锐批评了太宗劳民伤财之举，太宗夸赞玄素为谔谔之士，赐绢二百匹。贞观六年（632）太常卿韦挺上疏陈得失，太宗以为疏中所提出的批评都是正直的话，讲得既有分寸，又甚合情理。于是亲自写一封信给韦挺，给予表扬。贞观七年（633），太宗将幸九成宫，散骑常侍姚思廉进谏，批评很尖锐，以为离宫游幸，是秦始皇、汉武帝纵欲的行为。

太宗向姚思廉解释："我有气疾，天气热的时候就会加重，所以不是为了游幸。"但太宗知道姚思廉的用意是好的，赐给五十段帛。贞观八年（634），陕县县丞皇甫德参上书忤旨，太宗以为他的批评是讥笑和诽谤自己。魏征向太宗解释，德参的话只是说得激切了一点儿，但激切像是讪谤，却不是讪谤。太宗认为魏征的话有道理，奖励德参二十段帛。贞观十一年（637），马周上疏，赐帛一百段。贞观十七年（643），太子右庶子高季辅上疏议论时政得失，太宗赐给钟乳一剂。这是一种名贵的中药，产于钟乳石，食之可以使人通气，增加食欲。太宗告诉高季辅说："你进奏的是药石之言，所以我用药石相报。"他把有益于国的话当成能治病的药石。太宗晚年，兴兵伐高句丽。贤妃徐惠上书劝谏，太宗虽然并没有采纳她的建议而罢兵，但对她劝谏的行为和所讲的道理表示欣赏，因此仍然优赐甚厚。

其二，打消臣下的思想顾虑，鼓励大胆直爽的批评态度。在君主专制时代，皇上对臣下有生杀予夺之权。做臣子的稍有不慎，触犯龙颜，便有可能遭受贬黜，甚至招致杀身之祸。战国时代的政治家韩非把君主比作龙，说："龙作为一种动物，当它温顺的时候，可以跟它一起玩耍，可以骑到它的背上，但是在它的喉下有直径一尺的逆鳞，如果有人触碰到逆鳞，那龙就要吃人。"封建君主的自尊心便是逆鳞，而臣下的直言进谏最容易触犯君王的自尊心。因此历来做臣子的大多看君王的眼色行事，轻易不敢对皇帝提出批评，以免招致灾难。

太宗理解臣下的这种处境和心情，所以他认识到，要鼓励大臣们直言进谏，就要扫除大臣们这方面的思想障碍，使他们毫无顾忌地对皇帝提出批评和建议。太宗的做法是从语言和行动两方面都向大臣表明，自己决不像隋炀帝那样诛杀谏臣，对直言进谏者，总进行适当的鼓励。贞观五年（631）九月，河内人李好德患精神病，说了一些狂妄的话，大概是要当皇帝，或者是唐朝灭亡之类的话，太宗下诏要执法官审理这一案件，大理丞张蕴古上奏："李好德患病，有明显的症状和充分的证据，不能按政治案件处理，依照法律，不当处罪。"治书侍御史权万纪弹劾张蕴古说："张蕴古的籍贯在相州，李好德的哥哥李厚德担任相州刺史，张蕴古出于私情，为了巴结李厚德，在审理这桩案件中，有意宽纵李好德，没有如实审理。"太宗对朋比为私的事最为痛恨，看了权万纪的奏章，顿时大怒，下令将张蕴古斩首示众。这件事影响很大，太宗很快就后悔杀错了人。为了避免这类出于个人喜怒而妄行赏罚的事再次发生，他一再要求大臣要极言进谏。他坦率地承认自己的过错，要大家丢掉顾虑随时对自己提出批评。他说："我近来处决一些案件，有时不能按照法律和令式去执行，你们都以为是小事，不再坚持自己的意见上奏。事情没有不是从小发展到大的，这就是危亡的祸端。夏代末年，关龙逄尽忠进谏，被夏桀囚禁杀死，我常常为此感到痛心。隋炀帝骄纵残暴，终于国破身亡，你们都是目睹了隋朝的悲剧的。你们常常替我思考炀帝的灭亡，我呢？常常替你们想到关龙逄的屈死，那么还用担心君臣不能互相保全吗？"贞观六年（632），韦挺等人上封事很合太宗旨意，太宗召见他们，就说："我历览自古以来做臣下的为君尽忠的故事，如果碰上贤明的君主，就应该尽诚规谏。至于关龙逄、比干等人，却不免被杀。可见做皇帝不容易，做大臣的也极难处世。我还听说，龙可以驯服，但是喉下有逆鳞，不能触犯。你们不避犯忤，各进封事。常能如此，我何必还担忧国家会败亡呢？"

太宗仪容威严，百官进见时，由于精神紧张，常常感到手足无措。当太宗意识到这一点时，他就很注意自己的神情和态度。每当有人谏事时，他一定表现出和颜悦色的样子，希望因此能听到臣下对他的直接批评，从而了解时政得失。到贞观八年（634），太宗发现又出现了贞观初的情景，就是大臣见到太宗，大多小心谨慎，连说话有时也吞吞吐吐。由此，太宗更加认识到做皇帝的对臣下的态度十分重要，他因此又一次向大家申明，即便是进谏不一定正确，或不合自己的心意，他也不怪罪大家，他说："我闲居静坐时，就反躬自省。常常担心上不称天心，下为百姓所怨。只盼望有正直的大臣加以匡正劝谏，能够了解下情，不使百姓含冤受屈。最近又发现来奏事的人，大多怀有恐惧的心理，以致语无伦次。寻常奏事，他们的心情尚且如此，何况是直言进谏，甚至与我争执，批评我的过失呢？那一定会害怕触犯逆鳞，不敢尽情发表自己的意见。所以每次有人进谏，纵然有违于我的意愿，我也不认为是对我的抵触。如果立即加以批评指责，恐怕人们都心怀战惧，哪里还敢再讲话呢？"太宗晚年对此又有所疏忽，有一次，太宗又征求大臣对他的批评意见，他说："做臣子的面对君王，大多顺从而不想违忤，甜言蜜语以讨得欢心。我现在发问，都不能有所隐瞒，要一个一个地来，说一说我的过失。"黄门侍郎刘洎回答说："陛下拨乱反正，开创大唐基业，实在功高万古，的确像刚才长孙无忌等人说的那样。但是最近有人上书，言辞道理有的不很称陛下心意的，您当面寻根究底，一定要问个明白，结果都羞惭而退。恐怕这不是鼓励进谏者的态度。"太宗立刻承认刘洎的批评是对的，并表示一定改正这个毛病。

贞观十五年（641），太宗发现大臣们议论时政得失的人少了，对此他深怀忧虑，于是他问魏征说："近来朝臣们都不论事，是什么原因呢？"魏征回答说："如果陛下能虚心采纳，应该有人能提出意见的。但是古人说过：'没有获得君主的信任而进谏，那君主就以为是诽谤自己；获得了君主的信任而不进谏，那就是人们说的尸禄其位。'然而每个人的才能器识各不相同，所以他们的想法和表现也不同。平庸怯懦的人，虽然有忠诚正直之心，却不善于进谏；被皇上疏远的人，担心不被信任，又没有机会进谏；一心想保全自己禄位的人，担心会危及身家性命而不敢进谏。所以大家都不讲话，马虎应付，过一天是一天。"太宗说："的确像你刚才讲的。我常常这样想，做臣子的想进谏，就会害怕遭受死亡之祸，如果皇帝总是怪罪直言进谏的人，那做臣子的批评他的过失，跟跳油锅、赴战场又有什么不同呢？所以忠诚正直的大臣，并不是不想竭忠进谏。竭忠进谏，确是极难做到的。所以当舜帝请禹直言时，大禹下拜，难道不就是因为这个原因吗？我现在开怀纳谏，虚心接受大家的批评。你们不必因害怕受到处罚而不极言进谏，我决不因为你们进谏而怪罪你们。"

其三，以君臣荣辱与共的利害关系增强臣下谏诤的自觉性。隋末虞世基任内史侍郎，为炀帝亲信大臣。当时天下已乱，他屡次进谏，不为炀帝采纳。大臣直言进谏者，多被诛死。于是虞世基害怕祸及自身，虽身居近侍而唯诺取容，阿谀奉承以讨炀帝欢心。后来宇文化及在江都谋反，炀帝被弑。虞世基同日遇难，举家被诛。主死臣灭，这一历史悲剧在太宗心灵上烙下深刻的印记。为了避免炀帝君昏臣谀终于身死国灭的下场，太宗屡次以此告诫大臣，君王与臣属的利益是一致的，臣下直言进谏，让君王避免错误，也关乎个人的切身利益，从而强化臣下直言进谏的自觉意识。

贞观初年，太宗以虞世基为例告诫过大臣。贞观二年（628），太宗又一次提出虞世基的事请大家讨论："贤明的国君常常思考自己的短处，因而越来越贤明；昏庸的国君总是掩盖自己的短处，因而永远愚昧。隋炀帝喜欢夸耀自己，自以为是，掩盖自己的短处而拒绝臣下的批评。确实也难以触犯他的威严。虞世基不敢直言，或许不应该深加谴责。商朝末年，纣王的叔父箕子见纣无道，向纣王进谏，纣王不仅不听，反而把箕子囚之为奴。箕子为了保全自己，装疯而接受了。孔子仍然称他为仁者。当炀帝被杀时，虞世基应该跟他一起被杀掉吗？"杜如晦回答说："天子有谏诤之臣，虽然无道也不会失去天下。孔子称赞史鱼，说：'史鱼真是正直啊！国家政治清明，他像射出的箭一样直道而行；国家政治昏暗，他也像射出的箭一样直道而行。'虞世基怎么能因为炀帝无道，不采纳臣下的进谏就闭口不言呢？身处重位却苟安偷生，又不能辞去职务而退隐林下，这与箕子佯狂而去，事理不同。西晋时惠帝和贾后要废除愍怀太子，司空张华竟然不加苦争，顺从惠帝和贾后的旨意以求免祸。后来赵王伦举兵杀贾后，派人去逮捕张华，张华说：'在将废太子的时候，并不是没有进谏，只是当时不被采纳。'来人说：'你作为三公之一，太子无罪被废，进谏既然不被采纳，为什么不引身退位？'张华无话可说，于是来人把他杀掉了，并诛其三族。古人说：'盲人站立不稳，不去护持，摔倒了又不去搀扶，还用搀扶的人干什么呢？'所以古人又说'君子在关键时刻气节是不能改变的'。张华既然抗直未能保全自己的气节，委曲求全仍然没有保全身家性命，作为臣子的气节已经丧失了。虞世基身为宰相，处于能跟皇帝讲话的位置，竟然没有一句劝告或争执的话，确实也应该杀掉。"太宗立刻肯定杜如晦，他说："皇帝必须有忠诚正直的大臣辅助，才能身安国宁。炀帝就是因为下无忠臣，自己听不到批评，罪恶积累太多了，灾祸随之而来，于是灭亡的命运便降临到他的头上。如果皇帝做得不对，臣下又没有匡正和劝谏，只会曲意奉承，不管什么事只一味地称颂赞扬，那么君主是昏庸的君主，臣子是谀谄之臣，灭亡就指日可待了。我现在所追求的是君臣上下，都出于公心，互相切磋，共同奋斗，以实现天下大治的理想。你们都要以正直之心尽忠辅政，匡正我的过失，补救我的缺点和不足，我永远不会因为你们直言劝谏违越你们的好意，动辄加以责怒。"

其四，以为臣之道强化臣下谏诤的责任感。太宗认为君王有所失误时，当臣子的负有谏诤的责任，哪怕君王自矜拒谏，当臣子的有触怒君王遭受杀害的危险，也应该不避鼎镬，犯颜直谏。做臣子的要有赴汤蹈火在所不顾的勇气和胆量。这是为臣之道，用太宗的话说，就是"事君之义"。他常用这种道理教育大臣们。

贞观十一年（637），太宗幸洛阳宫，在积翠池泛舟游赏，他回头向大臣们说：

107

"这些宫殿、楼台和水池都是隋炀帝兴建的，这就是人们所说驱使百姓服劳役，建造这穷侈极丽的别宫，却又不久住东都，以百姓为念。喜欢不停地游幸，加重了人民的负担，百姓不堪忍受。《诗经》中诗人歌咏道：'没有野草不枯黄，没有一天不行役打仗！''东方的远近各地，织布机上的布帛都被搜刮去。'炀帝时就是这种情况。结果使天下人都怨恨不满，众叛亲离，终于身死国灭，现在他的宫苑全都为我所有。"说到这里，太宗又一次强调做臣子的在君王无道国家危亡时应该负的责任，他说："隋朝灭亡的原因，难道只是君王无道？也是因为没有忠诚正直的辅助大臣。像宇文述、虞世基、裴蕴等人，身居高位，享受着优厚的俸禄，受皇帝的委任，却只干些阿谀奉承陷害忠良的事，蒙蔽皇上的视听，想让国家没有危险，怎么可能呢？"在太宗看来，宇文述等人作为大臣，食人之禄，没有负起谏诤之责。隋朝灭亡，追究起责任来，他们也难辞其咎。

在太宗看来，当君王有了过失，臣下不能谏诤，就是不忠，就是犯罪。由此他对历史上的何曾这个人物提出了与众不同的评价。那是贞观十一年（637），魏征连上二疏，劝太宗在天下大治的时候，居安思危，善始善终，特别是其中恳请太宗"十思"的议论尤其发人深省。太宗亲手写下诏书，对魏征的进谏表示褒奖。在这道诏书中，他先对魏征进行表彰："连续读到你两道奏疏，感到你实在是忠心耿耿，道理谈得很透彻。我读起来忘记了疲劳，常常读到半夜才睡。如果不是你体念国家的感情深厚，觉得开诚忠告义重如山，怎么能够向我展示这样良好的规划，匡正我的不足呢？"接下来他就谈到西晋何曾的故事："我听说晋武帝自从平灭吴国以后，意在骄纵奢侈，不再留心政务。太傅何曾退朝后告诉他的儿子何劭说：'我总是看到皇上不谈治国的大事，不能谋深虑远，这就难以把江山社稷留给子孙后代啊！你这一代还可以避免杀身之祸。'指着孙子们说：'这些孩子们必然要遭遇天下大乱，难逃一死！'后来他的孙子何绥果然被东海王司马越滥施酷刑所杀。前代的史书称赞何曾，以为他有先见之明。我不这样看。我认为何曾不忠于君，他的罪太大了。作为臣子，应该上朝时思考如何尽忠报效君王，退朝时思考如何弥补君王的过错。要鼓励君王的美和善的德行，匡正补救君王的过失。这才符合君臣共治天下的道理。何曾位居三公，名望很高，权力很大，应当直言正谏，论证治国的道理而辅助君王。可是他退朝后跟孩子们发表议论，上朝时却不能对君上进行劝谏。前代史书上认为他明智，不是大错特错吗？"

杜淹担任吏部尚书，参议朝政。他向太宗推荐刑部员外郎邸怀道，于是太宗问杜淹："邸怀道这人才能品行怎么样？"杜淹就举出邸怀道在隋朝时的表现说明他人品很好，他说："怀道在隋朝任吏部主事，有清廉正直、谨守文法的好名声。还有，炀帝要游幸江都，召见百官问去留之计，当时炀帝出游的意图已经决定了，大臣们都顺从炀帝的旨意，请求炀帝外出游幸。怀道官小位卑，可是只有他一个人表示反对。我亲眼看到这件事。"太宗由此联想到杜淹，就问："你那时是听从什么意见呢？"杜淹回答："我服从出行的意见。"太宗说："哪怕触犯皇上龙颜，受到责罚，也要直言进谏，不能有所隐瞒，这是做臣子的事奉君王的大道理。你称赞怀道做得对，为什么自己不进谏呢？"杜淹说："我那时不处重要的位置，又知道即便进谏，炀帝也不会听从，惹怒了炀帝，白白地被杀头，没有任何好处。"太宗说："孔子说顺从父亲的使唤，不能算是孝子。所以做父亲的应该有敢于跟自己争论的儿子，国家应该有敢于跟皇帝争论的大臣。如果皇上无道，为什么还在他的朝廷里做官呢？既然享受他的俸禄，又怎么能不匡正他的错误呢？"于是太宗请大臣们发表关于向皇帝进谏的看法。王珪说："商朝时比干向纣王进谏，被剖心而死，孔子称他为仁人；泄冶进谏被杀，孔子说：'当今之人妄行邪僻，不要再自立科禁陷害大臣。'这样看来，臣子们俸禄越是优厚，所担负的责任就越大，按理应该极言进谏；官小位卑，可以容许他随便一点。"王珪替杜淹作了开脱，于是太宗又召杜淹过来，笑着说："你在隋朝时，可以因为地位低而不进谏；后来又在王世充手下做官，为什么也不极言进谏呢？"杜淹回答说："也有过进谏，但是不被王世充采纳。"太宗紧追不舍，接着又问："王世充如果修养品德，从善如流，不会灭亡；既然他无道拒绝进谏，你又怎么避免了灾难呢？"杜淹无话可答。太宗又说："你现在可以说地位很高了，侍从备问，有了进谏的机会，还能做到极谏吗？"杜淹回答说："我在当今，一定直言无隐，死而无憾，而且前世已有借鉴，百里奚在虞国，虞国灭亡；而在秦国，秦国却成为霸主，我私下敢跟百里奚相比。"太宗听了很满意，大笑。这次太宗骋其口辩，与臣下反复讨论臣子谏诤的责任问题，使大家进一步明确了"事君之义，有犯无隐"的道理，他感到达到了应有的效果。

其五，在朝廷内外倡导谏诤之风。太宗不仅自己虚心求谏，要求大臣对自己进行谏诤，也希望大臣们多听取别人的不同意见，大臣之间也应该展开争论，通过批评和自我批评，采纳正确的意见，以免在工作中发生失误，或减少工作错误。

贞观元年（627），有一次，御史大夫杜淹上奏："朝廷各部门的文案恐怕会发生混乱丢失的情况，请令御史到各部门进行检查验对。"太宗就这个问题征求封德彝的意见。封德彝回答说："设官分职，各有自己的执掌范围。真的发生了差错或违失，御史当然应该纠查检举，可是如果御史到各门去普遍搜查，找毛病，那太繁杂琐碎了。"杜淹顿时说不出话来。太宗问杜淹："你为什么不坚持自己的意见，跟封德彝争论一下呢？"杜淹说："天下的事务，大家都应当出于公心，好的意见就听从，封德彝所说真得大体，我心里确实感到服气，所以不敢再反驳他。"太宗对杜淹这种态度非常赞赏，他很高兴地说："你们如果都能做到这一点，我还有什么值得忧虑的呢？"贞观五年（631），太宗告诉房玄龄等人说："自古以来，帝王大都任情喜怒，当喜欢某人时，即便无功也加以奖赏；发怒时连无罪的人也加以诛杀。因此天下丧乱，没有不是因为这引起的。我现在早晚都考虑这个问题，尽力避免这类事发生，常常希望你们能尽情极谏。你们也要接受别人的谏语，岂能因为别人的话不合自己的心意，就护己之短而不采纳呢？如果不能接受别人的批评，又怎能批评别人呢？"

由于太宗的倡导，贞观一朝蔚然形成谏诤之风，上至宰相，下至县官，朝廷大臣、太子以至后宫妃嫔都敢于对朝廷事务发表议论，对太宗的举措提出批评。太宗则虚心纳谏，从善如流，从而集思广益，群策群力，使太宗在生活作风和施政过程中避免了不少失误。史书上有不少佳话流传，为后人津津乐道。略举数例，以见太宗明智的态度和当时良好的政治风气。

贞观初，有一次太宗跟黄门侍郎王珪闲聊，当时有一位美人在太宗身边陪侍。这位美人是庐江王李瑗的姬妾。李瑗谋叛，失败身亡，这个女子被配没入宫，成为后宫的婢女。太宗指示给王珪看，说："庐江王残暴不仁，杀死她的丈夫而纳她为姬妾，庐江王太残暴了，像这样哪里有不灭亡的呢？"王珪站起身，很郑重地问太宗："陛下认为庐江王霸占这个女子是对呢，还是不对呢？"太宗说："哪有杀人而霸占别人的妻子的道理呢？你竟然还问我是对还是不对，这是何意？"王珪回答："我在《管子》那本书中读到这样的记载：'齐桓公到郭国，问郭国的父老说："郭国为什么灭亡呢？"父老们说："因为郭国的国君知道好人好而恶人恶。"桓公说："像你们说的，那郭国国君是一位贤明的国君呀，何至于亡国呢?"父老们说:"不,他不是贤君,他虽然知道好人好却不能任用好人,虽然知道恶人恶却不能驱逐恶人,所以灭亡了。'现在这位美人就在您的身边,我私下认为您一定觉得这是对的。如果陛下认为这不对,那就是知道是恶却不能驱逐恶。"太宗听后非常高兴,认为王珪说得很好,立刻派人把这位美人送还给她的亲族。

原隋通事舍人郑仁基有一个女儿,十六七岁,貌美无比。贞观二年(628),长孙皇后寻访到这个姑娘,请求备为妃嫔,侍候太宗。太宗就聘郑女为充华。充华是唐后宫中女官名,九嫔之一。诏书已经下发,只是派遣的使者还没动身。魏征听说这个女子已经许嫁给陆氏之子陆爽,赶快入宫向太宗进谏:"陛下为民父母,抚爱百姓,应当为他们的忧而忧,为他们的乐而乐。自古以来有道君主,常常体念百姓的心情,当他身处亭台楼阁时,就希望百姓有房屋可以安身;当他品尝着美味佳肴时,就希望百姓没有挨冻受饿的担忧;看到自己的后妃嫔妾,就希望百姓享受到天伦之乐。这些是做皇帝的应该时常记在心上的原则。郑氏之女已经许嫁别人很久了,陛下毫不犹豫地要娶过来,也不问人家有无婚配,是否乐意。如果让天下人知道了这件事,人们能认为这是作为百姓父母的人应该做的事吗?我听说的情况或许不够准确,但我担心这有损于陛下的声誉,所以不敢隐瞒。按照'君举必书'的原则,史官们会记下这件事的,希望陛下慎重行事。"太宗听了大吃一惊,立刻亲手写下诏书答复魏征,深深地谴责自己,并让使者不要再去下聘礼了,而将郑女归还与原来与她定亲的陆氏之子。左仆射房玄龄、中书令温彦博、礼部尚书王珪、御史大夫韦挺等人都说:"郑女许嫁陆氏,很多人并不知道,现在皇室聘娶的大礼正在进行,岂能中止。"陆氏也上表,宣称"我父亲陆康在世时,与郑家有来往,那时曾互相赠送过财物,并没有订婚约结亲的事",而且还说:"这都是旁人不了解情况,才产生了这种不切合实际的说法。"大臣又劝太宗行聘礼。于是太宗感到疑惑,问魏征:"大臣们或许是为了顺从我的旨意,可是陆氏子为什么也说与此事无关呢?"魏征说:"按我的推测,他的用意是可以理解的,他是把陛下看得跟太上皇一样。"太宗说:"这是什么意思呀?"魏征说:"太上皇初平京城,获得辛处俭的妻子,辛妻越来越受到太上皇的宠幸。当时辛处俭任太子舍人,太上皇听说后很不高兴,就令辛处俭离开东宫,去担任万年县县令。辛处俭常常心怀恐惧,害怕生命难保。陆爽以为陛下虽然现在能容忍，却担心将来你会暗中贬斥他，因此反复自陈，开脱自已，这就是他的目的，不必奇怪。"太宗明白了魏征说的道理，说："别人的看法，或许是这样，但我只说停娶，不能使人相信。"于是他专门下了一道诏敕，云："现在听说郑氏之女，在此之前已经与人订婚。前日发出聘娶文书时，我不了解这个情况，这是我的不对，也是有关部门的失误，授郑氏女为充华的事立即中止。"当时听说这件事的人都对太宗克己遵礼的行为表示称叹。

贞观四年（630），太宗下诏调发士卒修洛阳乾元殿，给事中张玄素上书谏阻。张玄素的话说得非常尖锐，其中有云："我听说秦朝修阿房宫，当阿房宫建成时，秦国百姓已经离心离德；楚修章华台，造成楚国百姓的背叛；隋朝乾元殿完工时，隋朝百姓已众叛亲离。而以陛下今时的功名才力，哪里比得上隋朝呢？正值国家遭受战乱之后，您又驱使那些饱受战乱之苦的百姓去服役，费大量的劳力，承袭百王的弊端，由此言之，恐怕比隋炀帝的荒淫无道还严重！"太宗没有因此生气，反而夸奖张玄素是正直之士，赐给二百匹绢。魏征叹道："张公遂有回天之力。"

苑西监穆裕曾惹太宗动怒，太宗命人在朝堂上将他处死。太子李治不怕冒犯太宗的威严，急忙进谏，太宗的怒气才渐渐消除。司徒长孙无忌说："自古以来，当太子的劝谏父皇，常常是找到适当的机会，委婉劝告。现在陛下发雷霆之怒，太子犯颜直谏，这种谏诤之风，实在古今未有。"太宗说："人与人相处时间久了，自然就互相影响，太子就是受到了朝廷上谏诤的风气的习染。从我统治天下以来，我就虚心接受臣下的正直的批评，那时就有魏征早早晚晚的进谏。魏征去世后，刘洎、岑文本、马周、褚遂良等人继承了魏征直言敢谏的作风。皇太子自小就在我跟前，常常看到我打心眼里喜欢那些进谏的人，因而习以成性，所以才有今天的犯颜之谏。"

古代的臣下进谏和君王纳谏，仍然是建立在封建专制政治的基础之上，仍然是以君王为中心。不管臣下的进谏是对是错，是否被君王采纳仍然取决于君王一时的态度，臣下可以犯颜进谏，但君王接受与否，都没有制约机制。我们肯定太宗在这方面做得较好，就是他接受的程度较高。但我们并不是提倡封建社会的谏诤，我们要建立的全过程人民民主制度，要借鉴和效法的是那种肯于接受批评的态度。

"博学以成其道"

　　太宗即位为帝以后，开始注意读书学习，增长见识。贞观二年（628），太宗向房玄龄说："为人非常需要有学问。过去群凶作乱，天下未定，我东征西讨，亲临战阵，没有工夫读书。近来四海安宁，我身居殿堂，不能自己拿起书卷来读，就使人读给我听。处理君臣父子之间的关系，从事政治教化的道理，都在书中。古人说得好：'人不学习，如同面对墙壁，什么也看不见，遇事就会烦乱。'这不是空话。我现在回想年少时做的事，觉得有的做得很不对。"太宗还曾向中书令岑文本说："人的禀性虽然是天生的，还是要广泛学习才能成就他的道德和素养，就好像海中的大蛤，本性含有水气，但要在月明之夜才能吐气如楼阁之状；木的本性是可以生火的，但要用燧引火才能燃烧；人的本性充满了灵气，但要学业有成这种灵气才能焕发出美的光彩。因此苏秦读书到深夜，为了保持头脑清醒，用锥子刺自己的大腿，董仲舒研究《春秋》，垂帷讲诵，三年不去自己的园中查看花木的生长。不勤奋地学习知识和才艺，那就不能树立声望，名垂后世。"岑文本立刻向太宗讲学习的重要性，他说："人的本性都是相近的，而人的情感却是随时变化的，必须用学问节制情感，这样才能修养好自己善的本性。《礼记》中说：'玉石不加雕琢就不能制成器物，人不学习就不懂道理。'因此古人勤于学问，把勤奋好学称之为美好的品德。"

　　认识到广泛学习的重要性，这是太宗长期以来勤奋好学的经验总结，也是他在位期间一直孜孜不倦地学习的思想动因。

　　即位之初，太宗就提出了"文武之用，各随其时"的观点，"守成以文"是新形势下的治国原则，而这一原则也向执政者提出了新的要求。偃武修文，推行文治，就要求执政者具备必要的文化素养，而这却正是太宗的弱项。太宗对此有清醒的认识。他知道出师征战、与群雄角逐是自己所长，但正因为长期征战，影响了他文化修养的提高和上进。他坦承"自幼不精学业",后来也"不暇于诗书"。但他决心补上这一课,提高文化修养,在以武功定天下之后,"以文德绥海内"。此后他"披览忘倦",勤奋学习,有时"披玩书籍,中宵乃寝",由于天资聪明,他的文化修养很快就达到很高水平。

太宗"守成以文"不是一句空话,而是有着具体内容和切实的措施。作为帝王,太宗的学习也是围绕着修文致治这一政治目的进行的。因此他个人学业的进修、素养的提高是和各种文教工作的开展、文化政策的贯彻落实是互为因果互相促进的。

(一)开馆延师:从文学馆到弘文馆

当认识到自己文化修养方面薄弱和不足时,太宗早就开始了加强学习。武德四年(621)平东都,大唐基业初步奠定,他便在秦王府开文学馆接纳四方文学之士。杜如晦等十八人入馆为学士,他们分成三批,每天六人,轮流到馆中值宿,供应上等伙食,太宗放下秦王的架子,与他们讨论经义,有时谈到半夜才结束。可以想见,自幼不精学业的秦王与这些硕学通儒海内名士一起讨论,主要应该是向他们请教学习。这等于是请来了著名教授来馆举办讲座,都可以说是"特级教师",天下一流人才。由此可知太宗真是善于为自己创造学习条件。

秦王府十八学士在政治斗争中是秦王的谋士,而在学业上则充当了秦王的师傅。太宗即位后,秦王府撤销,作为秦王府下属机构的文学馆便不复存在,而且随着太宗即位,原来的十八学士多已调任要职。但太宗感到对自己来说,这样的一个政治智囊团和文化教师队伍不可或缺。于是他又在显德殿东边,创立了弘文馆。精选天下文儒之士虞世南、褚亮、姚思廉等人,请他们在担任各自的朝廷职务的同时,兼任弘文馆学士。让他们轮流值日。在听政之暇,引入内殿,讲论经义,商讨政事。又像当年的文学馆一样,有时到半夜才结束。说明太宗求学的孜孜不倦。这些都是"可为帝王师"的人才,他们对太宗政治才能和学业修养等方面的提高所起的重大作用是无法估量的。

虞世南就是一个典型的代表。虞世南作为一代硕儒,自幼性沉静寡欲,笃志勤学。和哥哥虞世基师从吴郡名士顾野王,十余年精思不倦,甚至几十天不梳洗。他擅长写作,受到大文学家徐陵的赏识,又向同郡的和尚智永学习书法,智永是书圣王羲之的七世孙,研练书法数年不下楼,是隋代著名书法家,学书深得王羲之笔意。而虞世南向他学习，深得其体，因此声名远播。虞世南身仕陈、隋及窦建德，目睹了宇文化及弑炀帝的宫廷政变，立身正直，政治斗争经验丰富。

李世民击灭窦建德，引虞世南入秦王幕府，不久任为记室参军。后聘为文学馆学士，与房玄龄一起掌管朝廷诏诰的起草。秦王曾经命虞世南写《列女传》组装屏风，当时没有文本，虞世南默诵全文，随手录写，一个字都没漏掉。秦王被立为太子，虞世南迁为太子中舍人。太宗即位，转为著作郎，兼弘文馆学士。这时虞世南已经年老体衰，上表请求退休，太宗下诏不许，迁为太子右庶子。他坚决不肯就职，又被任命为秘书少监。他写了一篇很长的文章，题目是《圣德论》，向太宗讲述做帝王的应该具备的道德修养，并歌颂太宗的功德，把太宗和古代无为而治的圣王相比，显然是对太宗的鼓励。太宗亲手写诏答复，对虞世南的赞美表示愧不敢当，争取做到善始善终。贞观七年（633），升任秘书监，赐爵永兴县子。太宗器重虞世南学识渊博，常常在听政闲暇时，把他请到弘文馆交谈，一起阅览经书史籍。虞世南外表看起来很文弱，可是志向高远，心性壮烈。每谈到古代帝王施政得失，一定联系现实，包含着对太宗的规劝和讽谏，在不少方面都对太宗有所助益。太宗曾向大臣们说："我在闲暇时和虞世南商讨古往今来的各类事务，只要有一个字说得不合适，他就怅恨良久。他如此诚恳，所以我很赞赏他。大臣们如果都能像虞世南这样，哪里还愁天下治理不好。"

贞观八年（634），陇右发生山崩，各地又常见大蟒蛇，山东和江淮地区不少地方遭受严重水灾。太宗忧心忡忡，问虞世南该如何应对这些灾变。虞世南一边安慰太宗，一边趁机劝太宗宽仁施政。他回答说："春秋时梁山崩，晋国国君召见伯宗咨询对策，伯宗说：'国家崇奉山川之神，举行对山川的祭祀，所以山崩川竭，君王就不举行祭祀、会客、朝会、丧纪、出征等活动，解衣谢罪，乘布幔小车，停止奏乐，离宫住宿，以币帛作祭品礼拜山川之神。'梁山是晋国主祭的山，国君听从了伯宗的话，所以没有遭到什么灾祸。汉文帝元年（公元前179），齐、楚两地二十九座山同一天崩塌，冒出大水，文帝就下令各地不要到朝廷进贡物产，向天下百姓施加恩惠，远近各地的人民都欢欣鼓舞，也没有造成灾害。东汉灵帝时，在御座下发现大青蛇；晋惠帝时，在齐地见到一条长三百步的巨蟒，经过集市进入王府的大堂。按说蛇应该在草野之中，可是却进入集市和朝堂，所以可以认为是怪异之事。现在蛇见于山泽，深山大泽就是龙蛇生长之所，这是自然现象，不足为怪。另外山东下雨过多，虽然也是正常现象，然而阴淫时间太长，恐怕是有冤狱，应该审理监狱里关押的囚犯，平反冤案，希望这样做或许上称天意，而且妖变敌不过德望，只有修养德性才可以消除灾变。"太宗认为他说得对，于是派遣使者赈恤灾民，审理或复审狱讼积案，不少囚犯得到宽免。

后来，在虚、危二宿出现彗星，经过氐宿，过了一百多天才消失。彗星的出现被认为是灾象，太宗对此满怀忧虑，问大臣们说："天空中出现彗星，这是什么灾变呢？"虞世南解释说："过去齐景公时出现过彗星，景公问晏婴，晏婴回答道：'挖池沼害怕挖不深，筑楼台害怕筑不高，施行刑罚害怕不重，因此上天显示彗星向你提出警告。'景公感到恐惧，因而修养德性，十六天后彗星消失。但我的看法不同，古人说得好：'天时不如地利，地利不如人和。'如果不修德性，不讲信义，虽然得到麟凤这样的吉祥之物，最终也没有补益；只要政事没有失误，即便灾星出现，也不会有什么损害。但是我希望陛下不要因为功劳超过了古人就自以为是，归功于己；不要因为天下早就太平了而骄傲怠惰，要谨慎小心，戒骄戒躁，善始善终。那么虽然出现了彗星，也不值得忧虑。"虞世南的话引起太宗的反躬自省，他严肃而郑重地说："我在治理国家方面，的确没有齐景公那些过错。但我才二十岁就兴举义兵，二十四岁平定天下，不到三十岁就身居皇位，自己认为从夏、商、周以来，那些拨乱反正的皇帝，没有人能赶得上我的功业之盛。又加上后来薛举骁勇善战，宋金刚凶猛过人，窦建德跨有河北，王世充占据洛阳，都足以成为与我势均力敌的强大对手，可是都被我所擒灭。后来兄弟失和，遭逢家难，我又决心诛杀建成、元吉以安定社稷，于是登上皇位。即位后又降服了北方的突厥，因此我有自以为是的感觉，轻视天下之士，这是我的罪过。上天以灾变警告我，真的是为这些吗？秦始皇平定六国，隋炀帝富有四海，既骄傲自大，又追求逸乐，结果一朝而败，我又怎么能骄傲呢？谈到这里，想到这些，不觉警醒，一下子震惊害怕起来。"

虞世南就是这样，利用他广博的知识和各种机会，及时委婉地对太宗进行告诫和教诲，使他认识自己的缺点和不足，改正错误，促使贞观政治向健康的方向和良好的状态发展。虞世南劝说太宗施行仁政，反躬自省，其天人感应学说或许只是一种借口，但他达到了目的。

虞世南虽文弱，但在原则问题上总是不肯让步，对太宗骨鲠规谏，务请采纳。

高祖李渊去世，太宗下诏要求依照汉高祖刘邦长陵的制度修建陵墓，筑坟要高，陪葬的珍品要多，而且规定的修建期限也十分紧迫，面对这一劳民伤财的举措，虞世南上封事进行劝谏。他以自古以来明君薄葬的优良传统和历来厚葬害民的故事，希望太宗对高祖施以薄葬。对此太宗较难接受，因此虞世南上封事后，迟迟没有答复。于是虞世南又上疏，对此再次提出批评。这时，在虞世南带动下，其他大臣也都上奏，请求遵照高祖的遗诏，务从节俭。于是太宗把这件事交给有关部门详加讨论。结果在高祖的丧事上不少方面都有所减省。太宗本来就有射猎的爱好，即位后受到薛收的劝谏，有所收敛。后来又积习复发，颇好游猎。虞世南上疏劝谏，语甚切直。由于虞世南经常如此直言进谏，所以史书上说他"有犯无隐，多此类也"。太宗却因此更加亲重他，尊敬他。太宗曾称虞世南有五绝：一是德行，二是忠直，三是博学，四是文辞，五是书翰。

贞观十二年（638），虞世南上表请求退休，太宗考虑到他已八十一岁高龄，便答应了他，但仍然保留他弘文馆学士的职名，目的是能够时常向他请益，而其他待遇则与朝廷职事官一样。不久虞世南去世，太宗到他的灵前表示哀悼，哭得非常悲痛，赐给他陪葬品，并把他埋葬在自己的陵墓附近，使他享受到"陪葬昭陵"的殊荣，追赠为礼部尚书，给予"文懿"的美谥。太宗亲手写一道敕文给魏王李泰，说："虞世南和我，就好像是一个人。他拾遗补阙，没有一天忘记我，实在是当代的名臣，做人的楷模。我有了小的过失，一定犯颜直谏。现在他去世了，主管典籍的博学之士，没有这样的人才了。我的悲痛和惋惜之情哪里可以用语言表达呢！"虞世南生前，太宗曾作宫体诗，令虞世南写诗奉和。宫体诗是南朝梁代宫廷中形成的一种诗风，大多描绘声色，是当时统治阶级荒淫生活的反映。虞世南不希望太宗作诗沾染这种习气，说："皇上的这首诗写得很工稳，但是诗体不雅正。上有所好，下必有甚者，我担心这首诗流传出去，风靡诗坛，天下人写诗都学这个样子，这样有损于皇上的名望，也影响诗坛的风气，不敢奉诏。"太宗说："我只是试探你罢了。"太宗因此赐给他五十匹帛。虞世南死后，太宗写了一首完全摆脱宫体诗风的诗作，内容是追述往古兴亡之道，写好后他叹息说："钟子期死，伯牙感到没有了知音，因此不再弹琴。现在虞世南已经离开我们了，我这首诗拿给谁看呢？"于是令起居郎褚遂良到虞世南的灵帐把这首诗读完后烧掉，希望虞世南在天之灵能有所感悟，体念到太宗对他的怀念之情。又过了好几年，太宗晚上梦到了虞世南，声容态度像生前一样。第二天，太宗下制云："礼部尚书、永兴文懿公虞世南，品德淳厚，行为完美，文章堪称当代大师。生前日夜尽心朝廷，志在忠益。不幸去世，不觉又几年过去了。昨晚因为做梦，忽然又见到了他，他又向我提出批评和忠告，就像他在世时一样。回忆虞世南生前的美德，实在增加了我的悲伤和感叹。应该供给冥钱，表达我思念旧臣的心情，可以在他家里为他设供应五百名僧人的斋会，并为他造佛像一尊。"太宗本不信佛教，但从心理上他却希望佛祖能保佑虞世南的灵魂。他还敕令在纪念功臣的凌烟阁上图画虞世南的画像。太宗对这位给自己极大助益堪称自己老师的人表达了由衷的感激。

文学馆和弘文馆的其他文士都像虞世南一样，竭诚尽智，在政治谋略和学术素养等方面起到了良好的顾问和智囊作用。

（二）修史读史：以古为镜，以知兴替

修史是文化事业的重要组成部分，从历史上寻求借鉴，则是任何一个朝代推行政治教化必不可少的内容。因此学习历史就是每一位执政者的必修课。唐太宗是重视修史工作，勤于读史，而且又善于从历史中吸取经验教训的统治者。

早在武德四年（621），担任起居舍人的令狐德棻就向唐高祖李渊提出修撰唐前诸朝史的建议，他说："如文史不存，何以贻鉴今古？"高祖采纳了他的意见，第二年下诏命萧瑀等人撰修梁、陈、北魏、北齐、北周、隋等六朝史。高祖阐述修史的意义是"裁成义类，惩恶劝善，多识前古，贻鉴将来"。他要求史官"务加详核，博采旧闻，义在不刊，书法无隐"。由于种种原因，萧瑀等人做了数年的努力后，这项工作却没有结果，停顿下来了。

贞观三年（629），太宗又下敕，命修六朝史。太宗集中了当时最著名的史学家分工从事这项工作，令狐德棻、岑文本修北周史，孔颖达、许敬宗撰隋史，李百药修北齐史、姚思廉修梁史、陈史，魏征受诏总加撰定，又对整个修史工作进行统一管理，由宰相房玄龄、秘书监魏征"总监诸代史"，令狐德棻具体指导和协调诸史的编撰工作。北魏史则因为已有北齐魏收和隋代魏澹所撰的两部《魏书》，大家认为"已为详备，遂不复修"。在太宗的支持下，史臣花了七年工夫，至贞观十年（636），五部史书告成。当太宗看到房玄龄和魏征进呈的五部史书和表文之后，非常高兴，下令嘉奖，他说："朕睹前代史书，彰善瘅恶，足为将

来之戒。秦始皇奢淫无度，志存隐恶，焚书坑儒，用缄谈者之口。隋炀帝虽好文儒，尤疾学者，前世史籍，竟无所成，数代之事，殆将泯绝，朕意则不然，将欲览前王之得失，为在身之龟镜。公辈以数年之间勒成为五代之史，深副朕怀，极可嘉尚。"他对参与史书修撰的大臣给予了重赏。

由于这五部史书只有纪传，没有志书，太宗仍感缺憾，于贞观十五年（641）又命于志宁、李淳风、韦安仁、李延寿等共同撰述《五代史志》。这项工作在太宗生前没有完成，他去世七年后，也就是高宗显庆元年（656）成书，共有十志三十卷。

贞观二十年（646）二月，太宗又提出重修晋史。在"修《晋书》诏"中，他充分肯定了历史著作的重要作用，他说："大矣哉！史籍之为用也。"虽然关于两晋的历史，已有十八家《晋书》流传，但他都不满意，以为"才非良史，事亏实录"，因此要求国史馆史官重撰《晋书》，弥补其不足。为了保证这项工作顺利进行，他提出借鉴修前五部史书的经验，提供所需，并根据工作量挑选适当数量的学士入馆。于是以房玄龄为总监修，以令狐德棻为主编，组织了近二十人的编撰队伍，进行撰修。在编写过程中，太宗还亲自为其中的《宣帝纪》《武帝纪》《陆机传》《王羲之传》写了史论。这部《晋书》只花了三年时间就完成了。

贞观年间，李延寿还继承父志，完成了《南史》《北史》两部史书，分别记载南朝和北朝的历史。加上朝廷组织编撰的上述《晋书》《梁书》《陈书》《北齐书》《周书》《隋书》等，贞观年间共完成八部正史著作。我国古代正史向来有"二十四史"之称，贞观年间所修即占三分之一。

太宗说他修撰前朝史书的目的是"览前王之得失，为在身之龟镜"。也就是从前王成功失败中吸取经验教训，作为治理国家的借鉴。他说过："以古为镜，可以知兴替。"因此他很勤奋地阅读史籍。即位之后，于政务之暇披阅前史，孜孜不倦，常到半夜才睡。他的组诗《帝京篇十首》其二写自己的读书生活："岩廊罢机务，崇文聊驻辇。玉匣启龙图，金绳披凤篆。韦编断仍续，缥帙舒还卷。对此乃淹留，欹案观坟典。"《帝京篇十首》其十又写道："披卷览前踪，抚躬寻既往。"都是说他利用闲暇十分努力地阅览史籍。

他和弘文馆的学士在一起时，也往往"共观经史"。跟大臣常常就历史问题进行探讨，贞观君臣经常对历史上某一人物或事件发表各自的看法，有时太宗会提出问题，要求大家发言。从太宗对历史人物和历史事件的议论中，我们知道他读史十分广泛，上起夏商周三代，下至于隋，他对历朝帝王的得失颇有自己独到的见解，他读史的目的性很强，常常引出有益的结论指导自己的行动，而他的政治举措也往往能在历史上找到根据。

太宗常常从古代圣王明君成功的经验中受到启发，效法前贤，指导自己的行动。用他自己的话说，就是"克己为政，仰企前烈""读书见前王善事，皆力行而不倦"。太宗常常提到尧、舜、禹、商汤、周文王、周武王、周公、齐桓公、晋文公、汉文帝等古代明君贤王，有意识的借鉴他们施政的经验，以他们为榜样。

贞观二年（628），太宗问中书侍郎王珪："近代君臣治国，多劣于前古，是什么原因呢？"王珪回答："古代帝王施政，都追求清静无事，顺从百姓的愿望。近代君臣却只知道损害百姓的利益来满足自己的欲望。他们任用的大臣，都不是熟读经书精通儒术的人。汉朝的宰相，没有一个人是不精通一部经书的，朝廷如果有什么疑难问题，都引用经书来做决定，因此人们都懂礼制教化，国家实现了太平盛世。近代重武轻儒，有的杂以严刑峻法。儒道不能得到提倡，因而世风败坏。"太宗深感王珪说得对。自此以后，百官中学业优长又懂政务的人，多得到晋升，且常常连加迁擢。

在如何对待敌对营垒中有才能的人的问题上，太宗也从古代明君那里受到启发。太常卿韦挺曾上疏议论时政得失。这位韦挺原是建成的僚属，太宗不计前嫌，加以任用，对他提的意见也欣然采纳，在他给韦挺的回复中说："你所提的意见，真是忠诚正直的话，语言和说理都很值得一读。你能这样直言进谏，我从心里感到是很大的安慰。春秋时齐国发生内乱，管仲曾射中了小白的带钩；蒲城一战，晋国的勃鞮用刀砍断了重耳的衣袖。但是小白即位为齐桓公，重耳后来即位为晋文公，对昔日的仇人都像老朋友一样对待。管仲和勃鞮不过都是各为其主，忠贞无二。你现在对我的深厚诚意，已经表现在这封奏疏中。如果你能保持这一节操，那将永保美好的名声。如果有所怠惰，那不是很可惜？希望你自相勉励，善始善终，为后人树立一个典范，要使后人看我们，就像现在看古人一样，那不是很好吗？我看不到自己的缺点，仰仗你的忠直诚恳，多次地指出我的不足，提出好的建议，用这些来启发我的心胸，这让我怎么说才好呢？"太宗从齐桓公和晋文公那里体会到宽宏大量爱惜人才的重要，也用他们的故事告诫韦挺放弃思想顾虑，尽心尽忠。

贞观六年（632），太宗下诏设置三师，即太师、太傅、太保。他说："我最近研讨经史，历代明王圣帝，何尝没有师傅？现在在令文中却没有看到三师的设置，我认为这是不合适的。为什么呢？黄帝学大颠，颛顼学录图，尧学尹寿，舜学务成昭，禹学西王国，汤学威子伯，文王学子期，武王学虢叔。前代这些圣王，如果没有遇到这些师傅，那么他们的功业就不会著称于世，名声也不会在史籍上流传下来。何况我承百王之后，智慧不及圣人，如果没有师傅的教导，怎么能统治百姓呢？《诗经》中不是说吗：'不犯过错，不昏不妄，要遵循先王的典制法章'，如果不学习，就不理解古人治国之道，从来没有过这样施政而实现太平的情况，请立即在令文中写上，设置三师的职位。"

　　连姓名避讳这样的事，太宗也根据历史上的先例来做决定。太宗名"世民"，按说公私文翰遇到这两个字都应该避讳，但他告诉大臣们说："按照《礼》的规定，人的名字，人死后要加以避讳。前古帝王，活着时也不避讳自己的名字，所以周文王名昌，可是周朝的诗歌中却有'克昌厥后'的句子；春秋时鲁庄公名同，《春秋》记载：'齐侯、宋公……同盟于幽。'只有近代的皇帝们，妄为立制，活着时也令避讳他的名字，这在道理上讲不通，应该有所改变。"因此专门下诏，规定只要"世"和"民"两个字不连用，就不要避讳。

　　贞观十年（636），治书侍御史权万纪上奏："宣州、饶州群山之中有许多银坑，开采银矿可大获其利，每年可得数百万贯钱。"太宗说："我贵为天子，什么东西都不缺少。只需要采纳合理的建议，鼓励良好的行为，重要的是有益于百姓的建议和行为，而且国家得数百万贯钱，哪里比得上得到一位有才能品行的人？不见你做出推举贤者良才之事，又不能检举惩治违法乱纪的行为，镇服权要豪门，却只会大谈从买卖银坑中抽税而获利！过去尧、舜把璧玉扔进山林，把珍珠投入深谷。因此获得崇高的声望和美好的名号，为后世千载所称颂。后汉桓、灵二帝卖官鬻爵，贪图财利而轻贱礼义，成为有名的昏庸暗昧之主，你打算把我比作汉桓帝和汉灵帝吗？"当天太宗下敕令权万纪罢官回家。

　　贞观十四年（640），戴州（今山东菏泽市成武县）有人犯下十恶大罪，御史台弹劾戴州刺史贾崇，认为他应该承担失察之罪。太宗告诉侍臣们："过去陶唐帝尧是大圣人，可是他的儿子丹朱却极坏；柳下惠是大贤者，可是他的弟弟盗跖却是巨恶。丹朱、盗跖都受到圣贤的教育训导，而且与圣贤又是父子兄弟之亲，尚且不能使他们受到感染而变化，去恶从善。如果派遣刺史教化百姓，要使他们全都能成为善良的人，哪里可能呢？如果让刺史们都因此而受到贬官或降职的处分，恐怕他们都要互相包庇，罪人就无法捉拿归案。诸州有犯十恶者，不要让刺史牵连受罚，只命令他们对犯罪行为严加纠察，那才有可能肃清奸人恶人。"

贞观十七年（643），太宗问谏议大夫褚遂良："过去舜造漆器，大禹在切肉的案板上雕刻图案，当时竟有十多人加以谏阻。不过是吃饭用的器具，这样的小事，哪里用得着苦谏呢？"褚遂良回答说："雕刻器物要浪费人力，这样就妨害农事；制造丝绢就要动用大量的妇女，这样就会影响女人应该做的各种工作。带头搞过分奢侈的事，是危亡的开端。漆器不能满足欲望时，一定要制作金器，金器不能满足欲望时，一定要制造玉器。所以谏诤之臣一定要在帝王奢侈之始就加以劝谏。到了意骄志满时，再劝谏就太晚了。"太宗立刻联想到自己，他说："你说得对，我所做的事，如果有不恰当的，或者是一个不良的开端，或者事情已经快结束了，你都应该进谏。最近我读历史，看到有人向皇帝进谏，就回答说：'这事已经开始了。'或者说：'已经答应人家了。'虽然知道错了，最终也不加以改正，仍然继续做下去。这样危亡之祸很快就会降临下来。"

在前代帝王中，太宗最推崇汉文帝。贞观初，群臣提出为太宗建造高阁以供居住，太宗虽然身患气疾，不宜住在低洼潮湿之所，但他想到汉文帝将建露台，不愿意浪费价值"十家之产"的钱财而中止，自己认为德望不及文帝，更不愿意在花费钱财上超过文帝，因此没有答应大臣的请求。汉文帝曾经说过："夫农，天下之本也。"也说过："天下治乱，在予一人，唯二三执政，犹吾股肱也。"他还要求"举贤良方正能直言极谏者，以匡朕之不逮"。他也曾经释放宫女，"令得嫁"，对南越则"以德怀之"。文帝反对贪污受贿，张武等受贿的事被揭发，文帝却加以赏赐，"以愧其心"。这种农本思想、君臣一体思想、民族政策和加强吏治、任贤纳谏和体恤百姓的举措等，我们都可以在太宗的施政中找到借鉴的影子和迹象。

因为太宗推崇汉文帝，所以大臣们也用汉文帝的故事劝告太宗。贞观十五年（641），太宗派人到西域册立叶护可汗，使者还没回来，又派人携带大量金帛，到西域各国买马。魏征劝谏说："现在是以立可汗的名义派遣使者的，这件事还没结束，就到各国去买马，西域各国都会认为陛下遣使的本意在于买马，不是专为立可汗而来。可汗受到册立，就不感激皇上的恩德，不得立，就会产生深深的怨恨。周边蕃国听说后，将不尊重我大唐王朝。只要使西域各国安定下来，那么他们的马不求自至。过去汉文帝时，有人献千里马，汉文帝说：'我巡幸祭祀，每天走三十里，出兵行军每天走五十里，仪仗队在前，随从的车子在后，我一个乘坐千里马拉的车子走在中央，那又能走到哪里去呢？'就付钱抵偿送马的费用，让送马者带着马返回去了。汉光武帝时还有人献千里马和宝剑，光武帝让马驾鼓车，把剑赐给一位骑兵，没有占为己有。现在陛下的举措施为，都远远地超过了古代圣明的君王，为什么在马的事情上却要甘居汉文帝和汉光武帝之下呢？还有魏文帝要购买西域的大珠，苏则劝他说：'如果陛下的恩惠布施四海，那么大珠不求自至，求而得之的大珠不值得珍贵。'陛下纵然不能做到像汉文帝那样高尚的行为，可不怕苏则说的那些正直的话吗？"太宗赶快命令停止买马之事。

太宗效法古代明君贤王的举措，追求的是他们的不朽功业，他希望他所统治的贞观时代能够成为中国历史上为后人称道的时代。贞观九年（635），他曾对大臣们说："我即位以来，无为而治，现在四边的各少数民族都归附大唐，这哪里是我一个人的功劳呢？实际上是靠了诸位的共同努力！大家应该考虑的是都做到善始善终，永保大唐基业，子子孙孙一代代都做唐朝的辅助之臣。把丰功厚利留给我们的子孙后代，让数百年后的人读到我朝的国史，感到我们伟大的功业灿烂辉煌值得一看，岂能让后人只称赏隆周、炎汉和建武、永平等几个朝代呢？"可知太宗确是一位有远大政治理想的帝王。

学习历史，太宗更注意的是历代帝王失败的教训，他把他们的失败视作前车之鉴，时时提防重蹈覆辙。太宗在和大臣议论历史人物和事件时，他不断对历史上荒淫腐化残暴不仁的昏庸君主提出批判，对历史上有所建树的帝王也往往分析其功过得失，通过对比圣明君王和昏庸暗主的长短得失，或效仿其为人，或反其道而行之，从而确定自己的施政方针和处理政务的具体措施。

他对夏桀诛杀关龙逄、汉景帝诛杀晁错深感遗憾。他一再向大臣表示一定以此为戒，决不诛杀直言进谏的人。他批评过隋文帝"性至察而心不明""不肯信任百司，每事皆自决断"，因而不能"尽合于理"。吸取隋文帝的教训，他遇事"皆委百司商量，宰相筹划""广任贤良，高居深视"。当天下大定以后，他则用古来帝王骄矜取败的教训告诫自己，他曾指出晋武帝平吴以后、隋文帝伐陈以后，都实现了天下统一，但这两位君主从此都"心逾骄奢，自矜诸己"，以至造成"臣下不敢复言，政道因兹弛紊"，他说："我从平定突厥、击破高句丽之后，又兼并铁勒，在整个大漠地区设置州县，四方各少数民族都畏威顺服，声名与教化达到很远的地方。但我很担心会像晋武帝和隋文帝那样，心怀骄矜，常常想到自己的不足，防止骄傲情绪的滋长。天不亮就起床，坐以待旦；忙起政务来，往往太阳升得很高了才吃早饭。常常想到如果有直言进谏的臣子，能够提出对政治教化有益的建议，就应该当作师友对待。希望这样做能实现政治清明百姓安康。"

在为太子、诸王挑选师傅的问题上，他也借鉴了历史上的正面和反面的经验教训。贞观八年（634），太宗告诉大臣们说："上等智慧的人，自己不会受到不良的影响，但中等智慧的人不能持之以恒，是随着对他的教育而变化的。何况太子的师傅，自古以来就很难挑选到合适的人才。周成王年幼时，周公、召公作太傅、太保。左右都是贤者，每天听到的都是良言相劝，足以使他增长仁德，成为圣君。秦始皇的小儿子胡亥，用赵高作老师，教他的是严刑峻法，到了他继位为皇帝，诛杀功臣和亲族，残暴不止，迅速灭亡。由此可知一个人好坏实在取决于周围的人对他的影响。我现在认真地为太子、诸王挑选师傅，让他们亲眼看到遵礼守制的人的举止行为，这对他们会有所裨益。你们可以寻访正直忠信的人作为太子和诸王的师傅，每位大臣都推荐两三个人上来。"

在葬礼上，太宗也借鉴古代薄葬的优良传统，批评古代厚葬的陋习而提倡节俭。贞观十一年（637），太宗下诏说："我听说死就是终，就要使事物回归到自然；葬就是藏，就是要使人看不到。上古时传下来的遗风，没有听说封土树碑的；后世圣人规定的法则，才为死者备办棺椁。人们讥刺越礼奢侈，不仅仅是吝惜花费了太多的钱财；赞美节俭薄葬，实在是看重这样做没有危害。因此唐尧是圣帝，死葬谷林，有通树之说；秦穆公是明君，葬于橐泉宫，是不种庄稼的地方；孔子是孝子，他在防地埋葬双亲，未筑坟墓；延陵季子札是慈父，他把儿子埋在嬴、博之间那异乡的土地上，没有归葬乡里。这些都是顾及长久之计，显示出不同流俗的明智之举，这就使遗体安稳于九泉之下，并不是求名于后世。后来吴王阖闾违越礼制，用黄金珠玉制作飞鸟大雁充作陪葬之物；秦始皇奢侈无度，在陵墓中用水银来象征江海；鲁国大夫季平子擅权，死后聚敛美玉以作陪葬；桓魋在宋国专权，自造石椁来埋葬。这些人没有一个不因为陪葬品太多而加速了自己的灾祸，本来是想自己获利反而招致侮辱。有的陵墓被人发掘，墓中被焚烧一空；棺椁被盗墓者打开，与暴尸原野没有什么区别。认真思考这些往事，岂不令人悲伤！由此来看，奢侈者可以作为我们的鉴戒，节俭者可以作为我们的老师。我居四海之尊，承百王之弊，天不亮就思虑政治教化，半夜里还感到忧危恐惧。虽然送葬的仪式已经在各种礼仪制度中规定得很详细了，对于违越礼制的禁令，在刑书中也写得很明白了，但是功臣、外戚之家大多随同流俗积习难返，乡里之间也有的奢靡过度而有伤风化。把厚葬作为对长辈的奉终，把修筑高大的坟墓作为对老人的行孝，于是衣衾棺椁极尽雕刻之华丽，灵车葬器尽用金玉之装饰。富人违犯法度而互相攀比，贫者罄产破家唯恐不及，徒然损害教义，对死者无益。为害既深，宜加惩革。自王公以下，以至平民百姓，从今以后，送葬的器具有违反令式的，由州、府、县官严加检察，根据情节轻重以犯罪论处。在京五品以上的官员和功臣外戚之家违反令式者，仍要记录在案申奏朝廷。"

祥瑞就是吉祥的征兆，古代帝王常迷信于此，汲汲追求，太宗对此不以为然。贞观六年（632），各地不断上表，报告一些不同寻常的自然现象，以为是祥瑞表示庆贺。太宗告诉大臣们说："最近我常听到不少人的议论，以为祥瑞的出现是美事，经常有人上表表示庆贺。按我的本意，只要使天下太平，家家丰衣足食，即便没有祥瑞，我在仁德上也可以和尧、舜比美。如果百姓缺吃少穿，外族入侵，即便是满街都是芝草，凤凰在苑囿筑巢，那跟桀、纣又有什么不同？我曾听说石勒当政时，有郡吏烧连理木煮白雉肉吃，祥瑞真可以说够多了，难道石勒能被称为明主吗？还有隋文帝特别喜欢祥瑞，派秘书监王劭衣着方士的服装，在朝廷大堂上对着各州朝集使焚香，读《皇隋感瑞经》。过去我曾听人传说此事，实在感到非常可笑。作为一国之君，应当以至公治理天下，以得到百姓的欢欣拥护。如果是像尧、舜一样的圣君统治天下，百姓像尊敬天地一样敬仰他们，像孝敬父母一样爱戴他们，他们兴办事情，人们都乐意参加；发号施令，人们都心悦诚服。这是最大的祥瑞。从今以后，各州所有的祥瑞，一律不要申奏朝廷。"

前代帝王失败的教训，尤其以秦、隋两朝短命而亡最为发人深省。贞观时代的君臣亲身经历了隋朝末年的政治动乱，对隋炀帝亡国的悲剧有切身体会，因此"以亡隋为鉴"几乎是贞观君臣施政的一个重要的出发点，而他们又认识到"隋之得失存亡，大较与秦相类"。所以究秦、隋之失便成为他们经常探讨的问题。

太宗时时用秦、隋亡国的历史教训提醒自己，告诫大臣，不要重蹈覆辙。这两朝都是二世而亡，对于其开国之君，太宗是有肯定有否定的，他认为秦始皇、隋文帝都是有一定建树的古代帝王，但他们的治国原则、施政方针、政治措施以及个人作风已经给后来国家的动乱埋下了祸根；秦二世胡亥和隋炀帝荒淫奢侈，役民无度，滥施酷刑，横征暴敛是造成国家灭亡的直接原因。他对隋炀帝批判最多，在批判炀帝的同时，对包括当时许多大臣在内的以炀帝为代表的整个统治集团都进行尖锐的批判。他常常启发大臣们探讨秦、隋灭亡的原因，引以为鉴。这方面的事例很多，上文已经提到过不少，下面再另举数例。

贞观初，太宗与侍臣闲谈，他问道："周武王平定商纣王的祸乱，取得天下，秦始皇乘周朝衰败，遂吞灭六国。他们得天下的过程相似，为什么国运长短就差那么远呢？"尚书右仆射萧瑀回答说："纣王暴虐无道，天下都饱受其苦，所以八百诸侯，不期而会，共同推翻了纣王的统治。周室衰微，六国无罪，秦国专门施展智谋和武力，蚕食诸侯。虽然都统一天下，人心向背却不同。"太宗不同意他的看法，说："不然，周朝战胜殷商以后，努力弘扬仁义；秦王实现了统一天下的野心，专以欺诈和残暴对付百姓。他们夺取天下的路径不同，治理天下的方式也不同。国运的长久，根本的原因大概在这里吧！"

贞观二年（628），太宗告诉侍臣："神仙事本来是虚妄的，空有其名，并无其实。秦始皇过分爱好神仙事，被方士所骗，竟派数千名童男童女，随方士们入海求神仙。方士们为了躲避秦朝的暴政严刑，于是滞留海上不归，秦始皇还在海边徘徊等待他们，后来回到沙丘而死于中途。汉武帝为求神仙，竟将女儿嫁给道术之人，求神不灵，便加以诛戮。根据这两件事，不必虚妄地追求神仙事了。"

贞观四年（630），太宗说："隋炀帝的性格好猜疑，多忌讳，专信邪道，大忌胡人，竟至于把'胡床'改名叫'交床'，改'胡瓜'为'黄瓜'，筑长城以防避胡人。最终被宇文化及派令狐行达杀死。他还相信'李氏当为天子'的谶言，诛戮李金才和李姓的不少人，到底有什么好处呢？看来为国之君，只需正身修德罢了，除此之外，一切虚妄的事，都不值得介意。"

贞观六年（632），太宗告诉侍臣们："我听说周和秦初得天下，情况差不多。然而周朝的统治者只尽力做好事，积累功德，所以能保持八百年的基业。秦朝统治者尽情地奢侈荒淫，喜用严刑峻法，不过二世就灭亡了。难道不是为善者福祚延长，为恶者传国短暂？我又听说桀、纣都是帝王，若一个普通人被比作成他们，人们还感到耻辱，孔子的弟子颜回、闵损只是一名普通的人，若一个帝王被比作成他们，帝王们尚且以此为荣。这也是做帝王的一个很大的耻辱。我常常把这件事作为鉴戒，常常担心德不配位，被人们耻笑。"魏征趁机告诫太宗，前事不忘，后事之师，历史教训应该牢记。他说："鲁哀公告诉孔子：'有人好忘事，搬了家后就忘了他的妻子。'孔子说：'还有比这更厉害的，我看桀、纣这一类君主，连自己的性命都忘记了。'希望陛下经常想到这些，那才有可能避免被后人所笑！"

贞观十三年（639），太宗告诉魏征等人："隋炀帝继承了文帝遗留下来的基业，当时国家富庶，如果他常处关中，怎么会亡国呢？他不顾百姓，游幸无期，直达江都，不采纳董纯、崔象等人的谏诤，身死国灭，为天下人耻笑。虽然帝业期限的长短是由上天决定的，可是好人获福，淫乱遭祸，也取决于人事。我常常想，如果君臣都希望能长久地保持自己的地位，国家没有败亡的危险，那么皇帝有了违礼失误之时，臣子必须极言进谏。我听了你们的劝谏，纵然当时不一定信从，但经过反复思考，一定会择善而采纳。"

太宗也从历史上引出过错误结论，例如贞观十一年（637），太宗根据西周封宗室子弟为诸侯王，周朝天下延续近八百年；秦朝实行郡县制，罢黜诸侯世封，二世而灭；西汉时吕后想篡夺刘氏政权，最终还是依靠宗室的力量稳定了汉朝基业，认为"封建亲贤，当是子孙长久之道"。于是定制以亲王二十一人，功臣十四人为世袭刺史。他把政权是否稳固长久归结为是否裂土分封，是一种错误认识，他大搞分封也是一种倒退的行为。这一决定引起大臣们长时间的争论，最后当太宗意识到这种做法不切实际时，他断然取消了这一决定。

总的来看，太宗"以古为镜"，特别是"以亡隋为鉴"，从历史上吸取经验教训，对他自己的施政是起到了重要的指导作用的，这使太宗避免了重犯前人的错误，应该说这也是贞观治世形成的一个重要原因。

（三）游息艺文：陶冶情操以明雅道

太宗在施政之暇，还用心钻研文学艺术，他在诗赋、音乐、书法等方面颇有造诣。但应该指出的是作为一代帝王，太宗从事艺术活动和艺术创作，也是为政治服务的，他的政治功利性很强，而不是"为艺术而艺术"的唯美派。

太宗即位后，爱好诗歌，常作诗咏物抒怀，令臣下奉和。陕州人上官仪曾入佛门为僧，涉猎经史，善属文。贞观年间还俗，考中进士。太宗听说他富有才学，召授为弘文馆学士，后升任为秘书郎。太宗常请上官仪帮他修改诗稿，又常令上官仪唱和。因而凡是举行宴会召集大臣吟诗唱和时，上官仪常陪侍左右。这对太宗诗艺的提高起了很大的作用。太宗今传诗歌一百多首，是唐初存诗最多的诗人，也是贞观宫廷中成就最高的诗人。

南北朝以来，宫体诗盛行，唐初诗坛上仍弥漫着浓厚的宫体诗风。南朝君臣大写宫廷腐朽生活，极力描写女人体态声色之美，因而诗中充满脂粉气息和俗艳色彩。贞观时代君臣斥之为"淫放"。他们在总结南朝灭亡的历史教训时，把南朝诗的淫放和政治腐败联系起来，认为这是南朝君王腐朽生活的一部分，是导致南朝政治腐败国家灭亡的原因之一。因此他们作诗有意摆脱南朝宫体诗风的影响，而倡导"雅正"的诗风。他们的所谓"雅正"就是在内容上表现政治理想和高雅情操，形式上避免俗语艳词。太宗本人更是有意识地把写诗作为古代帝王荒淫生活的替代物，追求审美娱乐，充实精神生活。

他在《帝京篇序》中阐述了自己写诗的动机："我在纷繁的政务之暇，欣赏艺术和诗文。我观察历代帝王，考察他们当时的举措，认为黄帝、太昊、舜、禹之前的帝王，立身行事确无瑕疵。至于秦始皇、周穆王、汉武帝、魏明帝，修建高大而壮丽的宫殿，穷奢极侈，华美无比。征收赋税敛尽百姓的资产，周游四海车辙遍及天下；九州之大，土地所产不能达到他们的要求；江海之广，不能满足他们出游的欲望。政权倾覆，国破身亡，难道不是理所当然的事情吗？我继百王之后，回顾千载兴亡，慷慨怀古，仰慕那些明达而有才智的人。希望以尧舜的高风，涤荡秦汉以来的陋习；用《咸池》《五英》等古代正乐，改变那些淫靡的曲调。通过高雅的音乐，了解世风人情，就不是难事了。所以通过阅读'六经'而了解政治教化，通过欣赏'七德'乐舞而回味征讨武功；居住的台榭只取其能避免潮湿，演奏音乐则以能使神人相通为目的。都以中正和平加以节制，使之不流于淫放。所以在我看来，防旱防涝的田间水道就令人愉悦，为什么一定要出游到大江大海的岸边？纪念功臣的楼阁就可登临玩赏，为什么一定要登上高山呢？忠臣良士可以接见相处，为什么要追求海上的神仙呢？长安附近的丰、镐等地就可以游览，为什么一定要到仙人居住的瑶池呢？追求华美而放弃实际利益，放纵个人的欲望，乱于大道，君子以此为耻。所以我写下《帝京篇》组诗，以表明我上述高雅的志趣。"在这篇序言中，太宗表示要做一位节俭、虚心、纳谏、慎刑、爱民的君王，而他的诗便是抒发这种志向的。

借诗陶冶情操，防止奢淫，是贞观君臣赠答唱和的目的之一。有一次，太宗在洛阳宫设宴，招待大臣，他诗兴大发，赋《尚书》诗一首，其中有云："纵情昏主多，克己明君鲜。减身资累恶，成名由积善。"此诗表达了他反对帝王纵欲任性的昏庸行为，这种认识无疑是对的。于是魏征趁机批评了太宗在行为上纵欲的倾向，他也吟诗道："夜燕经柏谷，朝游出杜原；终籍叔孙礼，方知天子尊。"魏征意在借汉朝故事以婉讽，意思是说"你反对纵情当然很对，可是你深夜举办宴会，每天一早出游，这不正是纵情的表现吗？仅仅是口头上反对还不够，重要的是落实到行动上。作为天子，就是要以礼约束自己的行为"。这分明是批评了太宗的某些言行不一之处。太宗明白了魏征的诗意，因此他称赞道："魏征每次讲话，一定用礼约束我。"太宗君臣这类诗在艺术上无足称道，而政治功利性很强。

太宗的诗有的回忆过去激烈的战争生活，咏叹个人建功立业的豪情壮志；有的赞叹太平盛世景象，表达自己的政治理想；有的吟咏读书学习、驰骋游猎等帝王生活，志趣高雅；有的写景咏物，文辞清丽，内容相当丰富，语言上也有相当的技巧。像《帝京篇十首》《经破薛举战地》《幸武功庆善宫》《还陕述怀》《春日望海》《冬狩》等诗都是艺术成就很高的诗。他的诗中不少诗句受到后人的称赏，如"弱龄逢运改，提剑郁匡时""心随朗日高，志与秋霜洁""一挥氛珍静，再举鲸鲵灭""一朝辞此地，四海遂为家""遍野屯万骑，临原驻五营。登山麾武节，背水纵神兵"等。这些诗句都是充满个性的，因此为人们所传诵。有人认为这些有气魄的句子，非太宗不能道。太宗的诗对唐初诗风产生了良好影响，在他的倡导下，当时的大臣都有意摆脱宫体浮艳诗风，追求雅正，从而使诗开始向声律风骨兼备的方向发展。

赋是汉代兴盛的一种文体，太宗的赋也很有特色。汉赋曾有"劝百而讽一"之讥，就是在内容上常常用很长的篇幅描写帝王的奢侈生活，有声有色，令人向往，文章结尾有几句讽谏的话。其效果与其说是劝谏帝王从俭戒奢，不如说是鼓励帝王们去追求那种奢侈生活。太宗对此非常不满，贞观初，太宗与监修国史的房玄龄议论修史应该收录何种文体的文章，他说："最近我看到《汉书》《后汉书》

收录扬雄的《甘泉赋》《羽猎赋》，司马相如的《子虚赋》《上林赋》，班固的《两都赋》等，这些作品既然文体浮华，无益劝诫，何必要把它们收入到史书中呢？"太宗的赋流传至今的有五篇作品，都是咏物抒情小赋，皆有感而发，不做无病呻吟。特别是《临层台赋》，表现了太宗戒奢节欲的政治思想。他有感于楼台殿阁过于高大奢丽，其结果会导致"工靡日而不劳，役无时而暂憩""反是中华之弊，翻资北狄之强"，为此，在赋的结尾，他提出了节俭的主张。与铺张扬厉的汉代大赋不同，文章表达的是作者的真实情感，明确地提出了提倡什么，反对什么。在形式上则不堆砌僻字，不大量铺陈，简练生动，清新可读。

太宗喜作诗文，却不重文名。他认为，作为帝王重要的是立身行事，发号施令要有益于民。贞观十二年（638），著作佐郎邓世隆上表，奏请将太宗所作诗文编辑成书，以广流传，太宗不答应，他说："我发布的诏敕制令，如果有益于百姓，史书上就会加以记录，足为不朽之作，流传后世。如果行事不效法古代圣王，造成政治混乱，危害百姓，虽然写了辞藻优美的文章，最终只是留给后人笑柄，所以没有编辑文集的必要。如梁武帝父子和陈后主、隋炀帝等人，也都有文集行世，但他们所作的不少事情都违犯礼法，国家都迅速瓦解灭亡。作为皇帝只在修养德行，何必要在文章上树立名望呢？"

太宗对乐舞也有钻研。他重视乐舞感化人心的作用，注意用乐舞宣扬大唐的功德和自己的威望，培养人们对唐王朝的热爱和对自己的倾慕。他曾亲自参与创作了两套大型乐舞，即《秦王破阵乐》和《功成庆善乐》。

早在武德三年（620），秦王统兵击灭刘武周，收复了并、汾故地，民间便产生了《秦王破阵乐》，内容就是歌颂秦王的征战武功。这套乐曲最早在河东百姓中和秦王军队里演奏，贞观元年（627）正月，太宗宴请群臣，开始在朝廷殿堂上演。以后便经常在正式场合演奏。贞观七年（633）正月，太宗亲自设计了一张《破阵舞图》。按照太宗的设计，舞者一百二十人皆披甲执戟，甲衣皆以银饰之，象征着车骑和步兵相间，发扬蹈厉，往来击刺，旁有乐队伴奏，歌者和唱，声韵慷慨。太宗派著名音乐家吕才谱写乐曲，调协音律，李百药、虞世南、魏征等人制歌词。从而形成歌词、乐曲、舞蹈相互配合的复杂的大型乐舞。据说演奏时，擂起大鼓，杂以龟兹乐，声震百里，动荡山谷。有力地宣扬了太宗的军威和武功。后来又改名为《七德舞》，取《左传》中"武在七德"之义。

贞观六年（632）九月，当天下大定，社会呈现出繁荣景象时，太宗亲临武功县庆善宫，这里是太宗的出生地。他效仿汉高祖和光武帝荣归故乡的做法，大宴群臣，赏赐闾里。他像当年汉高祖一样，重游旧地，触景生情，吟诗一首，即《幸武功庆善宫》，这首诗回顾了自己创业于艰难之际，用武力和安抚平息世乱统一天下的过程，回顾了几年来励精图治打造了天下大定的局面，抒发了政治成功的满怀豪情。吕才立即将这首诗谱以乐曲，名为《功成庆善乐》。这套乐舞表演时，舞者六十四位儿童，头戴"进德冠"，身穿"紫绔褶"，长袖漆髻，装束文雅，伴随着清脆悠扬的乐曲，徐徐起舞，举止舒缓，以此表现胜利的喜悦，显示太平盛世的气象，歌颂太宗的文治功德。庆善舞与其他乐舞不同，采用西凉乐，最为娴雅。这套乐舞又叫《九功舞》。

　　太宗对音乐也有卓越的见解。作为一位政治家，他并不从政治角度限制人们欣赏音乐的审美兴趣，因为他以自己敏锐的艺术知觉，感到音乐有愉悦人心的作用，而并不像一般人认为的那样，会造成政治的腐败和国家的灭亡。贞观二年（628）六月，《大唐雅乐》初奏，太宗就指出："古代圣人依据人们的情感来谱写乐曲，国家的兴衰却不一定是音乐造成的。"太宗的意思是不要动不动就把欣赏音乐和社会治乱联系起来，为了防止奢淫腐化，就禁听音乐，或者硬性规定只能听某种音乐。御史大夫杜淹提出与太宗不同的意见，他说："陈朝将亡时，产生了《玉树后庭花》；齐朝将亡时，出现了《伴侣曲》，当时听到这些歌曲的人为之悲伤落泪，这就是古人所说'亡国之音哀以思'。由此来看，国家的灭亡，音乐也是一个重要的原因。"太宗不以为然，说："不同的音乐使人受到感动，引起人们的欢乐或忧伤，常常是由人们的心情是喜悦或是悲伤造成的，不是音乐造成的。国家将要灭亡，政治黑暗，人民痛苦，所以听到音乐就触发了他们的悲伤。哪里有乐调哀怨会使高兴的人悲伤呢？现在《玉树后庭花》和《伴侣曲》尚存，如果现在给你演奏的话，你听了一定不会悲伤。"尚书右丞魏征说："乐在于人和，不在于音调。"太宗同意魏征的看法。

　　"乐以和人"是关于音乐的社会作用的一种传统观念，即用音乐驯服人心，为政治服务。太宗重视音乐的作用，但在音乐和人心的关系上他却不这样看。贞观十一年（637），协律郎张文收上表请"厘正太乐"，太宗告诉大臣们说："音乐本来是由人的情感产生的，人民欢乐，音乐就和谐。至如隋炀帝末年，天下丧乱，纵令改张音律,可以料知它到底也不会和谐,因为它与人民的情感不一致。如果使四海无事,人民安乐,音律自然就是调和的,不用借助于更改。"太宗没有批准张文收的请求。从现在的角度看,太宗的认识不一定正确,即便人民安乐,音律的和谐仍然需要音乐家加以修正调整,但他强调"人和"的重要性,体现了他作为一位政治家,所汲汲追求的是政治清明,百姓安乐,他把这看作是头等大事。至于音乐,于政治还是次要的事情。

音乐作为一种艺术,是对社会生活的反映,它源于生活,又要高于生活。因此它不是对社会生活的刻板的照相式反映。艺术与现实的实际生活又存在一定的距离。太宗对此也有正确认识。贞观七年(633)正月,太宗在玄武门宴请三品以上的高级官员,席间演奏了《七德舞》,因为这套乐舞是表现太宗武功的,太常卿萧瑀建议:"今天演奏的《破阵乐舞》,早已传遍天下,但从赞美皇上盛德刻画形象的角度看,还有不够充分之处。陛下先后击灭刘武周、薛举、窦建德、王世充等,我希望能图写出他们的形象容貌,来真实具体地展示出当时的战争场面。"太宗不同意,他说:"我生当四方未定之时,因为要拯救天下百姓于水深火热之中,所以不得已,才从事征战杀伐,因此民间产生了这一乐舞,朝廷又根据这一乐舞创制这一乐曲。然而乐舞中表现的形象,只能展示其大致状貌,如果把详情细节都曲折尽情地刻画出来,那么人物的体态容貌就容易辨别。因为现在的将军宰相,不少人曾经是他们的部下,既然跟他们有过短暂的君臣关系,现在如果又看到他们被擒获捉拿的难堪场面,一定很不忍心。因此我不这样做。"萧瑀立刻表示倾心佩服,他说:"陛下英明,这是我思虑不及的事情。"这里一方面太宗考虑到乐舞的政治效果,这套乐舞贬低别人歌颂自己会造成臣下的不愉快,从而破坏和谐的气氛,同时也表现出他对艺术反映生活的特性的准确把握,对艺术虚拟写意的表现技巧的深刻体认。

太宗酷爱书法艺术,用功很深。对古代著名书法家的作品,他曾广泛搜求,进行临摹钻研。他最推崇古代书法家王羲之,评其书法"尽善尽美",不惜出御府金帛,广泛购求王羲之的墨迹。王羲之手书《兰亭集序》是传世的书法名作,梁朝战乱时,流落于外。陈朝天嘉年间,被僧人智永得到。到了太建年间,他献给了陈宣帝。隋朝灭了南陈之后,有人把这幅作品献给了晋王杨广,杨广不加珍惜,后来僧人智果借去翻拓,杨广即位之后,竟忘了讨回来。智果法师死后,他的弟子辩才收藏起来。太宗身为秦王时，见到这幅作品的拓本，又惊又喜，就出高价购求《兰亭集序》原作，但始终没有得到。后来他听说在辩才那里，就派监察御史萧翼到越州，求得这件珍宝。武德四年（621），这幅作品到了秦王李世民之手。贞观十年（636），太宗拓了十本赐给近臣。太宗死后，中书令褚遂良上奏高宗："《兰亭集序》是先帝最珍重的书法作品，应该陪葬。"于是这件书法珍宝便随太宗葬于昭陵之中。太宗学习王书，尤其擅长飞白。飞白是一种特殊风格的书法，这种书法枯墨用笔，笔画中丝丝露白，字体苍劲老练。贞观十七年（643），太宗在玄武门举行宴会招待三品以上的大臣，操笔作飞白书赐给在座的人，有人乘着酒兴，不顾君臣之礼，从太宗手里抢夺，刘洎竟然站到太宗的御座上，居高临下，引手得之。说明太宗的书法很受大家的欣赏。

作为政治家，太宗也注重书法的政治意义。如他论书强调"心正"，他说："开始作书时，要收视反听，绝虑凝神，心正气和，则契于玄妙。心神不正，字则颓斜；志气不和，字则颠仆，如鲁庙之器也。"他以飞白书赐给大臣时，也寄托以政治上的期望。他赐飞白书给马周，书云："鸾凤凌云，必资羽翼；股肱之寄，诚在忠良。"

由于太宗的刻苦努力，加上他的天赋绝人，他很快在文艺学术方面取得惊人的成绩，这使他成为古代非常有文采的帝王之一，他个人的气质才华与贞观盛世的文治教化相映生辉。

体制的改创

以他官参议朝政

贞观元年（627）九月，中书令宇文士及被罢相，任为殿中监。宇文士及一直是太宗的亲信，太宗即位后，就让他代封德彝为中书令。中书令是中书省长官，当时三省长官都是宰相。但是由于北方突厥不断骚扰边境，西北地区边防形势相当严峻，所以宇文士及并没有在朝廷任职多长时间，很快便以中书令的身份兼任凉州都督，镇守凉州。他在凉州折节下士，炫耀军容，恩威并用，使凉州局势安定下来。贞观元年（627）太宗召他回朝，免去他中书令之职，主要的原因大概是身体状况不佳，因为他担任了殿中监后，因病又出为蒲州刺史。太宗召宇文士及回朝的目的应当是请他入朝为相，真正地履行中书令之职，但宇文士及回朝后，身体状况竟使他难以胜任宰相的重任。太宗不得已，便令御史大夫杜淹参与朝政。这样在宰相班子里便有了并非三省长官的杜淹。

唐初，三省长官为宰相，三省长官即中书省长官中书令两员；门下省长官侍中两员，尚书省长官尚书令。由于太宗为秦王时，曾任尚书令，此后大臣不敢再当尚书令，因而长期空缺。所以当时中书令和侍中是真宰相。由于尚书令无人担任，尚书省副长官左仆射和右仆射便入议朝政，因而也为宰相之职。宰相是对君主负责、总揽政务的职务，又是皇帝之下最高决策班子，与皇帝共同构成最高统治集团的中枢，职繁任重。太宗倡导君臣共治，所依赖的主要是这个决策集团。宇文士及虽为亲信，太宗却不愿意让他拖病任职，这一方面是会损害他的健康，另一方面也影响政务的开展。这说明太宗是非常重视宰相班子的行政效率的，他需要的是一个精干高效的决策班子，而不想让宰相成为优宠大臣的虚位。但是宰相班子又必须保持一定数量的人员，否则不能收到集思广益之效。人员过少，又容易造成权力的过于集中，形成个人专权的局面。御史大夫在秦汉时就是副宰相之职，因此请担任御史大夫的杜淹参议朝政。

在唐代，以他官参议朝政，是从杜淹开始的，当时或许只是一个权宜之计。此后，太宗把这作为任命宰相的一个惯例。贞观二年（628），魏征以秘书监"参与朝政"。"其后，或曰'参议得失''参知政事'之类，其名不一，皆宰相职也。"贞观八年（634），右仆射李靖以足疾上表请求退休，太宗虽然答应了他的要求，但仍要求他如果病有好转，"每三两日至门下、中书平章事"。"平章事"之名起于此。贞观十七年（643），又待诏太子詹事李勣"同知政事"。从李勣开始，以他官参议朝政又被称为"同中书门下三品"，意思是说与侍中、中书令相同。"同三品"之名起于此。贞观时宰相在尚书省政事堂议政，凡参加政事堂会议而带"同中书门下三品""同中书门下平章事"职衔者，皆为宰相。隋代已经出现过以他官参与内史（中书令的前身）、纳言（侍中的前身）议政的情况，如柳述"参掌机密"，但偶尔为之，未成定制。到贞观时，太宗将这种权宜之计发展为一种新型的宰相制度。

太宗即位时，大一统专制统治体制已在隋代初步形成，唐代各种制度也在高祖时基本建立。太宗对隋代和高祖时的政治曾给予不少批评和抨击，但对当时形成的体制并没有轻易加以否定，太宗继承了隋代既已形成的中央三省六部制和地方上州县二级制，对高祖时已经颁布却尚未得及贯彻落实的各项制度则认真加以推行。但这种继承不是照搬，而是根据形势的需要进行了许多有效的改革和完善。新的宰相制度的确立就是一项重要的改革。

这种新的宰相制度有如下好处。首先，有利于提高最高统治集团的决策水平。原三省长官的人数有限，以各种名目引进更多的人参政议政，人多智广，使决策失误更少。其次，有利于解决皇帝与宰相之间的矛盾，加强皇权。太宗不设尚书令，就是因为尚书令权力过重，容易凌驾于皇权之上。以尚书左右仆射为尚书省长官，就是有意削弱尚书省的地位和权势。又起用一些资历较浅、品位较低的官员参与朝政，让他们和三省长官一起参与决策，这些人地位低、势力弱，容易驾驭和控制。参与决策的人数增加了，宰相之间互相制衡，可以避免权臣专权现象出现。有人指出太宗的这一用意是"其品位既崇，不欲轻以授人，故常以他官居宰相职，而假以他名"。最后，以他官参与朝政，受任者有本官之职，参与朝政则可以随时署任和罢免，这就使宰相具有了使职差遣性质，宰相失去了过去稳固的地位，人员可以经常地吐故纳新，这可以防止宰相班子的老化、僵化，使有才能的人随时可以被吸收进来，从而保持朝气蓬勃的活力和生机。

五花判事与封驳执奏

　　中央实行三省六部制，中书省、门下省和尚书省各有其责。中书省掌军国之政令，佐天子而执大政。长官中书令，其下设中书侍郎两人，为中书令之副职。又有中书舍人六人，掌侍奉进奏，参议表章，根据皇帝的旨意和向来的规章制度，替皇上起草诏旨敕制和玺书册命。门下省掌出纳王命，总典吏职，赞相礼仪，佐天子而统大政，凡军国之务，与中书省参而总焉。长官为门下侍中，下设门下侍郎两人，为侍中之副职。尚书省主管行政，长官尚书令，总领百官，仪刑端揆。副职为左、右仆射。尚书省下设吏、户、礼、兵、刑、工六部，各部长官为尚书。尚书省是执政机关，一切政令，由尚书令、仆射和六尚书"会而决之"，加以推行。三省形成制命、出命和行政三权分立、互相制约的局面，而又通过宰相会议决策使三省职责联结贯通，共同向皇帝负责。

　　当时一道政令的形成首先是在中书省进行的，中书省负责起草诏书和参议章表工作的主要是中书舍人。中书舍人有六名，分别联系尚书省六部。他们起草诏书和参议表章，大体上是按尚书省六部的工作性质分工的。因为朝廷各部门的表章都是通过尚书省六部上奏的。当这些表章送达中书省时，每一位中书舍人根据自己的分工，分别对军国大事提出处理意见，另外五名则"各执所见"，进行讨论，经过讨论后，"杂署其名"，每个人都要签署自己的意见和名字，这在当时被称为"五花判事"。中书舍人签署之后，由中书侍郎和中书令进行审查。一道政令在中书省形成之后，再转门下省，由门下省的给事中、门下侍郎进行复审，如果没有问题，则交皇帝审阅画"可"，交尚书省执行。"五花判事"本是旧有的制度，由于太宗的提倡，这一制度得到更有效的执行。

　　为了避免决策和行政失误，太宗要求中书省和门下省两个部门之间在出纳王命的过程中，要互相制约，互相驳正。他特别强调门下省对中书省起草的诏敕具有封驳权，即给事中和门下侍郎在复审中书省起草的政令诏敕时，如果发现有所违失，则要封还已经草拟的诏敕，并附上驳正的议论，提出改正的意见，要求重新更正，另行颁布。因为这些诏敕是以皇帝的名义发布的，所以封驳又称"执奏"。"执"，意指持而不发，即中止皇帝的命令的下达，"奏"指上奏，写出奏议，指出诏敕存在的问题。太宗知道，官员之间会顾及情面，常常对发现的问题不加驳正，因为驳正会影响到彼此之间的关系。所以他多次告诫中书省和门下省的官员，一定要认真执行封驳执奏制度。贞观元年（627），他对黄门侍郎王珪说："设置中书省和门下省的原意，本来是为了互相提防，避免过失和错误。人们的意见常有不同，对同一个问题，有人认为对，有人却认为不对，本意都是为了公事，是很正常的。可是有的人常常掩盖自己的短处，忌讳别人的批评，遇到有人和他争论是非时，就怀恨在心。还有的人回避矛盾，担心与他人产生隔阂，互相照顾情面，明知政令有误，也就将就施行。由于他们难以违背某个官员的小小的情面，造成有害于百姓的重大弊端。这实在是亡国之政，你们一定要小心在意，注意防止这种情况发生。"说到这里，太宗还感到不足以引起大臣们的注意，他又一次提到隋朝灭亡的教训，告诫大家这绝不是一件小事，说是亡国之政，绝不是危言耸听，他说："隋朝时，朝廷内外官员都顾惜情面，不能互相驳正，因而导致了祸乱，很多人不能深入思考这个道理。当时都认为灾祸不会降临到自己头上，当面阿谀奉承，背后加以非议，谁也不考虑后果。后来大乱发生了，国破家亡。即便有脱身之人，纵然没有被杀头，也都会遭受流离之苦，仅免一死，很为时论所贬黜，臭名远扬。你们一定要大公无私，坚守直道，对于朝廷政务，互相开诚忠告，不要人云亦云，上下雷同。"

太宗担心的事情还是发生了。贞观三年（629）四月，太宗批评了中书、门下两省有的官员阿旨顺情的工作作风，再次强调要执行封驳执奏的制度。他对大臣们说："中书省和门下省都是中枢机构，朝廷总是选拔最优秀的人才在这两个部门任职，委托他们的任务和责任十分重大。皇帝发布的诏敕，如果有不够稳妥不便施行之处，都必须执奏论议。最近只感到两省官员大多附和皇帝的旨意，或顺从对方的情面，唯唯诺诺，得过且过，即便诏令有所失误，也没有人出来说句谏诤的话，这哪里是应有的作风？如果只是在诏书上签个字，收发个文件，那谁干不了呢？何必费心地选拔人才，把这么重大的责任交给他们呢？从今以后，诏敕如果有不够稳妥、不便施行之处，必须执奏论议，不能妄生疑忌，怕这怕那，明知诏令有误，却默不作声。"太宗的话在大臣中引起很大的震动，房玄龄等人都叩首谢罪。

贞观四年（630），太宗向萧瑀等人评论了隋文帝"不肯信任百司，每事皆自决断"的错误之后，又一次下令，在朝廷各部门倡导执奏之风，他令各部门"如果诏敕颁布后，发现有不够稳便的，必须执奏，不能顺从旨意便立即执行，一定要使朝廷官员都能充分表达自己的意见。"太宗施政有所失误，常常一边引咎自责，一边责备大臣们不能封驳执奏。贞观五年（631），太宗因一时震怒，枉杀张蕴古，事后他非常后悔。他向大臣们说："最近我临朝断案，判决死罪，也发生过有违于律令的事。你们认为是小事，所以都不执奏，不加论争。凡大事都是起于小事，小事不论奏，大事发生后将不可挽救，国家败亡，没有不是由小到大，逐步积累的。"在他看来，大臣的执奏可以提醒他避免失误。

从"五花判事"和封驳执奏制度的推行来看，朝廷出台每项政令都广泛吸收了中书、门下两省官员的意见，从而使以皇帝名义发布的政令较少发生失误。这一制度的贯彻执行，扩大了参与决策人员的范围，使更多品位较低的人参政议政，在更大的范围内征求了人们的意见，从而可以防止少数人专权所造成的危害。史书上记载："故事：凡军国大事，则中书舍人各执所见，杂署其名，谓之'五花判事'。中书侍郎、中书令省审之，给事中、黄门（即门下，门下省曾称黄门）侍郎驳正之。上始申明旧制，由是鲜有败事。"

"官在得人，不在员多"

　　要维持国家机器的正常运转，从中央到地方必须拥有大量的官员，但是官员过多过滥，不仅无益于事，反而互相掣肘，影响行政效率。每一个官员都享有一定的俸禄，其衣食所寄皆取之于民，官员人数越多，国家的财政开支越大，人民的负担越重。太宗即位之初，就面临着这样一个问题，一方面，经过十多年的战乱，人民大量死亡和逃散，人口锐减。另一方面，由于种种原因，官员人数却大大膨胀。高祖李渊进军关中，为了争取更多的人的支持，曾大量封官，据说他一边口问前来归附者的功业行能，一边手写委任对方的官职，一天之内竟给一千多人任命了官职。隋朝末年，各地"豪杰并起，拥众据地，自相雄长"。李渊占领长安前后，他们相率归附唐朝，为了使每一个人都有官可做，高祖采取了"割置州县，以宠禄之"的办法，用增加州县的办法扩大官员数额，以满足归附者求官的欲望。因此唐初州县之数比之隋代成倍增加。地方上官吏人数当然也大量增加。

　　唐初，战乱刚刚结束。在长期的战乱中，士大夫亲眼看到大量隋朝官吏被起义的农民杀死，因而心怀余悸，不愿意出来做官。这就造成很多人因战功而做官，却无当官任职的能力，很多人有能力却不愿意出来做官。官员人数不少，而能充职胜任的不多。为了鼓励人们做官的积极性，吏部把选官的文书下到各州府，请各州府派人到京城接受选任；吏部还派官员持补官的文牒到各州府，各州府和朝廷的使者大多以赤牒补官。对于路途远的，吏部供其衣食。这些人到了京城，就根据情况授以不同的官职。为了尽快把统治机构建立起来，唐政府饥不择食地选取官员，必然会造成官员的冗余。

　　太宗即位之初，面对官僚队伍庞大、人浮于事、机构臃肿、财力耗费的现状，他深感"民少吏多"，因而"思革其弊"，决心对这种积弊进行大刀阔斧的改革。

　　这种改革首先是从地方上开始的。贞观元年（627）二月，太宗即位才半年，便下令对全国州县进行大加并省。为了便于中央对地方的控制，又根据山川地理形势，把全国分为十道，即关内道、河南道、河东道、河北道、山南道、陇右道、淮南道、江南道、剑南道、岭南道。据贞观十三年（639）的统计，当时全国州府共三百五十八个，比并省前少了三分之一；县共有一千五百五十一个，比并省前少了二分之一。

接着便对朝廷中央机构进行精简。也是在这一年，太宗要求减少朝廷官员。他对房玄龄等人说："要把国家治理好，最根本的就在于用人的谨慎。根据才能大小授予官职，一定要减少官员人数。所以《尚书》中说：'只能任命贤才做官'。又说：'官员不必多，只在于任用合适的人选'。如果任用了有才能的人，虽然人数少也能满足需要。如果都是些无能的人，纵然人数很多，又有什么用？古人也曾把任官不得其人，跟在地上画饼相比，认为同样不中用。《诗经》中说：'谋士虽然很多，事情却因此没有成果。'还有孔子也说：'一人一职，花费就多。没有人兼职，怎么能说是节俭呢？'而且古人说得好：'上千张羊皮，不如一只狐狸腋下的部位。'这些话都记载的经典著作里，不能一一列举。应当而且必须进一步合并和减省官职和员额，使每一位官员都各当其任，那么朝廷清静无为也可以天下大治了。你们应该认真地思考这一道理，根据需要定出官员的编制。"于是房玄龄等人根据太宗的旨意，把朝廷文武官员减少到六百四十三人。这跟隋代朝廷官员两千五百八十一人相比，减少了近四分之三。这在唐初的政治改革过程中，实在是一个很大的动作。其魄力之大，在整个中国历史上也十分少见。虽然这是一项触及许多人切身利益的改革，由于大得人心，加之工作的周密稳妥，得到太宗授意和支持，改革顺利完成，没有引起任何动荡和不安。这项大规模裁减官员的工作结束之后，太宗告诫房玄龄等人一定要杜绝用人过滥的现象，他说："从此以后，如果有乐工杂类各色人等，假如他们的技艺超过了他们的同行……让他们和朝廷贤臣君子并肩而立，同坐而食，使朝廷官员感到羞耻。"

为了防止官员冗滥，朝廷在《职官令》中对政府机构、人员编制和官吏员数都做了明确规定，使其有章可循。对于违令超编任命官职的行为以违法论罪，在唐律中有一条专门规定了违反这一政令的处罚条例。具体内容是："各种官职都有一定的员额，如果署置官吏的人数超过了规定的界限，不应该署置而未经申奏朝廷署置了的，署置一人，打一百大棍；署置三人，罪加一等；署置十人，判二年徒刑。后来接任的官员，明知前任官员有违令之举，仍然听任违令的行为，不加纠举和告发，比前任减罪一等，仍要处罚；求官的人被编外署任，算是从罪。被征召做官的人，虽然是编外授官，不以犯罪论处。"

太宗非常重视对官吏队伍的整顿和管理。为了督促各级官吏尽职尽责，贞观年间制定了相当完善的官吏考课制度。所谓考课，即按照一定的标准考察官吏的德行和政绩，对他们的功过善恶分别等级，并按照考察的结果进行升降赏罚。当时官员一届任期为四年，每年有一小考，每四年有一大考。小考要评定被考官吏的等级，大考则综合四年中的等级来决定一位官员的升降、任免和奖惩。尚书省吏部的考功郎中和考功员外郎各一人，他们的职责就是"掌文武百官功过、善恶之考法及其行为表现"。具体的考课方法是，每个部门的行政长官，每年都要考评他的部下每一位官吏的功劳和过失，把他们的政绩分为九等，当众宣读。凡是流内之官即有品位的官员，都从四个方面提出要求，称为"四善"：一是德义有闻，二是清慎明著，三是公平可称，四是恪勤匪懈。这是对各级各部门的官吏总的要求。除此之外，对各个部门的官员又根据其工作性质分别提出具体要求，称为"二十七最"。

一是献可替否，拾遗补阙，为近侍之最。

二是铨衡人物，擢尽才良，为选司之最。

三是扬清激浊，褒贬必当，为考校之最。

四是礼制仪式，动合经典，为礼官之最。

五是音律克谐，不失节奏，为乐官之最。

六是决断不滞，与夺合理，为判事之最。

七是部统有方，警守无失，为宿卫之最。

八是兵士调习，戎装充备，为督领之最。

九是推鞫得情，处断平允，为法官之最。

十是雠校精审，明于刊定，为校正之最。

十一是承旨敷奏，吐纳明敏，为宣纳之最。

十二是训导有方，生徒充业，为学官之最。

十三是赏罚严明，攻战必胜，为将帅之最。

十四是礼义兴行，肃清所部，为政教之最。

十五是详录典正，词理兼举，为文史之最。

十六是访察精审，弹举必当，为纠正之最。

十七是明于勘覆，稽失无隐，为勾检之最。

十八是职事修理，供承强济，为监掌之最。

十九是功课皆允，丁匠无怨，为役使之最。

二十是耕耨以时，收获成课，为屯官之最。

二十一是谨于盖藏，明于出纳，为仓库之最。

二十二是推步盈虚，究理精密，为历官之最。

二十三是占候医卜，效验居多，为方术之最。

二十四是讥察有方，行旅无壅，为关津之最。

二十五是市廛不扰，奸滥不行，为市司之最。

二十六是牧养肥硕，蕃息孳多，为牧官之最。

二十七是边境清肃，城隍修理，为镇防之最。

这"四善"和"二十七最"是每个流内官的努力方向和奋斗目标，也是朝廷考核每个官员政绩的标准。每年的考课就是依据这些标准对官员们的德行、政绩分出九个等级。划分等级的具体办法是：一最四善，为上上；一最三善，为上中；一最二善，为上下；无最而有二善，为中上；无最而有一善，为中中；职事粗理，无善无最，为中下；爱憎任情，处断乖理，为下上；背公向私，职务废阙，为下中；居官谄诈，贪浊有状，为下下。对于有些不便于用上述标准衡量等级的官职，则考虑其具体情况加以区分，例如在国学任教的国子监祭酒、国子监博士、国子监助教，就统计他们全年讲授的课时多少以区分高低。京城皇宫卫士则根据行能功过，只分为上、中、下三等。对于流外官即不入九品的官吏，以行能功过分为四等：清谨勤公为上，执事无私为中，不勤其职为下，贪浊有状为下下。

朝廷对每年的官员考课工作的操作过程十分重视，目的是尽量做到公平无误。每年各地各部门都要把考评的结果上报给尚书省，吏部的考功郎中判定京官的考课，考功员外郎判定外官的考课，考定上奏。三品以上的大臣，要把他们的功过状上奏皇帝，他们的考课由皇帝亲自裁决。每年还要选两名位高权重的有声望的大臣任考使，对京官、外官的考课进行核校。例如贞观三年（629）十二月，左仆射房玄龄和侍中王珪任考使。朝廷还规定中书省的中书舍人和门下省的给事中各一人参与此事，任务是对考课工作进行监察，如果发现有不公正的情况，可以进行驳正，他们被称为"监中外官考使"。有关官员们的考课，朝廷下发的诏敕如果有不够妥当的，允许有关官员执奏，能够纠正违失之处，则提高他本人的考课成绩。每年的考课一般都在年底完成，考定后张榜公布，并发给考牒作为凭证。

考课的结果是对官吏们进行任免、升降和赏罚的依据，具体的做法是：考课成绩在中上以上的，每进一等，就奖赏一季的俸禄；考课成绩为中的，无赏无罚，仍保持原来的俸禄；中下以下，每降一等，就扣发一季的俸禄。一中上考，官品进一阶；一上下考，官品进两阶；如果有上考应该晋升，可是又有下考应该贬降，则互相抵销。有下下考的，削除官职。通过考课施行奖罚，形成了激励机制，利于官吏们恪勤职守奉公守法，使吏治得到有效的加强，提高了工作效率。

在朝廷内外官员中，太宗最重视的是朝廷的宰相和地方上的都督、刺史，他把前者视为股肱，把后者看作耳目，充分体现了他君臣一体的观念。他对身边的大臣，不断进行奉公守法、忠诚事君的教育，要求他们竭忠尽智，直言敢谏，匡正和弥补自己的过失，充分发挥辅助作用。不允许大臣尸禄其位，得过且过。而他认为皇帝要做到耳聪目明，能够及时了解下情，非靠都督、刺史不行。因此他对都督、刺史的选任十分重视。

贞观十一年（637），侍御史马周上疏，针对朝廷上下在任官上重内轻外的倾向，强调朝廷要重视刺史的任用。他说："治理天下以民为本。想使百姓安乐，只在选拔合适的人担任刺史、县令。县令人数太多，很难做到每一个都称职，如果每州得到一个好的刺史，那么一州之内就安然无事。如果天下刺史都能使陛下称心如意，那么陛下就可以端坐朝廷，无为而治，百姓自然安乐。自古郡守、县令都是精选贤明有德行的人充任。想从官员中选拔将军和宰相，一定要先让他们到地方上治理百姓，试看他的才行。过去有的人就是从刺史入朝为宰相的。朝廷千万不能只重内臣，忽视刺史、县令的作用，而不重视刺史的选任。百姓之所以还不安宁，主要的原因就在于有的刺史不够称职。"太宗同意马周的看法，于是他对大臣们说："刺史我将亲自挑选任命，县令则下诏请京官五品以上的官员每人推荐一名。"

太宗对地方官员的政绩考核工作十分在意，为了及时了解各地情况和地方官员的任职好坏，朝廷还建立了朝集和巡视制度。所谓"朝集"，是指各州长官或上佐每年都要在规定的时间到京城，向朝廷汇报各地情况，反映意见和要求，这些人被称为"朝集使"。对官吏的政绩考核应该是其重要的职责之一，因此又称为"考使"。按照当时的制度，各州朝集使都在每年十月二十五日至京师，十一月一日由户部派官员带领朝见皇帝。朝拜的仪式结束，再到尚书省与朝廷官员相见。然后聚会于考堂，进行政绩考课工作。到第二年正月一日，他们把各地进贡的物产陈列于朝廷殿堂，整个朝集工作至此算是结束了。太宗很重视朝集使下情上达的作用，认为这是沟通中央和地方的一个重要途径。贞观十二年（638），太宗告诉侍臣说："古时候诸侯入朝，有专门的住宿沐浴之所，有专门供应他们车马的草料，以客礼相待。白天坐在正殿论事，晚上朝见时要在院子里点燃大烛，皇帝急于和他们见面，对他们行旅劳苦进行慰问。还有，汉朝在京城内也为各郡修建旅馆。最近我听说现在的考使来到京城，都赁房居住，与商人杂居，仅仅是有个睡觉的地方。既然接待他们的礼数不够，必然会造成不少人抱怨和不满，那他们哪里还肯尽心于和朝廷共同治理天下呢？"于是他下令在京城空闲的街坊，分别为诸州朝集使修建旅馆。这些旅馆建成时，太宗亲临现场，看修建的房子好坏。

太宗分天下为十道，这十道大区在唐前期不是行政区，而是监察区。中央经常派朝廷大员到各地巡视，调查了解地方官员施政好坏、品行优劣，从而加以黜陟和任免。贞观八年（634），太宗想派遣大臣任诸道黜陟大使，分往各道考察地方官吏，一时没有考虑好合适的人选，李靖就向他推荐魏征，太宗说："我需要魏征经常规谏我的失误，他一天也不能离开我的身边。"于是就派李靖、萧瑀等十三人分别巡视全国各地。太宗交代诸大使的使命是："调查地方官吏的好坏，了解民间疾苦，对老人表示尊敬，对穷困百姓进行赈济，起用怀才不遇之士。使各位大使所到之处，就像我亲自到了一样。"考察官员的好坏是黜陟使的首要任务。这种分道巡视制度对澄清吏治发挥了良好作用。贞观二十年（646）正月，太宗又派大理卿孙伏伽等二十二人巡察各地，用朝廷对地方官吏的标准对刺史、县令进行考察。结果有不少人被降职或罢官。那些受到处分的官吏纷纷到朝廷喊冤叫屈。太宗命褚遂良将他们的行状分类上奏，亲临现场，对上诉者进行判决，有二十人得到提拔，七人被判死罪，上千人被罢官免职，并处以流放以下的罪。

这些判决说明贞观年间的巡视制度不是走过场，而是动真格的。

贞观年间加强吏治的工作，对于政治清明和社会安定产生了积极效果。贞观年间"百姓渐知廉耻，官人奉法，盗贼日稀"的局面显然与此有关。

"天下英雄入吾彀中"

　　有远见的政治家总是重视人才的培养和选拔，在古代帝王中，太宗是最重视人才培养和选拔的政治家之一。这主要表现在他对学校教育和科举取士制度的提倡和发展。

　　隋文帝晚年，曾因各类学校"徒有名录，空度岁时"，未能培养出实用人才，废除学校，裁减生员，这完全是一种因噎废食的做法。唐朝建立之初，高祖已着手恢复学校。还在他身为大丞相时，他就下令"置生员，自京师至州县皆有数"。称帝后，他又下诏令秘书外省另立一所学校，以教育宗室子孙和功臣子弟。后来他又下诏令各州挑选有政治才能闻名乡里的明经、秀才、俊士、进士等，由县里进行考试，州里进行复试，然后将经过考试选拔出的举子随同各地进贡的物产送往京城。因为这种工作每年一度。因此称为"岁贡"。官吏、百姓的子弟有学艺的都可送京城继续培养。那时在都城建立了国子学、太学和四门学，在地方上则建立了县学和乡学等。但由于刚刚起步，学校仅仅是粗具规模，生员有限。太宗即位后，他深知要巩固唐王朝的基业，必须拥有大批的有知识的人才，特别是对统治阶级上层贵族子弟要加强教育，这样才有可能保证封建统治能够延续下去。因此他大力发展学校教育。

　　唐代大兴学校是从太宗开始的。除了原来的国子学、太学、四门学和地方上的州学、县学、乡学等扩大规模增加生员之外，太宗还注意创办新型的学校。在太宗设立的弘文馆，集中了一大批国内一流的学者和老师，太宗除了把他们作为自己的政治和文学顾问，还利用弘文馆的条件培养贵族子弟。他允许在京文武职事官五品以上的官员之子入馆学习，第一年就有二十四名官僚子弟入学。太宗聘请著名的书法家虞世南、欧阳询教他们楷书，太学助教侯孝遵教授经典，著作郎许敬宗讲授《史记》《汉书》。贞观二年（628），太宗又根据王珪的建议，为学生置讲经博士，考试经业，并按规定参加科举考试，这样弘文馆就成了中央官学的一部分。这一年又设书学。贞观三年（629），各州置医学。贞观六年（632），置律学。算学在唐高祖时被废弃，到唐高宗时复置。但贞观年间也设立了算学博士，虽然没有这类学校，但也有这类专业的教学。当时沿袭了隋朝的制度，设立了专门管理学校的机构，即国子监，类似于现在的最高学府和教育部。

贞观年间，唐代已经建立了相当完备的教育制度，学校类型齐全，学生来源广泛。在当时的学校中，有国家设立的官学和私人兴办的私学，官学又可以分为中央和地方两种，还可以分为综合性学校和专科类学校。各级各类学校在教师、生员名额、招生对象、入学年龄、修业年限、教学内容、考核办法和规章制度等方面，都有严密细致的规定。国子学、太学和四门学是综合性学校，是政府培养各级官吏的地方。文武官三品以上和国公的子孙、二品以上的曾孙可以入国子学就读，文武官五品以上子孙、三品以上的曾孙等可以入太学就读，文武官七品以上的子孙及庶人为俊士者可以入四门学就读。边疆少数民族上层统治者的子弟和外国酋长的子弟也可以入上述诸类学校就读。在这些学校里，就有高句丽、百济、新罗、高昌、吐蕃等国酋长的子弟。贞观年间国学最兴盛时，生员高达八千余人，史书上称"国学之盛，近古未有"。除了中央官办的这些高等学府之外，地方上府、州、县各级政府部门兴办的学校也很兴盛。当时都按各地人口的多少，规定教师和学生名额，教授经学，培养政治人才。朝廷还根据现实生活中的实际需要，在各府、各州开办医学。

唐政府还提倡民间兴办私学，以弥补官办学校的不足。国子监所属各中央官办学校在学生入学资格上都有严格的限制，庶族地主和普通百姓子弟一般是不能进入这些学校学习的。他们有参加科举考试的资格，可以通过科举考试出仕做官。他们要读书学习，想通过科举踏入仕途，要么入乡学学习，要么靠家庭教育。因此私学得以发展。《旧唐书》中记载，王恭"少笃学，博涉六经，每于乡间教授，弟子自远方至数百人"。这位以私学教授著名的先生被太宗征至朝廷任太学博士。马嘉运少年时曾出家为僧，还俗后研究儒学，善于论辩。贞观初，曾任越王东阁祭酒。不久退隐白鹿山，聚徒讲学，各地来从师学习的上千人。贞观十一年（637），这位享有盛名的大儒又被太宗召至朝廷，任太学博士，兼弘文馆学士。从这两例可以看出唐初私学的兴盛。事实证明，唐代私学也培养出不少优秀人才。

与学校教育培养人才有关的是通过科举制选拔人才。中国历史上，选官制度发生过多次变化。魏晋以来，采取"九品官人法"，亦即"九品中正制"。将被选者分为上上、上中、上下、中上、中中、中下、下上、下中、下下九等，由朝廷任命的"中正官"通过品评，然后按等级录用。九品中正制初创之时，本以家世、才德并列，综合二者定品。但后来由于门阀世族把持了中正官的任命权，才德标准变得非常次要，以至于演变为只看门第，不讲才德。于是出现了"上品无寒门，下品无世族"的现象。豪门士族的子弟只凭自己的高贵门第，就可以"平流进取，坐至公卿"。出身寒门的人无论才华如何杰出，只能屈居下僚，沉沦当世。南北朝起，由于门阀世族走向衰落，寒门庶族逐渐兴起，九品中正制受到尖锐的攻击，越来越不能适应封建统治选拔人才的需要。隋朝建立以后，隋文帝下令废除九品中正制，规定各州举荐的人必须经过考试，才能被录用，从而拉开了科举制的序幕。

所谓科举，就是朝廷设置各种科目，通过考试选拔统治者所需要的人才。隋开皇十八年（598），文帝设立"志行修谨"和"清平干济"两科，以选拔人才。大业三年（607），隋炀帝又设进士科，以考试策问取人，这就是科举制的开始。科举制的实施，是中国古代选官制度的重大变革，因为它开始破除了魏晋以来以门阀高下作为取人标准的腐朽制度，能够从更广的范围为统治者罗致有真才实学的人才，从而加强统治力量。

唐承隋制，进一步发展科举制。武德四年（621），高祖李渊敕诸州学士及白丁有明经及秀才、俊士为乡曲所称者，委本县考试，州长复试，然后向中央推荐。第二年十月，诸州共推荐明经一百四十三人，秀才六人，俊士三十九人，进士三十人。考功员外郎申世宁主持考试，结果录取秀才一人，俊士十四人，其余均落第还乡。在选官问题上，李渊头脑中还残留着浓厚的门阀观念，他曾试图恢复已经被历史淘汰的"九品官人法"。武德七年（624），李渊依北周、北齐旧制，下令"每州置大中正一人，掌知州内人物，品量望第，以本州门望高者领之"。因此，科举制在高祖时不可能有实质性的进展。

科举制的进一步发展，特别是进士科的被崇重，则是贞观年间的事。贞观八年（634），太宗下诏要求进士加试"读经史一部"，说明在诸科中进士科地位开始突出。当时考试科目有明经、进士、秀才、明书、明法、明算等多种科目，秀才科已经衰落，后三者都是专门技术人才，因此只有明经和进士二科是入仕的要津，而进士应考者多，录取者少，考中者自然声望高于明经，因此进士科最为人们所崇重。太宗很重视进士科在选拔人才方面的作用，有一次他私幸端门，看见榜下的进士鱼贯而过，高兴地对侍臣们说："天下英雄入吾彀中矣！"相传他还亲自用飞白书在进士榜头上写了"礼部贡院"四个大字。他非常关心进士科考试，急于从进士中选拔人才。贞观二十二年（648），考功员外郎王师旦主持考试，张昌龄、王公瑾等人应进士举。太宗素闻张、王二人"并有俊才，声振京邑"，考试结束后，太宗便立刻看排名榜，出乎意外，二人皆落第无名，太宗急忙询问王师旦是怎么回事。原来王师旦认为张、王二人"体性轻薄，文章浮艳"，成不了大器，又担心录取了他们之后，以后的生员都仿效他们，造成不良文风。五代王定保说："进士科始于隋大业中，盛于贞观、永徽之际。"的确，贞观年间是进士科发展的一个关键时期，太宗扩大进士科，提高进士的地位，对于后来科举制度的兴盛起到了极大的推动作用。

太宗健全科举制，扩大进士科，在官吏的选拔方面起到了良好作用，为真才实学之士开辟了进身的道路，为广大的中下层知识分子提供了参政的机会，也为后来科举制的发展奠定了基础。

举关中之众，以临四方

在阶级社会里，军队是平息叛乱、抵御外敌和维护社会安定的重要工具，完善的军事制度是国家实现政治安定和经济繁荣的可靠保证。太宗重视军队建设和军事制度，这主要表现在贞观年间对府兵制的发展和完善。

府兵制创始于北朝西魏大统年间，隋初沿袭西魏北周以来的府兵制，府兵由军府统领，不列入州县户籍，兵民分开。隋文帝灭陈，完成了全国的统一，第二年，即开皇十年（590），对府兵做了重大改革，令府兵及其家属在州县落籍，平时从事生产，垦田种地，同时又保留军籍，在军府接受训练。按规定轮番到京城担任禁卫，随时准备执行军事任务。各地府兵分别统属于中央的十二卫。这样隋代的府兵便寓兵于农，使府兵制得到了巩固和扩大，使流寓无定的军人入了民籍，有利于中央对军队的控制，有利于社会的安定，促进农业生产，从而也减轻了人民的负担。

唐朝建立之初，高祖也力图恢复府兵制。武德元年（618），始置军府，析关中为十二道，每道皆置兵府，统属于骠骑将军府和车骑将军府。武德三年（620），十二道改为十二军，每军置将和副将各一人，以督耕战，以车骑府统领。武德六年（623），全国局势安定下来，于是废十二军。但一年后又恢复十二军。每军置将军一人，军下设坊，每坊有坊主一人，其职责是"检察户口，劝课农桑"。说明唐初府兵制一开始就与均田制相结合。但高祖时府兵制仍带有战时的特点，组织形式不固定、不完备。

贞观时期，太宗对府兵制进行了多方面的改革，使府兵制度进一步完善。

首先，调整府兵的体制和布局。诸府总称为折冲府，全国共置六百三十四府，分布于全国十道，每道因情况不同而府数兵力不同，其中关内道府数最多，兵力最强，共二百六十一府，兵员二十六万，从而形成"举关中之众，以临四方"

的局面，收到了拱卫京师、居重驭轻的效果。河东道和河北道为次，列置军府一百七十多个，以防突厥。河南道又次，列置军府六十多个，以控制中原，保卫仓储和交通要道。组织名号也加以改定，各府将领改统军为折冲都尉，别将为果毅都尉。天下诸府分统于中央十六卫（左右卫、左右骁卫、左右威卫、左右武卫、左右领军卫、左右金吾卫、左右监门卫、左右千牛卫），每卫大将军一人，直接隶属于皇帝。每卫统兵府多少不等，多者有六十府，少者四十府。每府兵员多少不等，分上中下三等，一千二百人为上府，一千人为中府，八百人为下府。每府置折冲都尉一人。兵士每十人为一火，火有火长；每五十人为一队，队有队正；每百人为一旅，旅有旅帅；每三百人为一团，团有校尉。府兵兵士要自备某些兵器和军资衣粮。

其次，府兵制与均田制进一步结合。府兵"寓之于农"，一般情况下，兵士三时农耕，一时教战。兵士既是兵府的士兵，又是均田制下的农民，兵农合一，既解决了军队的兵源问题，又扩大了劳动人手，促进生产。府兵在冬季农闲时从事军事训练，农忙时从事农业生产。发生战争则随时应征。征发府兵的标准是"财均者取强，力均者取富，财力又均，先取多丁"。年满二十岁就在征兵的范围，年满六十岁则免兵役。白居易评价太宗时的府兵之制说："太宗既定天下，以为兵不可去，农不可废。于是当要冲以开府，因隙地以营田，府有常官，田有常业，俾乎时而讲武，岁以劝农，分上下之番，递劳逸之序。故有虞则起为战卒，无事则散为农夫，不待征发，而封域有备矣；不劳馈饷，而军食自充矣。"

最后，一旦出征应敌，由皇帝临时任命领兵统帅，由兵部从各折冲府临时抽调士兵，这样组成的军队称为行军。征发府兵要由兵部下符契，州刺史和折冲都尉勘验符契，符契相符才发兵。战争结束后，行军统帅回朝廷复命，出征战士散归军府。这就造成了兵部、兵府和行军统帅相互制约相互倚重的关系，兵部有调兵之权而不能统兵，将帅有统兵之责而无握兵之重，从而避免出现将帅拥兵自重的局面，使军权牢固地掌握在皇帝之手。平时府兵有宿卫京师的义务，兵部根据各地府兵道里远近分番，五百里为五番，一千里为七番，一千五百里为八番，两千里为十番，两千里外为十二番，每番宿卫一个月。兵士被征调服役时，本人免租调。

贞观时期对府兵的改革对当时政治经济形势产生了重大影响。它主要适应了战事较少，战争又多为进攻态势的边境战争。临时出征，临时征发士兵，战后务农，这样就减少了政府的财政开支，减轻了农民的课役负担，同时扩大了兵源，增强了军事力量。

　　除了府兵之外，还有驻扎边境地区的镇兵，大的叫军，小的叫守捉、城、镇等。遇有大规模的军事行动，还可以临时征召，称为募兵。这就形成了以府兵为主体、以募兵为补充的较为完备的军事体制。这一体制在贞观年间的对外战争中发挥了良好作用。

法者，非朕一人之法

立法：务在宽简、稳定

制礼作乐，施行教化；立法用刑，禁暴止乱，是历代统治者治理国家的两种主要手段。太宗接受了前代兴亡的经验教训，既重视施行仁政，安抚百姓，也重视立法用刑以维护社会安定和封建统治。他说："为国之道，必须抚之以仁义，示之以威信。"所谓"示之以威信"，就是严明法制。

要严明法制，就要制定法律。太宗即位，便命长孙无忌、房玄龄等弘文馆学士和朝廷司法官共同议定法律，对《武德律》进行厘改修订。长孙无忌等人前后用十年时间，投入大量精力，完成了唐律的修订，这就是著名的《贞观律》。

《武德律》是高祖时依照隋文帝《开皇律》修订而成。隋代前期，文帝杨坚总结北周灭亡的教训，制定了《开皇律》，这部法律曾对隋代经济发展和社会安定产生了极大的推动作用。史书上评价《开皇律》："刑网简要，疏而不失。"但是隋文帝晚年自己走向了否定自己的一面，毫无顾忌地破坏法制，他"性猜忌"，甚至派人暗中监视朝廷内外官员的行动，有人犯小过失就处以重罪。"喜怒不恒，用法益峻，不复依准科律"。他还常常法外施刑，廷杖大臣致死。他任意规定和推行严法酷刑，如"盗一钱以上弃市""盗边粮一升以上斩"，甚至"三人共盗一瓜""四人共盗一榱桷"都要处死，以致"行旅晏起早宿，天下懔懔"，人人感到自危。当时法令苛暴森严，民间有船三丈以上的就要"悉括入官""铁叉、搭钩、矛刃之类皆禁之"，怕的是民众聚结造反。为了禁绝谶纬之书，派人四处"搜天下书籍与谶纬相涉者皆焚之，为吏所纠者至死"。于是人们畏而不敢读书。

隋炀帝即位之后，表现得更加残暴。大业三年（607），炀帝命牛弘等人修订《开皇律》，同年颁布了《大业律》。从字面上看，《大业律》比之《开皇律》，五刑之内降以轻典者二百余条，枷杖决罚"亦轻于旧"，但实际上，这些只是对炀帝所谓"虚己为政，思遵旧典，推心待物，每从宽政"的说教的点缀而已。由于炀帝对人民的残酷的压迫和疯狂的搜刮，造成社会矛盾的激化，刑罚很快就苛暴起来。就在《大业律》颁行不久，炀帝就"敕天下窃盗已上，罪无轻重，不待闻奏，皆斩"。杨玄感谋反失败，炀帝认为"玄感一呼而从者十万，益知天下人不欲多，多即相聚首为盗耳，不尽加诛，无以惩后"。于是在洛阳"杀三万余人，皆籍没其家，枉死者大半，流徙者六千余人"。连接受杨玄感赈米的百姓也"坑之于都城之南"。大业十二年（616），捕获了农民起义军首领张金称，"立木于市，悬其头，张其手足，令仇家割食之"。

皇帝不守法，上行下效，从朝廷到地方的各级官吏也随之效尤。隋文帝信任杨素判案，"皆随素所为轻重"，被冤屈的人在赴刑场的路上，总是大呼冤枉，仰天痛哭。隋炀帝时裴蕴任御史大夫，善于迎合炀帝的旨意，"若欲罪者，则曲法顺情，锻成其罪；所欲宥者，则附从轻典，因而释之"。炀帝则"大小之狱皆以付蕴，宪部大理，莫敢与夺，必禀承进止，然后决断"。地方官吏也"各专威福，生杀任情"，有时"临时迫胁以求济事，不复用律令也"。于是法制悉遭破坏。

李渊从晋阳起兵，"即布宽大之令"，以收民心。攻入长安，曾约法十二条，规定只有杀人、劫盗、背军、叛逆为死罪。这是废除隋法后的临时措施。李渊即位，非常重视法律的修订，先是命纳言刘文静与当朝通识之士修订法律，尽削大业年间的"烦峻之法"，而以开皇年间的律令为蓝本进行增删和修改，又制定五十三条格作为补充。原则是"务在宽简，取便于时"。不久又敕令尚书左仆射裴寂、右仆射萧瑀等人撰定律令，而以《开皇律》为准。当时朝廷诸事刚刚有个眉目，边境地区还不断发生战争，一时还来不及补救隋时立法之弊，只是将新定五十三条格进行整理入于新律，余无所改。新律于武德七年（624）五月奏上，高祖下诏颁行，这就是《武德律》。

长孙无忌和房玄龄等人根据太宗的旨意修订的《贞观律》，是对《武德律》的进一步完善。《贞观律》篇目一准《开皇律》和《武德律》，仍为十二篇，名目未变，一曰名例，二曰卫禁，三曰职制，四曰户婚，五曰厩库，六曰擅兴，七曰贼盗，八曰斗讼，九曰诈伪，十曰杂律，十一曰捕亡，十二曰断狱。规定有五种刑罚，即笞刑、杖刑、徒刑、流刑、死刑。笞刑五等，杖刑五等，徒刑五等，流刑三等，死刑二等，共二十等。对于犯死罪人的论罪处罚，又有八种议请减赎当免之法，即所谓"八议"，即议亲、议故、议贤、议能、议功、议贵、议宾、议勤。"八议"是对上述有特殊身份的犯死罪者的特殊待遇,就是有关人员可以对他们的处罚另行议定,条举其犯罪事实,说明应议之状,奏请皇帝减免其罪。另有"十恶"之条,即十种大罪,罪在不赦,不得依议请之例予以减免。《贞观律》还对刑事责任年龄进行了明确分类,如对七十岁以上、十五岁以下及废疾,犯罪以下,收赎;八十岁以上、十岁以下及笃疾,犯反、逆、杀人应死者,上请;九十岁以上、七岁以下虽有死罪,不加刑。

除了律的制定之外,太宗还修订了一系列法令,有令、格、式三种类型,与律相辅而行。"律以正刑定罪,令以设范立制,格以禁违止邪,式以轨物程事"。凡是违反了令、格、式的,都被视为违法,以律断之。

唐律是我国古代较为完备的封建立法,相较前代的法律在内容上有许多发展和变化,对后世和世界上其他一些国家的立法产生过重要影响。它是在太宗主持下制定的,因而它的立法原则体现了太宗重要的法治思想。在立法上,太宗的思想可以概括为"宽平、简约、稳定"六个字。

太宗强调要宽平立法,贞观元年(627),太宗下达过"用法务在宽简"的指示。所谓"宽"即宽大,是与严酷相对而言的。太宗深刻认识到历史上秦、隋两朝的严刑峻法逼迫农民走上了反抗的道路,因此他吸取了秦、隋二世而亡的教训,主张施行仁政,他说:"朕看古来帝王以仁义为治者,国祚延长,任法御人者,虽救弊于一时,败亡亦促。"因此他形成了以仁义为本以刑法为辅的法治思想,立法宽平便是这一思想的产物。

当太宗命长孙无忌、房玄龄等人修改律令时,戴胄、魏征认为旧的律令偏重,太宗采纳了他们的建议,经过论证,将属于绞刑的五十条大罪改为"断其右趾",从而"应死者多蒙全活"。不久,太宗又怜悯受刑者断趾的痛苦,告诉大臣们说:"前代已经很早不施行肉刑了,现在忽然又断人右趾,实在感到不忍心。"谏议大夫王珪说:"古代施行肉刑,以为是很轻的处罚。现在陛下怜悯处死罪的人多,将死刑改为断趾,按照法律,本应处死,现在免于一死,受刑者幸得保全生命,哪里还害怕砍掉一只脚呢?而且让人们看到受刑断足者,也会起到惩戒的作用。"太宗说:"本意是立法从宽,所以才施行肉刑。然而每听到断趾的处罚,就感到很难受,不能忘怀。"太宗又向萧瑀、陈叔达等人说:"我因为死者不能再生,所以认为应该有所矜愍,这才删除死罪五十条,改为断右趾。可是我现在又想到他们受刑的痛苦，极所不忍。"陈叔达等人都说："古代的肉刑，都不在死刑之内，改为断趾，就是以生易死，足为宽法。"太宗说："我正是认为是宽法，所以才施行。现在又有人上书，认为这样做不好，你们可以再认真考虑一下这个问题。"后来蜀王法曹参军裴弘献又指出律令不便于时者四十余条，太宗便令裴弘献参与对旧律的删改。于是裴弘献和房玄龄等人建议，认为古代的五刑，刖足是其一。后来废除了肉刑，规定死、流、徒、杖、笞共五等，以备五刑之数。现在又设刖足，这就成了六刑。减少死刑在于立法宽宏，增加肉刑又更加烦峻。太宗令他们与尚书省长官定议，然后上奏太宗，废除断趾法，改为加役流三千里，居作二年。

同州人房强，弟弟房任在岷州任统军。房任因为谋反被杀，按照旧律，兄弟连坐俱死，祖孙配没，房强应当牵连处死。太宗曾亲自审阅案卷，看到房强一案，怜悯房强无罪被诛，脸上露出十分痛苦的神情。他回头告诉大臣们说："现在还免不了立法用刑，原因在于教化还没有使社会安定下来。百姓们有什么罪呢？而施加重刑，那就更显得我们德政不足。用刑的原则，应当审明犯罪事实的轻重，然后加之以刑罚。为什么不从实际出发区别轻重就一概处死呢？这不是慎重刑罚、重视人命之举啊！至于反逆之罪有两种情况：一是兴师动众，举兵作乱；一是口出恶言，违犯法令。轻重有别，却连坐皆死，这怎么能使我心中坦然呢？"于是又令百官深入讨论这个问题。房玄龄等人又定议："无论从礼的角度，还是从法律的角度，祖孙是他亲近器重的人，而兄弟关系属于分量较小的。现在受到牵连应重判的却轻判，应轻判的却重判，据礼论情，又确很不允当。现在定律：祖孙和兄弟受到株连时，都加以配没。而以恶言犯法没有造成危害者，情状稍轻，兄弟免死，以配军流放为合适。"太宗采纳了这一建议。

《贞观律》体现了太宗立法宽平的思想，以死刑条目为例，"比古死刑，殆除其半"。比隋代旧律，减死刑为流刑者九十二条，减流刑为徒刑者七十一条。隋律中应判为徒刑者，在唐律中只夺其一官，被削夺官职的人，仍与士人同等。史书称"凡削烦去蠹，变重为轻者，不可胜纪"。

太宗要求立法要简约。简约和宽平是相通的，律令简约本身就是刑网疏简和刑罚宽平的表现。法网繁密则触法者多，法网宽疏刑事罚就少。简约律令是刑法宽平的一个重要方面。贞观十年（636），太宗告诉侍臣说："国家法令，惟须简约，不可一罪作数种条。格式既多，官人不能尽记，更生奸诈。若欲出罪即引轻条，

159

若欲入罪即引重条。数变法者，实不益道理，宜令审细，毋使互文。"法律条目太多，司法官不能熟记，便不便遵守，便会影响到判罪的准确性；一罪作数种条，还会给执法官造成上下其手的机会，使他们出于私心而轻罪重判或重罪轻判。

太宗还强调立法的划一和稳定。贞观十一年（637），太宗对侍臣说："诏令格式，若不常定，则人心多惑，奸诈益生。《周易》中说：'涣汗其大号'，就是说发号施令，就像汗水从身体中流出来一样，一经排出就不能再流回去。《尚书》中说：'慎乃出令，令出惟行，弗为反。'汉高祖时，萧何从一名小吏官至宰相，制定了法律之后，犹有划一之称。现在应该深入思考其中的道理，不可轻出诏令，必须审定，以为永式。"在太宗这种思想指导下，"自房玄龄等更定律、令、格、式，迄太宗世，用之无所改变"。为了稳定律令，朝廷严格法律修改的程序，规定"诸称律、令、式，不便于事者，皆须申尚书省议定奏闻，若不申议，辄奏改行者，徒二年"。朝令夕改，容易造成司法漏洞，不仅使官员不便执法，使不法官吏上下其手，也使人民无所适从，无所避就。因此立法的稳定性是十分重要的。

执法：重在慎法恤刑

　　制定完善的法律，在健全法制方面只是做了一半工作，要把法律的执行贯彻到社会生活中去，重要的是严格依律断案，把统治者的意志在处理具体案件中体现出来。太宗非常重视司法部门的执法工作。在司法方面，太宗表现出来的重要思想是慎法恤刑和用法划一。

　　依法用刑，特别是对死刑的处理，是人命关天的大事。太宗经常告诫大臣："人命至重，一死不可复生。"因此他强调一定要严格依律论罪，一定要采取十分审慎的态度。在封建专制社会里，最高的立法权和司法权都集中于帝王，皇帝的旨意就是法律。历史上不少专横无道的君主往往凭借手中的权力，任意践踏法律，凭一时之喜怒断案用刑。这严重干扰和影响了司法机关依法审判。太宗有时也把个人的意志凌驾于国家法律之上，但与历史上其他皇帝相比，他算是比较能够约束自己，防止个人权力过分膨胀的开明皇帝。

　　太宗不把法律看成个人任意挥舞的大棒和工具，他希望通过较为健全的司法机构和完善的诉讼程序来限制最高统治者的独断专行。唐代有各部门互相配合、互相制约的司法机制。中央司法机关有大理寺、刑部和御史台三个部门，司法权一分为三，三家互相制约，可以最大限度地避免滥用职权和错判误判。地方上无独立的司法部门，行政长官县令、刺史兼理司法。但在长官之下置有司法和司户参军事之职，分别掌管刑事和民事诉讼。一般的诉讼程序，采取三级三审制，由下到上，即由县而州，由州而中央大理寺，不得越级上诉。唐律明确规定了各级审理机关的审决权限，各级不得逾越。按照唐律规定，县和州的司法职权有限，如对死刑，虽有权审决，却无权批准。必须报大理寺复审核准，由中书省或刑部上奏，经皇帝批准后才能执行。大理寺直接管理全国司法诉讼，不仅有审决权，还有否决权，对审判不当的案件有权驳回。但大理寺的审决和否决受到御史台的监督，御史台分掌司法监督权。另外又有刑部管理全国司法政令、司法事务和对犯人的监管。对于重大的疑难案件，则由刑部侍郎、御史中丞、大理寺卿三司会审，叫作"三司推事"。当断狱有所疑问时，司法官吏可据律论情，各自发表不同的意见。这样就有效地防止了冤假错案的发生，保证了依法判案的准确性。

太宗还比较尊重司法机关执法的相对权力。大理寺是中央最高审判机关，太宗非常重视大理寺行政长官的人选。他从慎法恤刑的原则出发，提出了"大理之职，人命所悬，当需妙选正人"的要求，而且当个人的意旨与法律发生抵触时，能降帝王之尊，依从法律办事。戴胄为人正直，明于律令。贞观元年（627），太宗任命他为大理寺少卿。吏部尚书长孙无忌受太宗召见，身带佩刀进入太宗所在的东上阁。这是一个重大的失误，因为携带兵器进入皇帝居处是要处以死罪的。尚书右仆射封德彝认为，长孙无忌身带佩刀进入东上阁，监门校尉有失察之罪，应当处死。无忌带刀入东上阁为失误之举，可以罚铜二十斤。太宗依从了封德彝的意见。戴胄予以反驳，他说："校尉不觉与无忌带入，同为失误。但是臣子对于皇帝，不能以失误为借口。法律规定：'为皇帝供应汤药、饮食、舟船，有所失误违反了法律的，都处死刑。'陛下如果考虑到长孙无忌过去的功劳，不加治罪，那就不是司法部门该管的事了；如果按照法律处理，对长孙无忌只处以罚铜，不够恰当。"戴胄的话使太宗立刻认识到之前的处理有失公允，依法办事不是自己一个人说了算的，于是他说："法者，非朕一人之法，乃天下之法也。监门校尉既然要处以极刑，那么，怎么能因为无忌是皇亲国戚，就要屈法顺情从轻处理呢？"但考虑到不能因为无忌这次失误就予以处死，就令大臣再议。封德彝仍然坚持原来的意见，太宗又要采纳封德彝之议，戴胄又反驳说："校尉是因为无忌的失误才获罪的，按照法律，他的罪过应当比无忌要轻。若论失误，他们是一样的，可是一生一死，轻重悬殊太大。我冒昧地坚持自己的意见，请陛下改变原来的判决。"太宗没有为戴胄的犯颜直谏而动怒，反而很赞成戴胄正直不阿的品格，最后免除了校尉的死罪，这场风波才算平息。

贞观初，朝廷选官，不少人伪造资历和门荫，以求做官。对于这种违法行为，太宗十分恼怒，敕令自首，不自首者处死罪。不久有一位伪造资历和门荫的人被揭发出来，戴胄依法断为流刑，上奏太宗。太宗看到戴胄没有按照他的敕令去做，意见很大，对戴胄说："我已经下敕不自首者处死罪，现在你却判为流放，这是向天下人表明我说话不算数。"戴胄说:"如果陛下抓住了诈冒者立刻把他杀掉,那不是我该管的事情。既然把他交给司法部门,我不敢违法断案。"太宗又说:"你守你的法,却让我失信?"戴胄说:"法律,是国家向天下宣示大信的工具;言语,只是当时出于个人的喜怒而说出来的。陛下一时激愤而敕令不自首者处死罪,后来知道这样做不可,因而依法处理,这是忍个人之私愤而维护国家大法的表现。如果一味顺从个人的私情,破坏国家法律之大信,那我就为陛下感到很惋惜。"太宗明白了戴胄的用心,充分肯定了戴胄正直守法的精神,说:"我执法有所失误时,你能纠正我的过失,我还有什么值得忧虑呢?"

太宗坚持推行和进一步完善、规范死刑复核制度。在太宗看来,死刑是最应该慎重的,因为一死不能再生,如果刑罚不当,杀错了人,"纵有追悔,又无所及"。贞观元年(627),太宗告诉侍臣们说:"死者不能再生,用法务在宽简。古人云,卖棺材的人希望每岁都发生疾疫,他们不是对人有什么仇恨,而是为了棺材卖得出去能够获利。现在执法机关每审理一宗案件,总是深察罪过,严于处断,欲以此扩大政绩,考课时得到好成绩。应该想个什么好办法,使司法部门处断公允呢?"谏议大夫王珪说:"只要选拔公平正直品行优良和断案允当的人担任司法官,提高他们的官品和待遇,多赐金帛,就能使奸诈虚伪自然灭迹。"这是一种高薪养廉的做法,太宗采纳了他的建议。太宗又说:"古时断案,必向三槐、九棘之官征询意见,现在的三公、九卿,就是古时三槐、九棘之职。自今以后,凡是死刑,都要让中书省、门下省四品以上官员和尚书省九卿共同讨论议定,这样,希望能避免冤案发生,不至于滥杀无辜。"

从北魏至隋,法律上都有处决死囚"三复奏"的规定。所谓死刑复奏就是死刑案件的判定要经过皇帝的最后批准,而死刑的执行还必须再申报皇帝复核。"三复奏"既保证了皇帝在司法上的最高批准权、审核权和裁判权,也体现了为避免冤滥而慎法恤刑的用意。但隋代的统治者并没有认真执行这一成文法。炀帝为了严厉镇压农民起义和百姓的反抗,曾下令"天下窃盗以上,罪无轻重,不待闻奏,皆斩"。这就把杀人权下放到了州县,"郡县官因之各专威福,生杀任情矣","三复奏"的制度也就不复存在了。太宗即位之后,恢复死刑复核制度,强调死刑要"三复奏"。《唐律疏议》中对此解释说:"死罪囚,谓奏画已讫,应行刑者,皆三复奏讫,然始下决。"意思就是凡判处死刑的罪犯,尽管已经上奏皇帝,皇帝已经批准签署，在行刑前还要复奏皇帝三次。为了严格执行这一法令，唐律中规定了违犯这一条令的处罚条例："诸死罪囚，不待复奏报下而决者，流两千里，即奏报应决者，听三日乃行刑，若限未满而行刑者，徒一年。即过限，违一日杖一百，二日加一等。"也就是说对于判处了死罪的囚犯，如果执法官不加复奏或复奏后不等皇帝批复下来，就加以处决，那么要判处执法官两千里的流刑。对复奏后得到批复应处死刑的囚犯，还要在三天之后才能执行，如果不到三天就行刑，判处司法官一年的徒刑。超过三天没有执行，每超过一天，就打一百大棍，超过两天，罪加一等。这些体现了太宗慎法恤刑的思想。

贞观五年（631），在李好德一案中，张蕴古被杀。张蕴古罪不至死，当时太宗出于一时震怒，杀了他，事后太宗非常后悔。他一边深深自责决断乖于律令，一边批评朝廷大臣未能谏诤，同时也责怪司法部门未能依律复奏，他向房玄龄等人说："你们食君之禄，应该忧君王之忧，不论事情大小，都应当小心在意。"于是下诏，"自今有死罪，即便下令立即处决，仍然要三复奏之后才能行刑"。太宗重申了"三复奏"的制度后，司法部门的确执行了"三复奏"的程序，但不久太宗就发现有关部门存在着严重的走过场的倾向。这年十二月，他向侍臣们说："我因为死刑事关重大，所以要求实行三复奏制，目的是考虑得更成熟。可是转眼之间，司法部门就将三复奏的程序进行完毕。还有各部门断案，只根据法律条文，虽然有的情有可原，虽触法网却令人同情，可是司法部门不敢违法处断，论罪该杀还是杀了，这中间难道都没有冤枉吗？"于是太宗下制："处决死囚，两天之内五复奏，天下诸州三复奏；行刑之日，门下省官员复查，如果发现按律当死而情有可矜者，应记录其情状奏报皇帝。"史书记载，"由是全活甚众"。"五复奏"就是从张蕴古案件以后开始的。所谓"五复奏"就是在行刑前一、二日，至行刑日又三复奏；但犯恶逆罪者仍然一复奏。

为了避免审决犯人的冤枉，太宗常常亲自过问狱讼。有一次，他到大理寺，召问被判为死罪的囚犯，问他们有无冤屈。一个被大理寺卿唐临判处死刑的罪犯"嘿然无言"，另有十几个被唐临之前的法官所判的死囚则不停地喊冤叫屈。太宗觉得奇怪，急忙问其原因，那位"嘿然无言"者说："唐卿断臣，必无枉滥，所以绝意。"太宗对唐临称叹不已，说："为狱固当若是。"太宗还把录囚作为一项重要的法律制度。所谓录囚就是上级司法机关通过对囚犯的审理，检查下级司法机关审判的案件是否公允合法，有无冤假错案，如果发现有冤假错案情况则予以平反。这种制度汉代即已存在，唐高祖便有此举，太宗也作为一种善政加以推行，他自己亲自录囚，体现了他对囚犯的体恤和宽待。凡录囚犯，多加原宥。

守法：克己励人

古人云："其身正，不令而行；其身不正，虽令不从。"要落实法制政策，做到依法办事，最高统治者必须做出表率。在守法方面，太宗认识到上行下效的道理，相较于其他帝王，他能够接受法律的约束，尊重法律的权威。

作为一位手握生杀予夺大权的帝王，太宗有时也发生过任情决断的过错，当震怒时，他杀错过人，而可贵的是他事后冷静下来，认识到自己的错误时，他能够承认自己的错误，并惩前毖后，设法避免类似的错误再发生。这相较于那些明知错误，而为了个人的面子将错就错、文过饰非的皇帝要好很多。贞观五年（631）怒杀张蕴古，太宗不止一次地向大臣明言自己的决断乖于律令，十分悔恨。太宗晚年杀张亮，事后也追悔莫及。早在太宗为秦王时，经房玄龄、李勣等人推荐，张亮就进入秦王府，受到太宗的亲重。在和太子建成、齐王元吉的斗争中，张亮也立了大功。后来张亮首先劾奏侯君集谋反，受到太宗褒奖，迁刑部尚书，参与朝政。据说，张亮信任方术人程公颖，张亮任相州大都督府长史时，曾召程公颖说："相州是形胜之地，有人说不出几年就会有帝王在这里出现，你以为如何？"程公颖觉察到张亮有篡位的野心，就说张亮卧着像龙盘曲一样，一定有大福大贵。又有一位自称有道术的人叫公孙常，是张亮的好友，张亮故意跟公孙常说："我听人们说有'弓长之君当别都'的谶言，意思是说将有姓张的人当皇帝，虽然如此，我却不愿听到这样的话"。公孙常便说张亮的名字正应这一谶言，张亮非常高兴。贞观二十年（646），有一位叫常德玄的人告发了这件事，并揭发张亮私养义子五百人。太宗派执法官审理这个案子，程公颖和公孙常都证明张亮确有此罪。张亮说："这两个人都是怕株连至死，所以诬陷我。"他又向太宗陈述自己过去辅助太宗的功劳，希望太宗能宽大处理，饶他不死。太宗告诉侍臣们说："张亮有五百名义子，畜养这等人要干什么呢？正是要谋反的。"太宗定下了这个调子，又让百官议定张亮的罪案，大家都附和太宗的意旨，很多人都说其罪该杀。只有将作少匠李道裕说张亮谋反的罪状不够充分，就现有的证据，还看不出张亮有谋反的表现，还不足以定死罪。但太宗盛怒之下，最终将张亮判处死罪，斩于东市，并籍没其家。又过了一年多，朝廷缺少一名刑部侍郎的人选，宰相连续报上好几个人，太宗都觉得不满意。后来太宗说："我想到了一个人可以担任此职，那时李道裕说张亮'没有谋反的表现'，他说的是对的。当时虽然没有听从他的话，直到现在，我想起此事还追悔莫及。"于是任命李道裕为刑部侍郎。这件事表明太宗承认杀张亮是错的，而且还一直记在心上，不能忘怀。

太宗守法，还表现在他对故旧姻亲依法办事，不徇私情。贞观三年（629），濮州刺史庞相寿因犯贪污罪被罢职。他来到京城，上书自陈，讲到自己曾在秦王幕府任职，是太宗的旧僚，太宗很怜悯他，想恢复他的职务。魏征劝谏说："秦王的僚属，在朝廷内外都有不少人任职，我担心每个人都想得到陛下的私恩，他们恃恩犯法，足以使善良的人感到畏惧。"太宗欣然接受了魏征的建议，告诉庞相寿说："我过去为秦王，那只是一个王府的主人；现在身居皇位，是国家的君主，不能对自己的部下有所偏爱。大臣们坚持原则，我怎么敢违反大家的意见呢？"于是他赐给庞相寿一些绢帛，让他回去，庞相寿哭着走了。贞观九年（635），盐泽道行军总管、岷州都督高甑生违反李靖的军令，又诬告李靖谋反，被判处减死徙边。有人上书替高甑生讲情，说："高甑生是秦王府的旧臣，而且立有大功，请宽免他的罪过。"太宗说："他虽然是我为秦王时的老部下，立有功勋，确实不应忘记，但治理国家，遵守法令，事须划一。在法律面前，人人平等。现在如果赦免高甑生，就开了因功而侥幸获免的路子，造成有的人恃功违法的现象。而且从太原起兵，首先参与起义的和后来征战有功的人很多，如果高甑生因功免罪，那么谁不希望如此呢？有功的人都要犯法。我之所以坚决不予赦免，正是由于这个道理。"江夏王李道宗是太宗的堂兄弟，很早就跟随太宗征战，屡建殊功。唐朝建立后，在击灭突厥和吐谷浑的战争中也战功显赫。贞观十二年（638），李道宗升任礼部尚书，不久就因贪赃而下狱。太宗告诉大臣们说："人情总是贪得无厌，对此只能用理来加以节制。道宗俸料很高，我赏赐他的财物也很多，家中足有余财。可他却如此贪婪，令人叹息，他的作为难道不是很卑鄙吗！"于是罢除李道宗的官职，削去他的封邑。

李祐是太宗第五个儿子，贞观十年（636）封为齐王，他的舅舅阴弘智劝他招募武士以自助，并领来了他的内兄燕弘信，李祐对燕弘信的待遇十分优厚，赐给大量金帛，让他暗中招募剑士。这是违法之举。起初，太宗眼看宗室子弟都渐渐长大成人，担心他们违越法度，于是委派正人君子去诸王府担任长史、司马，要求他们在亲王违法乱纪时上奏朝廷。李祐溺情小人，尤其喜欢驰逐射猎。王府长史薛大鼎屡次劝告，李祐不听。太宗以为薛大鼎辅导无方，罢免了薛大鼎的官职。权万纪曾任吴王李恪的王府长史，有正直的好名声，太宗便调权万纪去担任齐王府长史，希望能起到匡正的作用。权万纪多次犯颜劝谏，并斥退齐王身边的小人，放掉齐王的鹰犬，引起李祐的不满，于是李祐和手下人竟欲谋杀权万纪。这件事败露之后，朝廷派人调查此案，勒令李祐和权万纪入京，李祐派人在半路上杀了权万纪，然后又结党谋反。面对儿子此举，太宗十分痛心，他一面发兵征讨，一面亲笔写下诏书以赐李祐，诏书中严斥李祐的罪恶，说他"背礼违义，天地所不容；弃父逃君，人神所共怒"。太宗对这样一位违法乱纪的儿子，愤怒地表示："往是吾子，今为国仇。"把李祐定为死罪，他说："权万纪作为忠烈之士，永存令名，虽死犹荣；而你生为贼臣，死为逆鬼！有你这样的儿子，我真是上惭皇天，下愧后土。"太宗写完诏书，潸然泪下。后将李祐捉拿归案，太宗将他赐死于内省，以肃法纪。

太宗不愿意以个人的权威凌驾于法律之上，并借这种权威为故旧姻亲谋取执法上的特权。但有一件事是太宗明知不该做却做了，就是处理党仁弘一案。党仁弘原是隋朝武勇郎将，当唐高祖起兵入关到蒲阪时，他率领两千多人投奔唐军。随高祖平定京城，不久被任命为陕州总管。太宗率军东征洛阳，党仁弘负责转运粮草，馈运不绝，保证了大军的供应，为战争的胜利做出了重要贡献。后来他先后担任南宁州、戎州、广州等地都督，由于他有才略，所到之处，颇有政绩和声望。太宗很器重他。但他为人性贪，罢除广州都督封长沙郡公后，被人所告发，贪赃百万，罪该处死。这是发生在贞观十六年（642）十一月的事情。大理寺例行"五复奏"的执法程序，上奏太宗，这样一件大案使太宗受到极大震动。他为党仁弘感到悲哀，向侍臣说："我昨天看到了大理寺五复奏的文书，要诛杀党仁弘，我为他白首就戮感到难过，正在吃饭，立刻让人撤了筵席。想为他求一条活路，然而始终没有找到令人信服的理由。现在我想向你们请求，能否曲法饶他一死？"

作为皇帝，竟至于替党仁弘屈尊向大臣求请，说明太宗十分尊重法律的尊严。在他看来，在法律面前，即便是皇帝，也不是可以任意而为的。又过了几天，一大早，太宗又召集五品以上的官员到太极殿前，告诉大家说："国家的大法，是做人君的从上天那里接受的，具有崇高无上的权威，不可以看作私有之物任情决断而失信于天下。现在我偏爱党仁弘而想赦免他的死罪，是破坏国家法律的行为，上负于天。我想在南郊铺草而跪，每天只吃一餐素食，向上天谢罪三日。"房玄龄等大臣苦劝不可，他们说："生杀之权本来为皇帝所专有，何必要自相贬责呢？"太宗不答应，坚持要向上天谢罪，大臣都在院子里跪倒在地，坚持请求太宗放弃这一打算，从早上直到太阳偏西，太宗才降手诏，表示尊重大家的意见，不再举行谢罪的仪式，但仍在诏书中自称："在党仁弘的案件中，我有三罪：知人不明是其一；以私乱法是其二；对好人虽然喜欢却没有奖赏，对恶人虽然痛恨却不加诛是其三。"于是将党仁弘罢官，贬为庶人，流放钦州。

太宗不仅自己不轻易徇私废法，而且经常对左右侍臣进行守法廉政教育。贞观之初，太宗就告诫侍臣说："人有明珠，没有人不加以珍视的，如果把明珠用来弹射鸟雀，岂不是很可惜吗？何况人的生命比明珠还要贵重，可是有的人见到金钱财帛就不怕触法网、遭刑戮，毫不犹豫地加以接受，为了得到不义之钱财，竟不惜性命。明珠是身外之物，尚且不能用来去弹鸟雀，何况生命如此可贵，能用来作为赌注去换取钱财吗？大臣如果能竭尽忠诚正直，利国利民，那么官职爵位立刻可以得到。大家都不要用不正当的方法以求荣名，妄受别人的财物，贪赃受贿的罪行一旦败露，生命也就丧失了，实在令人感到好笑。帝王也是同样，放纵个人的情感，逸乐无度；无节制地驱使百姓，信任小人；疏远忠诚正直的大臣，只要具备其中的一条，没有不亡国的。隋炀帝荒淫奢侈，自以为是，身死匹夫之手，为后人所笑。"

贞观二年（628），太宗又告诉侍臣说："我曾经说过，那些贪赃枉法的人其实不懂得珍惜财物，比如朝廷内外五品以上的官员，俸禄已经十分优厚，一年的收入数量不少。如果接受别人的贿赂，也不过是几万贯钱，一旦败露，官爵俸禄都被剥夺，这难道是懂得珍惜财物吗？这是贪求小利而丢失了大利的行为啊！过去公仪休喜欢吃鱼，却不接受别人赠送的鱼，他一直能吃上鱼，而且作为君主，如果贪得无厌，一定会失掉他的国家；作为大臣而贪得无厌，一定会丧失生命。

《诗经》中说：'大风猛烈迅疾，贪暴之人必败其类。'确实言之不虚。古时候秦惠王想攻打蜀国，不知通蜀的道路，就雕刻了五头石牛，把黄金放在石牛的屁股后面。蜀人看到后，以为石牛大便时能排出黄金，蜀王派五位大力士把石牛拖入蜀国，因此打开了通蜀的道路，秦军跟随其后打过来，蜀国也就灭亡了。汉朝大司农田延年贪污三千万钱，罪行暴露后，自刎而死。像这样因贪而亡国丧生的事例，哪里能说得完！前车之覆，后车之鉴。现在我要以蜀王为借鉴，诸位也要以田延年为覆辙啊！"

贞观四年（630），太宗告诉公卿们说："我整天尽心于政事，不仅是忧怜百姓，也是想使诸位都能长保富贵。天高地厚，我常常兢兢业业，敬畏天地，担心行为不端而天地降祸。你们如果能小心奉法，常像我这样敬畏天地，不仅百姓安宁，自己也常得欢乐。古人说得好：'贤者多财损其志，愚者多财生其过。'这话应深以为戒。如果以权谋私，贪污受贿，不仅破坏了法律，损害了百姓，而且最终也害了自己。即便事情没有暴露，心里难道不常常害怕？心中害怕多了，也有因此生病致死的。大丈夫岂能因贪图财物而伤害自己的生命，使子孙常感羞耻？你们要好好想想我这些话。"

贞观十六年（642），太宗告诉侍臣们说："古人说：'鸟在树林里筑巢，仍担心巢筑得不高，又把巢筑到树梢上；鱼藏于水，仍恐藏得不深，又在深窟里寻找隐身的洞穴。然而它们最终为人所捕获，都是由于贪食诱饵的原因啊！'现在大臣接受朝廷的任命，身居高位，享受优厚的俸禄，应当为人忠正，公平清廉，那就可以无灾无害，长保富贵了。古人说：'祸福不是择门而入的，都是人自己招来的。'然而身陷刑网者，都是因为贪图财利，那和鱼鸟贪食诱饵有什么不同呢？你们要认真思考这些话，作为自己的鉴戒。"

太宗深知对于官吏违法来说，大多是贪于财货，以权谋私。因此他时时告诫大臣们要力避一个"贪"字，不要在这方面栽倒。否则，祸国殃民，最终也害了自己。

唐律中说法律的作用是"禁暴惩奸，弘风阐化，安民立政，莫此为先"。这代表了太宗的法律观念。太宗十分注意利用法律安定社会，对于违法乱纪者不予宽贷，不心慈手软。在古代社会，统治者为了显示自己的德政，常常因各种原因举行皇恩大赦，太宗对此却十分慎重。他曾对侍臣们说："天下愚人多，而智人少，智人不肯做坏事，愚人总是违法乱纪，而赦宥之恩，常常施及这些犯法人身上。

古语云'小人之幸，是君子的不幸''一年之中大赦两次，好人就要蒙屈含冤'。不清除田中的野草，就会妨害庄稼的生长；施恩惠给坏人就会坑害善良的百姓。史书记载，过去'周文王对恶人施加惩罚，用刑不予赦免'。又蜀国先主刘备曾对诸葛亮说：'我读有关陈元方、郑康成两个人的材料，常常看到他们向皇帝经常讲治乱之道，真可以说讲得很全面了，却不曾谈到大赦。'所以诸葛亮治理蜀国，十年不曾赦罪，而蜀国实现了社会安定。梁武帝每年都要大赦数次，最终招致覆败。那些谋求小仁的人，就会成为大仁的敌人，所以我即位以来，绝不搞什么大赦。现在四海安定，礼义兴行，那种大赦天下的非常之恩，更不能屡次施行。我担心那些愚民常存侥幸心理，只想犯法，不能改过。"

太宗严厉地执行法律，当然有镇压人民的反抗、巩固封建统治的本质目的，但也不能因此否定他加强法制的积极作用。根据史书记载，贞观四年（630），全国仅断死刑二十九人，短短几年时间，就由天下大乱实现了天下大治。"贞观之治"的主要内容在于一个"治"字，这种社会大定的局面的出现，跟贞观时期的法制严明有着密切的关系。

驾驭英才，群智生辉

高士廉：故旧情深，姻戚义重

太宗开创贞观治世，离不开他的辅弼大臣。在太宗身边，聚集了一批杰出的政治人才，太宗信任和重用他们，他们竭忠尽智，辅助太宗，君臣协力，上下同心，从而实现了天下大治。可以说太宗的政治智慧也是集体智慧的结晶。

在太宗的大臣中，高士廉和长孙无忌是和太宗有特殊关系的。高士廉是长孙皇后的舅舅，无忌则是太宗的妻兄。但他们受到太宗的赏识和器重，主要还是因为他们的才干和忠诚。他们都为太宗的事业做出了自己的贡献。

高士廉名俭，字士廉，他以字而显名当世，故人们总是称其字而不称名。高士廉为人聪明大度，身长貌美。书读一遍就能背诵，尤其善于言谈，应对敏捷。隋末曾依附交趾太守丘和，武德五年（622）与丘和一起归附唐朝。当时李世民任雍州牧，就引荐他担任雍州治中，对他非常亲重。在玄武门之变中，他和外甥长孙无忌都参与了太宗的密谋。事变当天，他率领一部分吏卒，释放狱中关押的罪犯，发给他们兵器，奔至芳林门，准备跟太宗合兵，对李世民在那场血战中取得胜利发挥了重要作用。李世民被立为太子，他被任命为太子右庶子，成为新的决策班子的重要成员。

贞观元年（627），高士廉被提拔为侍中，作为门下省的最高长官，进入宰相之列。由于他口才好，深具辩才，风度翩翩，当他当朝陈述自己的意见时，总是引起朝廷大臣的注目和钦仰。当时黄门侍郎王珪曾有密表上奏太宗，高士廉不知道为了什么，将密表收藏起来没有奏上，引起太宗不满，把他贬为安州都督。不久转为益州大都督府长史。蜀人怕鬼而又厌弃病人，即便是父母，生病了也被置之不理，只是远远地投点食物给病人。兄弟之间断绝经济上的来往，互不借贷。高士廉多方教导，循循善诱，使百姓明礼知义，当地风俗为之一变。秦代蜀郡太守李冰导引汶江，创灌溉之利，直到此时，离渠水较近的土地，每顷价值千金，富强之家，互相侵夺，兼并土地。高士廉在故渠之外，又增修水渠，蜀人大获其利。又利用闲暇的日子，召集文士，举行文会，切磋诗文；同时还请儒生讲论经史，勉励年轻人读书，于是蜀中地区学校灿然复兴。对高人隐士，他也加以礼敬，予以褒奖，蜀人传为美谈。

贞观五年（631），太宗征高士廉入朝，任吏部尚书，晋封为许国公。高士廉熟谙诸姓支流派系，门望族第，又善于鉴别人才品行的长短优劣，喜欢引拔奖励有才之士，因此凡是经他署用的官员，都是"人地两允"，即兼顾了门第和人品。这在门阀观念还没有彻底破除，新的用人制度还在创立之时，不失为一种改进。

在担任吏部尚书期间，高士廉做的一件最重要的事是按照太宗的旨意，完成对《氏族志》的修订。贞观六年（632），太宗告诉房玄龄等人："最近，山东崔、卢、李、郑四大族姓，虽然已经一代比一代衰落，却仍然凭借过去的地位声望，喜欢妄自尊大，自称士大夫。女子出嫁时，一定大量地索取财物作为聘礼，以多为尊贵，以钱的多少来订婚，婚嫁跟做买卖一样，悖乱礼法，大伤风化。既然轻重失宜，按道理应该加以改革。"

氏族有时也称士族，是东汉以来在地主阶级内部形成的各地大姓豪族，山东四姓就是在长期的历史发展过程中形成的典型的士族。在门阀制度下，他们在政治、经济上都享有特权，士族身份是任官晋爵的必要条件。为了证明自己的士族身份，各豪门大族都有自己的族谱、家谱，称为谱牒。谱牒是朝廷选官的依据。为了不使庶族地主混入士族的内部，士族内部通婚，不与庶族通婚，以保证血统的纯正。但发展到了隋唐，旧的门阀势力已经衰微，他们的政治特权和经济地位早已丧失。然而由于传统观念的影响，他们的社会地位仍很显赫。他们借人们仍以士族门阀为高的旧观念，极力抬高自己的身价，借婚姻谋取钱财，于是造成唐初旧士族买卖婚姻的风气。太宗对此不满，于是下诏请担任吏部尚书的高士廉和御史大夫韦挺、中书侍郎岑文本、礼部尚书令狐德棻等人，刊正姓氏，修撰《氏族志》，也就是编撰全国统一的士族谱牒，以重新确定各地士族的地位高低。

太宗对《氏族志》的编撰原则和方法作了具体的指示："责令全国各地士族进呈谱牒，参考史书记载，考证旧谱的真伪，辨别各士族支派辈分的高低，区别士族等级，对忠正贤良的人予以褒奖，对奸邪叛逆之辈加以贬退，分为九等。"过去天下分裂，各地士族在当地有不同的等级划分，现在天下统一，就要定出一个全国范围内的士族等级。太宗曾告诫高士廉说："天下氏族，若不别条举，恐无所凭准。"太宗有树立新门阀的意图，要用新的《氏族志》作为任官择婚的依据，从而打破山东旧门阀高自标置的陋习。

高士廉等人经过几年的努力，编成《氏族志》草稿，进呈太宗，太宗看到《氏族志》中把崔民干排作第一，大为不满。他说："我与山东崔、卢、李、郑诸家本来没有任何恩怨，只是因为他们一代代家世衰落，全无官宦，却仍然自称士大夫，在婚姻上多索财礼。有的才识庸劣，却盲目自大，买卖婚姻，依托富贵，我真不能理解社会上为什么这样看重他们？而且当今的士大夫有的能树立功名，官居要职，爵位高贵，善于侍奉君王和父母，忠与孝都令人称赏；有的道义清素，学艺精通而渊博，这些人足可立为门户，可以称为天下士大夫。现在崔、卢之辈，只靠远祖的官爵，难道比当朝大臣更高贵？公卿以下的大臣，何必多送给他们钱帛以求与他们结亲，这只能壮大他们的声势。可是有的人就是向声背实，以与之结亲为光荣。我现在要定士族高低的原因，就是想崇重当朝做官的人，为什么要把崔民干定为第一等呢？难道诸位不看重我封赏的官爵吗？不论数代以前，只根据现在的官职品位、人品贤能作等级，予以评定，并永远作为可以遵守的准则。"高士廉等人依据太宗的旨意，重新编定，皇族为首，外戚次之，崔民干被降为第三等。书编成后，共一百卷，太宗下诏颁行天下。以高士廉编撰有功，赐给绢帛上千段，不久又以高士廉为同中书门下三品，列为宰相。

太宗修订《氏族志》的本意是破除山东旧门阀买卖婚姻的陋习，但数百年以来形成的婚姻观念根深蒂固，不是一下子就能够破除的。不过，这种压抑旧士族的措施却是有积极意义的。他要破除旧的门阀观念，便"崇重当朝冠冕"，以此提高那些为李唐王朝的建立立下功劳且现在任职朝廷的大臣的地位。那么可以设想，根据太宗旨意修订的《氏族志》，其中必有出身庶族而因功致位通显的新贵，这些人是由于在当朝的官职爵位而跻身士流的，而且《氏族志》打破过去以门第等差排列顺序的传统，而以当朝官爵高低排列门第等级，这便有利于树立本朝的权威。一个王朝的官爵如果得不到社会尊重，这个王朝的威权也就无从谈起。太宗就是要扭转人们尊重士族门阀的旧观念而强调本朝官职爵位的重要。

这是在新的形势下调整统治阶级内部关系的重要措施。在李唐建立过程中，不少人或驰骋战场，或参谋帷幄，成为开国元勋和功臣，进入了新兴唐王朝的统治集团。然而他们中有的人出身于庶族，在谱牒上不入士流，太宗要打破旧的门阀制度的影响，确立新的用人标准，就要重新整理各地士族的谱牒，制订出全国统一的谱牒，将当朝权贵纳入士族之流，从而实现其君臣相保，世代延续，子孙永享富贵的目的。这种措施保证了当朝权贵的特权，降低了旧士族的身份地位。

修订《氏族志》是当时的一件大事，太宗对此非常重视。他选择高士廉等熟悉全国各自地区族姓的士族官员担任这项工作，如高士廉是山东地区的渤海著姓，韦挺为关中地区首姓甲门，岑文本为江南士族，令狐德棻是代北右姓。此外还吸收了"谙练门阀"的"四方士大夫"参与其事。这就保证了区别真伪、甄别盛衰的工作的顺利进行。高士廉主持这项工作，功绩很大，因而受到太宗的褒奖。

贞观十二年（638），高士廉与长孙无忌等大臣都以佐命之功，被封为世袭刺史，子孙相传，并授申国公。但大家都不乐于就任，太宗取消了这一诏命。这一年，太宗任命高士廉为尚书右仆射。高士廉自己更觉得受到太宗的恩遇深重，为了报答皇上的恩遇，多所表奏，被太宗采纳之后，就把稿子烧掉，不归功于己，以此成全太宗的美名，别人都不知道内情。太宗又让他兼太子少师，掌管选拔官吏的重要工作。贞观十六年（642），加授开府仪同三司，不久高士廉就以年老而上表请求退休。太宗让他解除了尚书右仆射之职，但仍然以开府仪同三司名列宰相，参与朝廷决策。又正式接受太宗的诏令，与魏征等人召集文学之士，撰《文思博要》一书，一千二百卷，上奏太宗，又受到太宗上千段绢帛的奖励。贞观十七年（643），太宗下诏在纪念功臣的凌烟阁中画上高士廉的画像。贞观十九年（645），太宗亲征高句丽，留皇太子在定州监国，让高士廉摄太子太傅，辅助太子，执掌朝政。太子曾下令，请有关部门在议事时给高士廉专置一案以示尊敬，高士廉坚决推辞，不肯接受。

贞观二十年（646），高士廉身患重病，太宗亲自到他的府第去看望，君臣相见，叙说平生，忍不住悲痛，感叹流泪，作了最后的告别。第二年正月，高士廉去世，太宗要亲临高士廉府上去吊唁，司空房玄龄认为太宗正服食药石，不宜临丧，上表恳劝。太宗说："我这一去，岂止是只为君臣之礼，还有我和高士廉故旧情深，姻戚义重，你不要再劝了。"太宗带了几百名骑士出兴安门，到延喜门，长孙无忌又驰马赶来，跪在太宗的马前，又加劝阻，说："服食药石，药方上明忌临丧。陛下抚育百姓，须为国家珍爱身体。我舅舅高士廉知道自己不行了，特意嘱咐我说："'皇上对我恩遇深厚,照顾得细致入微。我死之后,可能会亲自驾临。想到自己一介凡夫,生前无益于圣明的时代,怎么能在死亡的时候,又劳驾皇上亲临吊唁呢!如果死后有魂灵的话,那就要遭受阴间的惩罚了。'陛下即对故旧恩深,请您明察他的丹诚。"长孙无忌的话十分恳切,太宗仍不答应,无忌只是伏在马前流泪,太宗无奈,才回驾还宫。太宗追赠高士廉为司徒、并州都督,令陪葬昭陵。

"房谋杜断"：善谋与善断

　　房玄龄、杜如晦是贞观年间著名的良相，是太宗的左膀右臂、得力的助手。两人性格上各有特点而又常常不谋而合，配合默契。据说太宗曾跟房玄龄谋划事宜，没有最后议定，两个人就说："必须杜如晦来，才能最后裁断。"一会儿杜如晦来到，作出决断，最终还是与房玄龄意见相同。房玄龄知道杜如晦能决断大事，杜如晦知道房玄龄善于提出良好的策谋。两个人就好像写文章，一个人草写初稿，另一个加工润色，最后改定，使朝廷决策终无遗憾可悔之处。因此论及贞观宰相，人们常称"房谋杜断"。

　　房玄龄自幼聪敏，博览经史，工于草书和隶书，善于写文章。当年高祖从太原起兵，进军关中，太宗率兵到渭北。房玄龄到军中谒见李世民，两人相见便像老朋友一样亲切，李世民任命房玄龄为渭北道行军记室参军。房玄龄深感遇到了知己，竭心尽力辅助太宗，知无不为。李世民每次征战获胜，别人都争着寻求珍宝器物，房玄龄总是先寻求有才能的人，并将其推荐到李世民的幕府中。特别是遇到谋臣猛将，都要和他们悄悄地交好游处，共同效命于李世民。

　　李世民被封为秦王，房玄龄随府升迁为秦王府记室，封临淄侯；又以本职兼陕东道大行台考功郎中，加文学馆学士。房玄龄在秦府十多年，常担负书记之任，每起草军书表奏，停下马立刻就写成，语言简练，内容充实，道理讲得非常透彻，从来不曾打草稿。高祖曾对侍臣讲到房玄龄，说："这人很明白事情的道理，足以委以重任。每次为我儿草写疏奏，都非常了解我们父子的心意，虽然在千里之外，让我感到好像就在对面交谈。"后来李世民与太子建成、齐王元吉的矛盾越来越激化，建成深知房玄龄、杜如晦为李世民所亲重，因此对房、杜二人又恨又怕，在高祖面前诏毁他们，于是他们都被驱除出秦府。

　　玄武门事变发生前夕，李世民派长孙无忌召房玄龄和杜如晦，两个人伪装成道士，进入秦府，密谋诛建成、元吉之计。李世民被立为太子，提拔房玄龄为太子右庶子，赐绢五千匹。太宗即位，房玄龄代萧瑀为中书令，为新朝宰相。论功行赏，和长孙无忌、杜如晦、尉迟敬德、侯君集等五人为第一。玄龄晋爵为邢国公，赐实封一千三百户。在颁赏的仪式上，针对淮南王李神通不服房玄龄等人之功，太宗当众把房玄龄比做汉代的萧何，指出他有"筹谋帷幄，定社稷之功"，认为他功居第一，理所当然。

贞观三年（629），太宗拜房玄龄为太子少师，房玄龄坚决推让，于是让他代理太子詹事，兼礼部尚书。第二年，代长孙无忌为尚书左仆射，改封魏国公，监修国史。同时，太宗则任命了杜如晦为右仆射，二人共同执掌尚书省事务。尚书省是最高行政机关，因此房、杜成为执政宰相。房玄龄总揽朝廷各部事务，早起晚睡，尽心尽力，效忠输诚，兢兢业业，不想有一事不稳妥。听说哪个人有长处，就好像是自己的长处，尽量让他发挥出来。房玄龄熟悉官府的事务，加上又富于文学修养，审定法令，意在宽平。对人不求全责备，不以自己所长去衡量别人，不论地位高低，都根据每个人的才能加以任用。因此人们称他为良相。偶尔因事受到太宗的责备，他就会一连数日，低头请罪，满怀惶恐，觉得情面上过不去，深深自责。这年十二月，房玄龄和王珪受命掌内外官的考课，他主持制定了详细的考课之法，以"四善""二十七最"分九个等级考核各级官吏，为完善官吏考核制度和唐朝吏治清明奠定了一个良好的基础。从太宗即位以来，房玄龄就和长孙无忌等人主持律令的修订，他们对隋代《开皇律》和唐初《武德律》进行了大规模的修改，用了十年时间，终于完成《贞观律》进呈太宗。新律的修订贯彻了太宗"务在宽简"的原则，太宗非常满意，贞观十一年（637）下诏颁行。房玄龄为唐代法治建设做出了重要贡献。

贞观十三年（639），太宗又为房玄龄加太子少师的荣衔，房玄龄则多次上表请解去仆射之职，太宗不许，于是房玄龄只好以本官兼职。当时皇太子将行拜师之礼，备好仪式等待房玄龄，房玄龄出于自谦，不肯接受皇太子的拜礼，未曾谒见就回家去了。有识之士很赞赏房玄龄的崇敬谦让之德。房玄龄自感居相位已十五年之久，女儿为韩王妃，儿子房遗爱娶高阳公主，实在显贵已极，为官当忌盈满，于是连续上表请求辞去宰相之职。太宗赞扬他的谦让之举，却不肯答应他辞位的要求。贞观十六年（642），房玄龄与魏征、高士廉等人共同撰成《文思博要》

一书，又受到太宗的赏赐。进拜房玄龄为司空，仍然综理朝政，依旧监修国史。房玄龄又一次上表，陈述辞位的要求，语气非常坚决。太宗派人告诉他说："你要效法过去张良、窦融的辞让之风，自惧盈满，知足保和，这种态度很值得称赏。但是朝廷以你为相多年，现在仍然很需要你。一旦没有良相，对于我来说，好像失去了左右手。你只要筋力不衰，请不要再这样辞让了。"房玄龄只好放弃了自己的请求。

贞观十七年（643），太宗下诏将房玄龄与长孙无忌等二十四人画像绘于凌烟阁。给房玄龄的赞词是："才兼藻翰，思入机神，当官励节，奉上忘身。"太宗另立晋王李治为太子，加房玄龄为太子太傅，仍执掌门下省事务，监修国史。不久房玄龄又因撰成《高祖实录》和《太宗实录》，太宗降书褒奖，并加盖皇帝玉玺以示隆重，又赏赐绢帛一千五百段。这一年，房玄龄的母亲去世，房玄龄依礼制丁忧离职，太宗特意下敕赐给昭陵葬地，以安葬房母。不久又请房玄龄起复本官。

太宗亲自督师征伐辽东，命房玄龄留守京师。太宗亲手写下诏书，说："你承担的是当年萧何那样的重任，有你留守，我也就没有后顾之忧了。"军资器械、战士粮饷，悉委房玄龄筹办转送。房玄龄本不赞成征伐高句丽，劝阻无效，他又屡次告诫太宗"敌不可轻，尤宜诫慎"。不久房玄龄又受诏重修《晋书》，房玄龄奏请许敬宗等八人分工撰录，至贞观二十年（646）完成，共一百三十卷，太宗下诏令藏于秘府，为修书者分别颁布赏赐，晋升爵位。太宗任用大臣时，非常尊重房玄龄的意见。贞观二十一年（647），太宗驾幸翠微宫，授司农卿李纬为民部尚书。当时房玄龄在京留守，正好有人从京城来，太宗赶快问："房玄龄听说这个任命是什么意见？"来人回答说："房玄龄只是说李纬胡子很好看，没有说别的。"太宗听出房玄龄对这个任命没有肯定的意见，赶快收回成命，把李纬的职务改为洛州刺史。

贞观二十二年（648），太宗驾幸玉华宫，这时房玄龄旧病复发，太宗就请他带病留守。房玄龄病越来越重，太宗又派人把他接到玉华宫，来人用担架把房玄龄一直抬到宫殿里，到太宗的座位旁边才放下。太宗看到房玄龄病成这个样子，心里难过，不觉流下泪来，房玄龄也感动得不能自禁，呜咽抽泣。太宗派名医为房玄龄疗治，派人每天送去御膳供房玄龄食用。如果房玄龄的病稍有好转，太宗就喜见于色；如果听说他病情加重，就为之改容凄怆。这时太宗正积极筹划攻伐辽东，房玄龄告诉儿子们说："估计我将不久于人世了，可是皇上对我的恩情却越来越深，如果辜负圣君，那么死了也有责任没有尽到。当今天下安宁，各项事务都处理得十分恰当，只是东讨高句丽的事没有结束，这将成为国家的祸患。皇上对高句丽心怀怨怒，用兵征讨的心意十分坚决，臣下无人敢于犯颜进谏；我明知用兵有害，如果不进谏的话，那就会怀恨入骨。"于是房玄龄抱病上表，对太宗进行劝谏。房玄龄的表章恳切劝谏太宗休兵罢战，太宗没有采纳房玄龄的恳请，却对房玄龄尽忠国事予以肯定。他看了房玄龄的奏章，告诉自己的女儿（也是房玄龄的儿媳妇）高阳公主说："这人病危到这种程度，还在为国家忧虑，真是精神可嘉。"

后来房玄龄病势加重，太宗令凿苑墙开门，接连派中使探问病情。太宗还亲自来到房玄龄的家看望，两人握手叙别，都悲不自胜。皇太子也到房玄龄的府上与他诀别。太宗当面授房玄龄的儿子房遗爱为右卫中郎将，房遗则为中散大夫，让房玄龄生前看到儿子致身通显。不久房玄龄去世，终年七十岁。太宗为他废朝三日，追赠房玄龄为太尉、并州都督，谥号为文昭，赐给东园秘器，令陪葬昭陵。

在贞观年间，作为当朝宰相，房玄龄为了推功于太宗，他更多时候做了无名英雄。有一次，他曾因小的过失被罢遣回家。长孙皇后临终劝告太宗起用房玄龄，她说："房玄龄侍奉陛下的时间最久，一向小心谨慎，很多奇谋秘计，他都曾参与，却从不曾泄露一言半语，如果不是有大的过错，希望不要弃用他。"这说明房玄龄做了大量的幕后策划工作，只是史书上无法一一记载下来。

房玄龄的好搭档杜如晦，少聪悟，好谈文史。隋大业年间，曾参与吏部的常调选举，为吏部侍郎高孝基深所器重，说他："你有应变之才，应当作为栋梁之材任用，希望你能保全好名声。"李世民进军长安，引杜如晦为秦王府兵曹参军，不久又迁为陕州总管府长史。当时秦王府中有才能的人多被调出，李世民很忧虑，房玄龄告诉李世民说："幕府僚佐虽然离开的不少，都不值得可惜。杜如晦聪明敏捷，见识高超，是王佐之才。如果大王您只想做一名亲王，老老实实地守住自己的藩国，那他也没有太大的用处；但如果你想经营四方，统治天下，非依靠这种人不行。"李世民顿时惊悟，说："你不说，我差点失去这个人。"于是上奏高祖，留杜如晦为秦府僚属。

杜如晦随从太宗出征，太宗领兵征讨薛仁杲、刘武周、王世充、窦建德等，他都在太宗幕府，参谋帷幄。当时朝廷和军队里事务繁杂，杜如晦剖析事理，裁断疑难，随机应变，略无疑阻，深为共事者所佩服。经过多次升迁，杜如晦担任了陕东道大行台司勋郎中，封建平县男，食邑三百户。不久又以本官兼文学馆学士。李世民建天策上将府，杜如晦又担任府中从事中郎。秦府十八学士被画像，杜如晦为诸学士之冠，受到太宗的见重。太宗令褚亮为他题的赞词是："建平文雅，休有烈光。怀忠履义，身立名扬。"

太子李建成深忌杜如晦，他告诉齐王李元吉说："秦王府中令人感到可怕的就是杜如晦和房玄龄。"因此建成在高祖面前诋毁二人，杜如晦和房玄龄同时被斥出秦府。后又一同潜入秦府，密定诛除建成、元吉之计。玄武门事变成功后，杜如晦与房玄龄功劳同列第一，擢拜为太子左庶子，不久便升任为兵部尚书，进封蔡国公，赐实封一千三百户。贞观二年（628），以本官代理侍中，兼吏部尚书，仍然总管东宫兵马，大家认为他非常称职。贞观三年（629），代长孙无忌为尚书右仆射，并掌管官吏选拔事务，与房玄龄共执朝政。当时朝廷的机构设施和典章制度，都出于房、杜二人之手，人们对两个人为相执政，十分赞同。此后人们讲到良相，总是房、杜并提。杜如晦身处相位，想起了当年高孝基的话，很佩服也很感激他的知人之鉴，为他竖神道碑来纪念这位知己。

不幸的是，贞观三年（629）冬天，杜如晦就身染重病，上表请辞去所担负的朝廷职务，太宗答应了他，但俸禄和赏赐仍然同他任职时一样。太宗对他的病十分忧虑，多次派人去杜府问候，派去的名医和送名贵好药的人络绎不绝。第二年，杜如晦病得快要不行了，太宗派太子到府上去慰问，自己也亲临杜如晦的住宅看望。太宗抚摸着如晦的病体，难过得流下泪来，赐给绢帛上千段；又在杜如晦未终之时，破格提拔他的儿子杜构为尚舍奉御。杜如晦去世，享年仅四十六岁。对这位中年殒逝的亲信大臣，太宗十分悲伤，忍不住放声大哭，为他废朝三日，追赠为司空，徙封为莱国公，谥号为成。太宗亲手写下诏书给虞世南，说："我和杜如晦，君臣之义重如泰山。现在他不幸早逝，追念他过去的功劳和我们往日的交情，我为他的死感到很悲痛。请您体念我的心情，为他写一篇碑文。"

后来有一次，太宗吃瓜，瓜的味道很美。他想到这样好的瓜应该请大臣们共享，但一想到杜如晦已经去世，不能与大家一起享受今日的欢乐，顿时悲从中来，于是只吃了一半，派人把剩下的一半送到杜如晦的灵座前祭奠。还有一次，太宗赏赐房玄龄一条黄银带，他回头向房玄龄说："过去杜如晦和你共同辅助我，可是今天颁发赏赐，却只能看到你一个人。"于是泫然流涕。他又说："我听说鬼神都害怕黄银。"就派房玄龄亲自把一条黄银带送到杜如晦的灵堂。过了不久，太宗忽然梦见杜如晦还像活着时一样，到天亮时，他告诉了房玄龄，说着说着又难过得流起泪来，派人把御馔送到杜如晦的灵座前祭奠。杜如晦去世一周年时，太宗派人去慰问他的妻子儿女，杜如晦生前的僚佐都不罢免，一如他活着时一样。

魏征：谏臣之楷模

　　太宗的大臣中，魏征是以勇于谏诤著称的。由于他的直言敢谏，使太宗避免了不少失误，对唐太宗个人修养的提高和政治方针的制定都发挥过重要作用。

　　魏征少孤贫而有大志，不事产业，出家为道士。好读书，博览群籍，见隋末世乱，特别留心于政治策谋的研究和学习。当隋朝末年农民起义蜂起时，魏征也加入了元宝藏的队伍，任书记。不久又入李密幕府，后随李密降唐。由于在京城很久不被赏识，就自请安辑山东，于是朝廷任命他为秘书丞出使。至黎阳，在这里魏征劝说李密的旧将李勣降唐。但当窦建德率众南下时，魏征又被窦建德俘获，被窦建德任命为起居舍人。窦建德被太宗击败，魏征又入关归唐。太子建成闻其名，引为太子洗马，甚加礼敬。（洗马，官名。秦时始置，汉时亦作"先马""前马"，太子属官，侍从，太子出行时为前导。）

　　在此之前，魏征虽然也受到不少人的赏识，但在关键问题上他的意见常不被采纳。玄武门之变后，李世民不计前嫌，任用魏征为太子詹事、主簿。李世民即位，又提拔他为谏议大夫，委派他出使河北，做安抚人心的工作，他出色地完成了使命。太宗常引魏征入寝殿，向他咨询政治得失。魏征虽然年轻，却富于政治才能和斗争经验，加上学识渊博，性格又正直，不为权势所屈，他的意见常常被太宗欣然采纳。魏征也为遇到太宗这位英明的君王而高兴，因此竭忠尽心于国事，以报答太宗的知遇之恩。跟太宗一起议论政事，知无不言，对太宗的错误大胆地批评。太宗曾对魏征说："你所陈述的意见和劝谏的事项，前后二百多条，如果不是你以至诚报效国家，怎么能这样尽心呢？"遂提拔魏征为尚书左丞。

　　有人劾奏魏征有袒护亲戚、结党营私的行为，太宗派御史大夫温彦博调查此事，结果证明纯属诬告。但温彦博上奏太宗："魏征作为朝廷大臣，言行要婉转一些。他锋芒毕露，见事直言，不能远避嫌疑，所以招致了别人的诽谤。虽然他本人实无私心，但也有可以责备之处。"太宗就让温彦博以此对魏征提出批评，并说："以后要有所收敛，不要那么直来直去。"有一天，魏征入朝上奏："我听说君臣同心协力，义同一体。如果凡事不出于公心，只讲远避嫌疑，说话婉转，怕得罪人，君臣上下都这样的话，那么国家兴亡就不可知了。"太宗遽然改容说："我已经明白了，后悔原来说的话。"魏征连拜两拜，又说："希望陛下让我做一名良臣，不要让我做忠臣。"太宗说："忠臣和良臣有什么不同吗？"魏征说："稷、契、咎陶等人辅助君王建立功业，他们是良臣；关龙逢、比干等因为批评君王的错误而被杀，就是忠臣。良臣荣获美名，君王也得到尊贵的称号，子孙代代相传，福禄无疆。忠臣身被诛戮，君王也陷身恶名，国灭家亡，空落一个忠臣的美名。由此来看，忠臣和良臣相差很远。"太宗深感魏征的话有道理，赏赐他绢帛五百匹。

贞观三年（629），魏征以秘书监参与朝政，进入宰相之列。秘书监是秘书省的长官，掌管图书典籍。魏征深感隋末战乱以来，书籍散乱，上奏太宗，组织学者整理典籍，校定四部书。数年之间，秘书省的图书便完备起来。

魏征列名宰相，深为太宗所倚重，太宗感到魏征须臾不可离。无论政治、外交、朝廷、内宫等各种事务，魏征总是能提出中肯的意见。高昌王麹文泰将入朝，西域各国都想利用他入朝的机会，派遣使者来贡献方物，太宗令麹文泰的使者厌怛纥干前往迎接。魏征劝谏说："中原地区战乱刚刚结束，战争的创伤尚未得到治愈，如果稍微有点劳役，百姓皆不得安宁。往年麹文泰入朝，所经州县尚且不能供应，何况再加上西域其他国家的使者。如果任由他们的商人往来贸易，边境地区的百姓能从商品交换中获取利益；如果把他们作为宾客看待，那么我们将遭受这种交往之苦。东汉建武二十二年（46），天下已经安宁，西域各国请汉王朝设置西域都护，还送来他们的儿子作为人质，光武帝没有答应，就是不能因为蛮夷而使中国受劳弊之苦。现在如果允许十个国家入贡，他们的使者加起来不少于一千人，沿边诸州如何能供应得起呢？人心万变，我担心这事会引起百姓的不满，将来后悔就来不及了啊！"太宗认为魏征的意见很对，这时厌怛纥干已经出发，又赶快派人把他追了回来。

太宗驾幸九成宫，有宫人还京，住宿在沣川县官舍。一会儿，右仆射李靖、侍中王珪也来到沣川县官舍，县吏把宫人移到别处居住，请李靖和王珪住官舍。太宗听说大怒，说："权威祸福难道是由李靖等人掌握吗？为什么礼敬李靖等人，却看不起我的宫人！"就要派执法官调查审理沣川县官吏和李靖等人。魏征劝谏说："李靖等人是陛下的心膂大臣，宫人不过是服侍皇后的奴仆。论起他们所承担的责任，轻重不同。李靖和王珪从朝廷出来，官吏们通过他们了解朝廷的法令制度；回到朝廷，陛下要向他们询问百姓疾苦，李靖和王珪就应当和官吏们相见，官吏们也不能不拜谒。至于宫人，除了供给他们吃用以外，官吏们不应该参见、奉承他们。如果因此治县吏们的罪，恐有损于皇上的声望，令天下人闻之惊叹。"太宗认识到自己的失误，不再追究县吏和李靖等人。

太宗在丹霄楼宴请大臣，喝到高兴时，太宗告诉长孙无忌说："魏征、王珪起初都在东宫，尽心于建成，那时确实令人痛恨。我能提拔任用他们，所以他们才有今天，我也足以无愧于古人了。然而魏征每次进谏，我如果不听从，再叫大家发表意见，他竟不予答应，这是为什么呢？"长孙无忌回答："作为臣子，以为有的事不能做，才陈述自己的看法。如果陛下不听从，他立刻就附和，恐怕这事就那样做起来了。"太宗说："只是当时附和一下，过后再加以陈说，难道不行吗？"魏征说："过去舜告诫臣下：'你们不要当面顺从我，退朝后又另发议论。'如果我当面顺从陛下，事后才发表不同的意见，这就是舜说的'退朝后发议论'，这哪里是稷、契事尧、舜之意呢？"魏征既表达了自己的观点，又把太宗比作尧、舜，话说得很委婉，让太宗听了既认识到自己的过错，又感到心里舒服。太宗很高兴，大笑道："别人都说魏征举止疏慢，我只觉得他妩媚动人，就是为此。"魏征拜谢说："陛下引导我们进谏，我才敢大胆进谏，如果陛下不接受臣下的进谏，我怎敢多次冒犯龙颜！"

贞观七年（633），太宗让魏征代王珪为侍中。尚书省有不少积压的案件，太宗下诏让魏征审理。魏征本来不习法律，但他以情处断，于法于理都大体过得去，人们无不悦服。显然，魏征是以太宗的"宽简"为原则的。这一年，太宗布置的修撰六朝史的工作完成了。在整个修史过程中，魏征受诏总加撰定。魏征做了不少增删修正工作，特别是《隋书》的序论，都是魏征所作。《梁书》《陈书》《北齐书》则各写了总论。这些史书获"良史"之称。魏征因此加左光禄大夫，赏赐绢帛两千段。

魏征自以为无功于国，只是以辩说议论而身居相位，参与朝政，因此深惧满盈。加上他患有眼病，视力不好，于是多次上表请求逊位。太宗说："我提拔你于仇庑之中，委任你枢要之职，看到我的过错时，你直言敢谏，从无保留。黄金在石矿里有什么可贵？良匠把它锻成金器，就为人所珍重。我正自比于金，以你为良匠。你虽然有病，但不算衰老，岂能这样就退位呢？"后来，魏征又坚持请求逊位，太宗不好违背他的心意，拜他为特进，但仍掌门下省事。

经过几年的治理，社会已经安定，经济有所恢复。唐王朝先后击灭了东突厥和吐谷浑，国势强盛。太宗开始产生骄逸之心。魏征除了针对太宗的行为举措失当处及时进行批评外，特别担心太宗骄逸之心滋长起来。他随太宗东幸洛阳，途中住宿昭仁宫，太宗嫌有关人员供应的膳食不够好，他的要求没有得到满足，不少人遭到谴责和处罚。魏征立刻提出批评，他说："隋炀帝就是责备官吏不献食，或供奉的食物不好，这种欲求不断扩大，无限膨胀，终于亡国。所以，陛下才能够取代隋朝皇位，正应该小心谨慎，戒骄简约，怎么能让人因为不够奢侈而后悔呢？足与不足，全在人的要求高低，如果以为已经充足了，现在就不仅仅是充足的问题，简直是绰绰有余了；如果以为这还不充足，那么即便超过这一万倍，能让人感到满足吗？"太宗顿时吃惊道："若不是有你在这里，我听不到这样的批评。"魏征仍感意犹未尽，回去后又写了一道奏疏，对这次太宗轻易处罚官吏进行批评，由此他又指出太宗近来用刑"或由喜怒，或出好恶"而造成轻重失当的错误，最后劝太宗以亡隋为鉴，居安思危，力避骄奢淫逸。

太宗经常对几年来的政绩津津乐道，流露出志得意满的情绪。有一天，他问大臣："近来朝廷施政和国家的局势怎么样？"魏征看到由于几年来社会安定，国家呈现出升平景象，太宗对政事有所疏忽，便回答说："陛下在贞观之初，总是引导大臣直言进谏，在开始的三年看到进谏者，总是高兴地采纳他们的建议。最近一两年，虽然勉强接受臣下的进谏，可是心里总是愤愤不平。"太宗原想大臣们会称颂他的功德，魏征的话使他很感意外，就说："你这样说有何证据？"魏征说："陛下初即位时，曾论元律师之罪，以为当杀。孙伏伽进谏，说按照法律，罪不至死。陛下把兰陵公主的园囿赐给孙伏伽以作奖赏，这是引导大臣直言进谏。后来柳雄虚报在隋代的资历，被有关官员查出，弹劾他的假冒，根据你的诏令将定为死罪，戴胄认为依照法律应判处徒刑，反复执奏，四五次之后，才赦免了他，您又告诉戴胄说：'你如此守法，我不担心会有滥刑了。'这是高兴地听从臣下的谏言。最近皇甫德参上书言'修洛阳宫是劳民之事，收地租是厚敛百姓，社会上妇女喜欢高挽发髻，是受皇宫中发式的影响。'陛下听后大怒，说：'这家伙想使国家不役使一个人，不收一斗租，宫中妇女没有头发。'我当时上奏说'人臣上书，话说得不激切不能引起皇上的注意，激切就接近讪谤'。那时陛下虽然听从我的话，还赏给我绢帛，罢除了修宫收租的事，但您心里始终为此愤愤不平。这就是难于受谏了。"太宗明白过来，说道："不是您，没有人能讲出这样的道理来。人就是常常苦于自己认识不到自己的错误。"

太宗动用人力造飞山宫，魏征知道这件事时，工程已经进行多时，要工程下马已不可能，但他觉得重要的是要抑止太宗越来越滋长的骄奢淫逸之欲，不能再发展下去。所以他又上疏劝诫，疏中用隋朝灭亡的教训，告诫太宗不要重蹈覆辙。

他写道："隋朝统治天下三十多年，皇威远被，连边远地区的少数民族也望风慕化，可是后来却顷刻瓦解，国亡身灭。那隋炀帝难道厌恶社会安定，喜欢国家败亡吗？是因为他仗着国家的富强，不考虑后患。驱使天下百姓，劳役不休，来奉养自己一人，一味追求美女玉帛，修建和装饰华丽的宫宇台榭，不按季节抽调民夫，无休止地发动战争，对外显示威重，对内则行猜忌，进用谗邪之辈，斥退忠诚正直大臣，上下互相蒙骗，百姓不堪忍受其暴政，最终死于匹夫之手，为天下人耻笑。陛下圣明英武，乘机而起，拯救百姓于水火之中。现在宫观台榭您都住上了，奇珍异宝您都收入府库了，良姬美女都陪侍在您身边了，四海九州都对您俯首称臣了。如果能够从隋朝灭亡的原因中吸取教训，经常考虑到我大唐是怎么得到天下的，烧掉那些装饰着珠宝的华丽衣物，拆除那些高大宽敞的宫殿，坦然居住低矮的宫室，这是上等的品德。如果能保持已经取得的成果，尽量利用旧物，中断那些不急之务，避免增加百姓的负担，那是次等的品德。忘记创业之艰难，认为可以仰仗天命，永保皇业，因基增旧，甘心侈靡，让百姓看不到自己的恩德，却只听到驱使他们劳役的消息，这是下等的品德。以新的暴政代替旧的暴政，那就和灾难、祸乱相伴同行。立身行事不合乎法度，就不能为后代树立榜样。人怨神怒就会发生灾害，灾害发生就会造成祸乱；一旦造成祸乱，而能做到安身立命扬名后世的就太少了。"

显然，魏征是抱着致君于"上德"的恳切愿望劝告太宗的，忠心可鉴。这些"以亡隋为鉴"的慷慨陈词不能不给太宗以极大的震动。

这一年，东都连降大雨，谷水、洛水两条大河暴涨，河水溢出，冲毁宫室十九处，淹没百姓六百家。太宗觉得是政事有误上天示罚，请群臣进封事议论时政。魏征又利用这个机会，上封事指摘时弊。在封事中，魏征主要批评了太宗在用人方面的失误，其中讲道："自我唐朝建立，至今已十多年，仓库粮食越来越多，土地越来越广，可是皇帝的道德却不是与日俱增，施加百姓的仁义不是逐日深厚。这是为什么呢？主要是因为对待臣下的情义还不够诚信，虽然起初能够勤心待下，却没有能够善始善终。所以便使邪佞之徒得以施展其狡猾的手段，把志同道合尽心国事的人称为朋党，把诬告诽谤视为公正无私，说那些坚定正直的大臣是擅权，忠诚直言的人是恶意攻击。称之为朋党，即便是忠诚的言行，也被认为可疑；称之为公正，即便是弄虚作假，也不会受到查处。坚定正直的人害怕被误认为擅权，因而不能竭心尽力；忠诚直言的人担心被称为诽谤，因而不敢据理力争。皇上的耳目被迷惑，大道理也就听不进，妨碍教化，损害道德，没有比这些更严重的了。"他希望太宗能够区别君子小人，对待臣下"怀之以德，待之以信，厉之以义，节之以礼。然后善善而恶恶，审罚而明赏"。这样无为而治的局面就为期不远了。太宗看了魏征的封事，亲手写下诏书予以褒奖，并废明德宫玄圃院，将土地赐给遭受水灾的百姓。

太宗对魏征的直言敢谏给予充分肯定。在一次宴席上，太宗说："贞观以前，跟随我平定天下，在动乱的年代历尽艰难，房玄龄立了大功；贞观以来，纳忠进谏，纠正我的违误，为国家谋求长治久安之计，则只有魏征。即便是古代的名臣，有谁能超过他们呢？"他解下身上的佩刀，亲手赏赐给二人。太宗曾经问大臣们："魏征和诸葛亮相比，谁更贤明？"岑文本回答："诸葛亮才兼文武，出将入相，这一点不是魏征能比得上的。"太宗说："魏征从仁义出发，辅助我治国安邦，想使我成为尧、舜那样的圣君，这方面即便是诸葛亮也不能与他相比。"当时上封事的人很多，有的提出的批评不切实际，太宗很厌弃，对这些上封事的人想加以黜责。魏征劝谏道："古代帝王在门前竖立谤木，让别人批评自己的过错。现在的封事，其作用就和过去的谤木一样。陛下想知道施政的得失，应当让大家尽情发表意见。说得对呢，对朝廷有益；说得不对，对朝政也没有损害。"太宗顿时高兴起来，对那些上封事的人都加以慰问，表示感谢。

对于太宗生活作风上骄奢的倾向，其他大臣也多所批评。太宗每次都表示接受，但他仍不断地产生追求奢侈的行为，而且对于朝臣的态度，也由原来的比较谦虚变得越来越傲慢了。在不少场合，他反复地讲到自己文治武功所取得的成就，认为自己与古代帝王相比，有过之而无不及。虽然他总是表示要戒奢止欲，切忌盈满，但言外之意所流露出的满足感，还是让人明显地感觉到他骄傲的情绪在滋长。太宗作为一代明君，他从理智上清楚地认识到大臣们讲得是有道理的，但当生活为他提供了足以享乐的条件时，他也难以抑制自己的欲望。从贞观五年（631）、六年（632）以后，理智与情欲就在太宗思想上交战。魏征对太宗近年来生活"颇好奢纵"和这种"言之是也，行之非也"的矛盾表现甚感忧虑，因为他认识到像这样置大臣的批评于不顾，发展下去，必然造成严重的个人专断作风，这会产生不良的政治后果。贞观十三年（639），阿史那结社率作乱，云阳县有石头燃烧，从前一年冬天到当年五月，一直不下雨，关中大旱。魏征又利用这个机会，上疏对太宗提出批评。在这道奏疏中，魏征一条条列举太宗的过失，认为他有十个方面越来越不能做到善始善终，希望他能保持贞观初年的优良作风，在此节略这道奏疏的要点如下。

陛下贞观之初，年富力强，抑情损欲，躬行节俭，国家富强，社会安宁，于是实现了天下大治。从我被提拔到您的身边，至今已有十多年，常常侍奉左右，多次亲奉明旨，您许诺要坚守仁义之道，永不背离，俭约朴素，始终不渝。至今德音在耳，不敢暂忘。但是近年以来，您有些背离了过去的志趣，逐渐不能做到始终如一。我恭谨地具列如下，希望对您能有万分之一的裨益。

陛下在贞观之初，清静无为，戒奢止欲，远夷遐方都感受到浩荡皇恩。审察现在的举措，这种作风已经逐渐丧失。遣使到万里之外求购骏马，并搜取奇珍异宝。过去汉文帝谢绝千里马，晋武帝烧掉雉头裘。陛下平时讲起大道理，常与尧、舜相比，难道现在却要身处汉文帝、晋武帝之下吗？这是逐渐不能善始善终的第一个方面。

陛下在贞观之初，怜悯百姓的勤劳，把人民视如自己的儿女，经常想到节省人力，不轻易动工兴建。近年来已然奢侈起来，就想到要动用人力，于是就说："百姓无事就会贪图享受，经常承担劳役就容易驱使。"自古以来，没有百姓安乐而导致国家倾败的，哪里有事先担心他们贪图享受而令他们从事劳役的呢？这是逐渐不能善始善终的第二个方面。

陛下在贞观之初，损己以利民，近年来却放纵自己的欲望而劳扰百姓。虽然忧虑百姓的话不绝于口，可是实际上更关心的是使自己享乐的事。有时想营建宫室，又担心有人谏阻，就说："不建这座宫殿，对我的身体有所不利。"作为大臣，理当爱护皇上，推之人情，谁还敢再谏诤呢？这是逐渐不能善始善终的第三个方面。

陛下在贞观之初，亲近君子，疏远小人。现在却不如此，口头上说轻贱小人，礼重君子。可是礼重君子，敬而远之；轻贱小人，狎而近之。亲近小人，不能发现他们的不良行为；疏远君子，不能了解他们哪些地方做得对。不知道他们对在哪里，那么即便没有人离间，关系自然也疏远了；看不到小人们的不良行为，那么不自觉地就产生了亲昵之心。亲近小人，疏远君子，却想治理好国家，我从来没有听说过。这是逐渐不能善始善终的第四个方面。

陛下在贞观之初，不看重珍异的物产，不做无益之事，而今好尚奇异，难得之货，不管路途多远，一定要设法弄到；搜求玩好之物没有止息的日子。处上位者奢侈浪费，却希望下面的人简朴；力役不息，却希望不妨害农业生产，那是不可能的事。这是逐渐不能善始善终的第五个方面。

陛下在贞观之初，求贤若渴，贤明者推荐的人，您都信而不疑，加以任用，取其所长，常恐不及。近年以来，用人常出于个人的好恶，由于有众贤者推举而任用了，可是有一个人加以谗毁就放弃了；虽然多年任用，值得信任，但一时怀疑就加以斥退。一个人的品行好坏，总是要根据平时的表现来看的；有没有能力由他做的事来证明，一个人的褒贬毁誉未必可信，积年累月的表现不应该被轻易忽视。可是陛下不明察事情的原委，偏听偏信个别人的议论，就轻易加以肯定或否定，使谗佞之辈得以施展其伎俩，却疏远了坚持原则正直不阿的大臣。这是逐渐不能善始善终的第六个方面。

陛下初登大位，高居朝廷，勤心政务，心无嗜欲，清静无为，无畋猎游好。数年之后，不能抑制个人的兴趣，虽然不像夏朝的太康那样游乐无度，十旬而返，却也常违礼越制。于是陛下盘游娱乐，理所当然地受到百姓的讥笑；远及四方边境地区的少数民族，也向您进贡鹰犬。有时教练射猎之处，道路遥远，清晨出发，入夜才回，以驰骋为乐，不防备意外事故，如果发生了不测，那还有救吗？这是逐渐不能善始善终的第七个方面。

陛下即位之初，恭敬地接待臣下，皇恩下施，臣情上达。大家都诚心效力，心无所隐。近年以来，多所忽略。地方官充使入朝，盼望一睹圣颜，陈述所见。

可是想讲话时，看不到您的好脸色；想有所请求，您又不加礼敬。偶尔发现他们的某种短处，就细细追究他们那些小小的过错。即便有聪明善辩的才略，也没有人能够充分表达他们的忠诚。像这样希望上下同心，君臣协力，不是太难了吗？这是逐渐不能善始善终的第八个方面。

陛下在贞观之初，对治国之道孜孜以求，常常感到自己能力不足。近年来，自恃功业超越古代圣王，滋长了骄傲情绪；放纵个人的欲望，为所欲为，即便接受了臣下的劝谏，却常常耿耿于怀；追求游乐，从不感到满足，虽然没有完全妨碍政务，但也不能专心政事了；还无事兴兵，发动对边远地区的战争。亲近的人顺旨而不肯进言，疏远的大臣害怕您的威严而没有人敢劝谏，这样发展下去，将有损于陛下的声望。这是逐渐不能善始善终的第九个方面。

贞观之初，连年霜旱，京畿百姓，都到关外就食，扶老携幼，来往数年，却没有一户逃亡，没有一人叫苦。这实在是由于他们都体念到陛下矜育百姓的情怀，所以至死也不生二心。近年来百姓从事劳役，疲于奔命，关中的人民，劳役尤其繁重。各色工匠服役期满后，还要强留继续雇用，府兵轮番宿卫，还另外差遣从事力役。乡里经常有和市之事，转运赋物的人络绎不绝。如果再发生水旱霜灾，庄稼没有收成，我担心百姓不会再像过去那样服服帖帖了。这是逐渐不能善始善终的第十个方面。

祸福不择门而入，都是由人自己招来。人如果没有过失，灾变就不会无缘无故发生。现在旱灾遍及全国各地，凶丑叛逆之辈在陛下面前作乱，这是上天所给的警告，正是陛下忧危劳苦之日。皇上有许多可以做到的事情却没有去做，这正是我深为忧虑感叹的啊！

这就是著名的《十渐不克终疏》。这十个方面的议论，是指责太宗全方面的倒退，批评是很尖锐的。魏征不畏犯龙颜，这样的奏疏确实很大胆。这道奏疏递到太宗手里，太宗看后，告诉魏征说："作为臣子侍奉君王，顺从皇上的旨意很容易，触犯皇上的情意特难。你作为我的股肱耳目，要经常思考和议论我的过失，把意见及时反映给我。我现在闻过能改，希望能做到善始善终。如果违背了你的建议，还有什么脸面与你相见？还有什么办法去治理天下？自从收到你这份奏疏，我反复阅读，认真研讨，深感词强理直，就把它书写在屏风上，摆在室内，以供我早晚都能看到。又抄写了一份交给了史馆保存，希望千年以后人们能了解我们君臣共治的道理。"他又赏赐魏征十斤黄金、两匹御厩的骏马。作为帝王，其骄奢淫逸的习性和个人专断的作风，不是靠一道奏章能克服改正的。太宗能从理智上认识到这种批评是善意的，是有益的，即便不能彻底改正错误，这至少也在一定程度上遏制了太宗的一些不良执政行为。对比中国历史上其他皇帝，太宗毕竟是较能接受批评的。即便在他后期，他仍不断地鼓励臣下对自己直言进谏，而且从没有因为大臣进谏而予以处罚，尽管有时他未必听得进去。

贞观十七年（643），魏征病重，魏征家没有正殿，太宗命停止修建一个小殿，用省下的木材为魏征建正殿。还赐给素褥布被，以顺从他简朴的习惯。太宗命中郎将住到魏征家里，以便及时通报魏征的病情，赐给魏征药物和膳食不计其数，派去看望的中使相望于道。太宗还亲自去探望魏征的病情，屏除左右，跟魏征密谈一整天才回宫。魏征临终前，太宗又和太子来到魏征的府第，魏征穿上了朝服见太宗，太宗手抚魏征病体，流下泪来。太宗打算把衡山公主嫁给魏征的儿子魏叔玉，这时公主也跟着来了。太宗说："请你强打精神看一眼你的儿媳妇吧！"魏征已经不能跪谢皇恩了。这天晚上，太宗梦见魏征，第二天天亮，魏征去世。太宗亲临魏征府第吊唁，为之恸哭，罢朝五日。出殡那天，太宗登苑西楼，远望灵车，失声痛哭。太宗还亲自为魏征写了碑文。后来太宗在朝廷上感叹魏征之死，说："以铜为镜，可以正衣冠；以古为镜，可以知兴亡；以人为镜，可以明得失。我常保有这三面镜子，防止自己的行为发生过错。现在魏征逝世，我失去了一面镜子。"

太宗晚年，不听臣下劝谏，执意伐辽东，无功而返，损失惨重。军还，路经魏征墓，太宗怅然道："如果魏征还活着，我就不会有远伐辽东之举了。"

魏征不愧为一代谏臣，他直言敢谏的作风，深深影响了贞观一朝的政治风气。有一次，太子李治曾犯颜进谏，劝阻太宗杀苑西监穆裕，长孙无忌盛赞太子敢谏的行为，太宗就说："自从我即位以来，虚心接受正直的批评，就有魏征朝夕进谏。魏征去世以后，又有刘洎、岑文本、马周、褚遂良等人继之。皇太子从小在我跟前，常常看到我从内心里喜欢那些直言进谏的人，耳濡目染，习以成性，所以才有今日之谏。"

李靖：开疆拓土，出将入相

太宗手下著名战将不少，其中李靖、李勣是最有名的两位将军。贞观年间太宗的辉煌武功，是和这两位名将的名字联系在一起的。

李靖身材魁梧，少年时就显露出文武才略，他常常告诉亲人们说："大丈夫如果遭逢圣明的君王和时代，一定要建立功业盛名，取得荣华富贵，何必要做寻章摘句的儒生。"他的舅舅韩擒虎是隋朝名将，每次和他议论军事，都称赏不已，抚摸着他的背说："可以一起谈谈兵法的，只有我这位外甥。"在隋朝他先担任长安县功曹，后来到朝廷任驾部员外郎。宰相杨素很器重他，杨素曾拍着自己的坐榻说："你将来有一天会坐到这个座位上。"

隋朝末年，李靖担任马邑郡丞，后随李世民讨王世充，立下战功，授开府。又与赵郡王李孝恭共击江陵萧铣，李靖刚毅果断，足智多谋，大获全胜，平定荆楚。由于李靖对萧铣旧部采取宽大政策，赢得了南方各地的好感，江汉流域的地方势力纷纷归附唐朝。李靖因此受到高祖的奖赏，任命他代理荆州刺史，根据高祖的诏命，由他任命当地各级官吏。李靖越过五岭，到了桂州，对当地酋豪推行招抚政策，当地酋长都派子弟入京朝见，于是岭南九十六州都表示归顺。高祖下诏对李靖进行慰劳和勉励，任命他为岭南道抚慰大使，代理桂州总管。武德六年（623），辅公祏在丹阳反叛，高祖下诏令李孝恭和李靖统兵征讨。李靖料敌制胜，苦战破敌，于是江南全部平定。这一战体现了李靖善于捕捉战机，出敌不意，兵贵神速，奇兵取胜的用兵特点。江南平定后，朝廷置东南道大行台，任命李靖为行台兵部尚书，后来又代理扬州大都督府长史。吴楚一带连遭兵乱，百姓困穷，李靖实行安抚政策，使人心安定下来。高祖曾称赞李靖说："李靖是置萧铣、辅公祏死地的将军，古代有名将韩信、白起、卫青、霍去病等，但他们哪里比得上我大唐的李靖呢！"武德八年（625），突厥侵犯太原，命李靖率江淮兵万人屯太谷。这一次各路军队都遭惨败，只有李靖一军毫无损失，整师而返。

李世民即位，拜李靖为刑部尚书，并根据他前后所立大功，赐实封四百户。贞观二年（628），以本官兼代理中书令，进入宰相之列。贞观三年（629），转兵部尚书。

隋末以来，突厥转盛，一直是中原地区北方的主要敌人。唐朝建立后，北方的东突厥屡为边患，太宗经过数年的努力，积极准备对突厥的反击。现在，东突厥各部矛盾加剧，部落离叛，加上自然灾害严重，连年大雪，牲畜大量冻死，因此势力大衰。太宗听取了代州都督张公谨对敌我形势的分析，认为战略反攻的机会到了。这年八月，太宗部署五路大军进击东突厥。李靖为代州道行军总管，率三千精锐骑兵，从马邑出发。李靖仍然采取他一贯的出其不意的战术，迅速进兵，突然出现在距突厥颉利可汗牙帐很近的恶阳岭。飞兵天降，颉利可汗感到非常意外，对唐军的突然到来十分恐惧，他告诉左右说："唐朝如果不是发动全国的军队而来，李靖怎么敢孤军深入呢？"于是突厥上下震恐，一日数惊。一有风吹草动，便惊慌失措。李靖派人侦察到这种情况，就派间谍深入敌营，对敌人进行分化离间，颉利可汗的亲信大臣康苏密率众投降。相持到第二年正月，李靖乘颉利不备，夜袭定襄城（今内蒙古清水河县），大破突厥军，颉利可汗脱逃，仅以身免。当年投靠突厥的隋齐王杨暕的儿子杨正道、隋炀帝萧皇后也被李靖军所获，押送京师。这就是定襄大捷。李靖以功进封代国公，太宗赏赐李靖绢帛六百段，还有名马、宝器等。当年渭水与颉利结盟，太宗为了退敌，曾赠送突厥不少金帛，太宗深以为耻，一直耿耿于怀。这次他感到出了这口恶气，他表彰李靖说："汉代李陵率五千步兵，度越大漠，与匈奴交战，却不免投降匈奴，尚且留名史册。现在李靖仅以三千轻骑深入敌境，收复定襄城，威震突厥，这是自古以来尚未有过的奇功，足以洗刷我当年渭水结盟的耻辱。"

李靖攻取定襄之后，颉利可汗十分恐惧，退守铁山，尚有数万兵马。他派亲信执失思力入朝谢罪，请举国内附。太宗便以李靖为定襄道行军总管，率兵前往接应。颉利虽然表面上派人朝见，而内心里仍犹豫动摇，徘徊观望，他最担心的是唐军乘胜进击，他故作缓兵之计，因而惴惴不安。这年二月，太宗派鸿胪卿唐俭、将军安修仁持朝廷符节前往安抚，颉利稍觉安慰。颉利求和是缓兵之计，也是对唐朝的试探。唐朝受降，他可以暂作休整，伺机再起；唐朝不许其降，他则尽早远离此地，避开唐军主力。太宗也知道颉利未必真心降附，只要让突厥保存实力，终为后患。但若不受降，颉利有可能率众逃走；如果听信他们投降，则可能给敌人以喘息的机会。所以他派李靖率大军迎接，名义是接应，其实是让李靖寻机一举灭之，断绝后患。又派唐俭等人前往安慰，目的则是稳住颉利，防止他率众脱逃。当李靖揣摩出太宗的这一用意后，深深佩服太宗的深谋远虑，他告诉将军张公谨说："朝廷的使者到了突厥那里，颉利一定会放宽心而不加戒备，从白道突袭一定大获全胜。"于是挑选一万精锐骑兵，带上二十天的干粮，引兵进袭突厥。张公谨说："皇上下诏允许突厥投降，朝廷的使者又在敌营中，恐怕进攻不大合适。"李靖说："这是用兵的良机，机不可失，韩信破齐正是此计。即便牺牲了唐俭等人，与击灭突厥的重大胜利相比，又有什么可惜。战争总是要付出代价的。"李靖督促战士急行军，进至阴山，遇到突厥的巡逻队千余帐，并将他们全部俘虏，并令他们随军前往。颉利见到唐朝使者，非常高兴，放下心来，对唐军不加防备。李靖的骑兵到了逼近突厥牙帐十五里处，敌人才发觉唐军打来了，颉利畏惧李靖的军威先逃走了，部众因而大乱。李靖挥军掩杀，杀死一万多人，俘获突厥男女十多万，还杀了颉利的妻子，即隋义成公主。颉利乘千里马想投靠吐谷浑，被西道行军总管张宝相活捉，献俘朝廷。不久突利可汗也前来归附。至此，唐军尽收定襄、常安二郡地区，把国界向外扩大到阴山以北直至大沙漠。

当李靖击灭东突厥的消息传到朝廷，太宗抑制不住内心的激动和喜悦。他高兴地向大臣们宣布了这个重大胜利，并且说："我听说，如果皇上忧虑，臣下就感到耻辱，皇上受到侮辱，臣子就耻活于世。过去当我大唐草创之时，太上皇为了百姓的利益，向突厥屈辱称臣，我为此痛心疾首，立志消灭突厥。突厥未灭，我坐不安席，食不甘味。现在只劳一军出征，所向无敌，连突厥的首领也被押入京，大家说，当年的耻辱是不是已经得到洗雪了！"群臣高呼"万岁！"于是大赦天下，请百姓食肉五日以示庆祝。

阴山大捷，击灭东突厥，李靖的军士抢掠了不少突厥的珍宝。事后，李靖受到御史台的弹劾，说他"军无纲纪"。太宗虽对李靖大加责备，却不以小过掩其大功，赦免了他的过错。下诏加左光禄大夫，赐一千匹绢，食邑通前五百户。太宗知道，将军统兵远征，纵兵抢掠也是一种激励士气的手段，战争是那样艰苦，将军靠什么督促战士效命疆场呢？如果一味要求军纪严明，那么可能也就没有了那辉煌的战功了。当太宗想到这些时，他顿时觉得检举李靖者有点嫉妒和诋毁的用意了，所以不久他就告诉李靖说："以前有人谗毁你，现在我已经明白了，你不要记在心里。"又赐绢两千匹，拜李靖为尚书右仆射。

李靖性格沉稳忠厚，每次与宰相们参议朝政，他都恭谨得好像不善言谈一样。贞观八年（634），太宗下诏任命李靖为畿内道安抚大使，视察地方行政，了解世风民情。不久，他就以足疾为由上表请求退休，语气非常恳切。太宗专门派中书侍郎岑文本做这位将军的思想工作，并转达太宗旨意："我看自古以来，身居富贵，能知足退位者很少。不管愚蠢还是聪明，都缺乏自知之明；虽然才能不足，却硬要身居要职，纵然身患疾病，仍然支撑着干下去。你能识大体，顾大局，真是值得称赞，现在我不仅成全你的雅志，还想让你成为一代楷模。"于是太宗下了一道表彰的诏书，加授特进，任凭李靖在家养病，赐给绢帛上千段，御厩的马两匹，俸禄赏赐、朝廷职务和府中僚佐都依旧不变，病如果稍轻时，"每三两日至门下、中书平章政事"。贞观九年（635）正月，太宗考虑到李靖患足疾，赐给他一根灵寿杖，让他拄着走路。

不久，唐朝与吐谷浑矛盾激化。吐谷浑是我国西北地区的一个少数民族政权，东晋十六国时立国，曾被隋朝征服，隋末其首领伏允又复国。唐初，高祖李渊派人出使吐谷浑，与之建立友好关系，伏允可汗便请求与唐朝开展贸易活动。但太宗即位之后，吐谷浑对唐朝的态度便反复无常，尤其是唐朝击灭东突厥后，吐谷浑多次出兵河西走廊，威胁到唐与西域的丝路交通。于是唐与吐谷浑终于兵戎相见。这时伏允已经年老昏愦，天柱王专权，唐朝鸿胪卿赵德楷出使其国，竟遭拘留，太宗十多次遣使，劝说吐谷浑痛改前非，但吐谷浑无悔改之意。太宗决心举兵征讨，在挑选领兵统帅时，他说："由李靖做大将，不是很好吗？"李靖听说，就去见房玄龄，说："我虽然年迈，仍可出征。"太宗大喜。

贞观九年（635），太宗下诏任命李靖为西海道行军大总管，进击吐谷浑。兵部尚书侯君集为积石道行军总管，任城王李道宗为鄯州道行军总管，并任李靖的副将。另有凉州都督李大亮为且末道行军总管，岷州都督李道彦为赤水道行军总管，利州刺史高甑生为盐泽道行军总管，又加上东突厥、契苾部军队，皆受李靖节制。这年闰四月，李道宗在库山击败吐谷浑最精锐的骑兵，唐军进至吐谷浑王城伏俟城。吐谷浑王度越沙碛，退保大非川。为了阻止唐军进攻，烧尽沿途野草，企图以此断绝唐军粮草，使唐军不战而退。面对这一局面，唐军将领出现了不同意见，多数人认为春草未生，战马皆瘦弱，沙碛广漠，不能继续进军。只有侯君集认为吐谷浑已经衰弱不堪，应乘胜灭之，不然将来又会东山再起，卷土重来，那时后悔就来不及了。李靖采纳了侯君集的意见，决计进兵。他仍然采取出敌不意、奇兵取胜的战略方针，在敌人以为唐军将退的时候，却大军出击，连续作战，一鼓作气。李靖分兵两路，自己与薛万均、李大亮为北路，侯君集与李道宗等为南路，同时进兵。

唐军入碛作战，十分艰苦。李靖亲自指挥的北路军进军迅猛，诸将多次与吐谷浑的军队发生遭遇战，先败吐谷浑于曼头山，斩其名王，获取大量牲畜；继败之于牛心堆，又败之于赤水源。连战连胜，取得一系列重大胜利，俘获其高昌王慕容孝隽。慕容孝隽英雄善战，有谋略，可称为伏允可汗的心腹臂膀。李靖等进军至赤海，遇到天柱王部落，大败天柱王，于是兵经大河之源。李大亮一军又俘虏吐谷浑名王二十人，牲畜数万头，进至且末西部。当时有人传说伏允可汗西逃，想渡越被称为图伦川的大沙碛，逃到于阗国去。契苾何力、薛万彻率轻骑追击，进入沙碛数百里，袭破伏允可汗的牙帐，斩首数千级，获牲畜二十余万头。伏允可汗脱逃，俘获其妻子。当时沙碛中严重缺水，将士刺马血而饮。

侯君集率领的南路军登汉哭山，饮马乌海，与吐谷浑交战，俘虏其名王梁屈忽。南路军入荒漠无人之地两千多里，这里盛夏降霜，冬多积雪，缺乏水草，将士吃冰，马皆吃雪。大军到达柏梁，北望积石山，将士们亲眼看到了大河之源。

李靖军越过积石山，与南路军在大非川会师，进至破逻真谷。伏允的儿子大宁王慕容顺在走投无路的情况下，杀掉国相天柱王，举国来降。伏允可汗非常恐惧，率一千多名骑兵逃入沙碛中，部下又不断逃散，后来跟随他的只剩了一百多人，矢尽粮绝，眼看走投无路，自缢而死。李靖申奏太宗，封慕容顺为西平郡王，立他为吐谷浑可汗，复其国，令居其故地，作为唐王朝对付日益强大的吐蕃王朝的前沿力量。太宗担心慕容顺不能服众，又派李大亮率精兵数千，声援这个依附于唐的吐谷浑新政权。吐谷浑平定后，陇右、河西的威胁得以解除，通向西域的道路又畅通了。

在平定吐谷浑的战争过程中，高甑生曾因进军迟误而受到李靖的批评，他因此怀恨在心。战事结束，他和广州都督府长史唐奉义联名告李靖谋反。太宗派司法官审理此案，但调查的结果，并无此事。高、唐二人被判诬告罪。李靖自此闭门自守，杜绝宾客，即便是自己的亲戚也不能轻易到他的府上。贞观十一年（637），李靖改封为卫国公，授代袭刺史，但这件事后来并没有落实。贞观十四年（640），李靖妻子去世，太宗下诏在为李靖和他的妻子筑坟时，按照汉代为卫青、霍去病修墓的旧例，在墓前筑阙像突厥境内的铁山和吐谷浑境内的积石山的山形，以纪念他破灭两地方政权的不朽功业。贞观十七年（643），又下诏将李靖等二十四功臣画像于凌烟阁。贞观十八年（644），太宗亲自到李靖府上去探望生病的李靖，赐给五百匹绢，进位为卫国公、开府仪同三司。后来太宗将伐辽东，召李靖入宫，请他坐在面前说：“你曾南平吴会，北清沙漠，西定吐谷浑。现在只有高句丽未服，你觉得还能出征吗？”李靖说：“过去凭借陛下的天威，立下微功，现在已是衰朽残年，也打算随军出征。陛下如果不嫌我老，我的病已经好了。”太宗怜悯他已年迈，没有答应他的要求。贞观二十三年（649），李靖去世，享年七十九岁。朝廷追赠司徒、并州都督，令陪葬昭陵，谥号为“景武”。

李勣：临敌应变，百胜成名

李勣原姓徐，名世勣，字懋功，曹州离狐县（今山东菏泽东明县）人。隋末参加翟让领导的农民起义军，并劝说翟让推李密为领袖，在义军中屡立战功。后李密降唐，李勣为李密旧将，守十郡之地。他为人重义守信，不愿意利用李密失败的机会，献地以为己功，于是具录州县军人户口，总报李密，由李密奉送高祖李渊。高祖听说这件事，大加赞扬，说他"感德推功，实纯臣也"。高祖下诏，任命他为黎州总管，封莱国公，并赐皇姓"李"，名列皇室名簿。高祖命他率领河南、山东兵抗拒王世充。李密叛唐被杀，高祖派人到李勣驻地，转达李密反叛的罪状，李勣念及旧情，请收葬李密，高祖答应了他。李勣身穿孝服，备君臣之礼，三军缟素，将李密埋葬于黎阳山。

不久，窦建德攻取黎阳，以李勣的父亲作人质，迫使李勣投降，并命李勣仍守黎阳。武德三年（620），李勣从窦建德部下脱身归唐，接着便随秦王李世民攻伐东都。李勣率兵向东进至虎牢，立下战功。当李世民击平窦建德，俘虏王世充，率军凯旋时，高祖令太宗率部将排着整齐的队伍献捷太庙。李勣就陪在太宗身边，他披挂金甲，站在战车上，威风凛凛，表现出胜利者的满怀豪情。后来又随太宗击败刘黑闼、徐圆朗，升任左监门大将军。徐圆朗又反，高祖下诏任命李勣为河南大总管，率兵击灭了徐圆朗的叛军。赵郡王李孝恭和李靖讨辅公祏，派李勣率一万步兵渡过淮河，攻拔寿阳，又接连击溃辅公祏大将冯惠亮的水军十万和陈正通军十万。辅公祏弃城乘夜逃走，李勣率轻骑兵追至武康斩之，从而为平定江南立下大功。武德八年（625），突厥入侵并州，朝廷命李勣为行军总管，在太谷与突厥军交战，突厥退走。

太宗即位，拜李勣为并州都督，赐实封九百户。贞观三年（629），太宗组织对突厥的反击，李勣担任通汉道（一作通漠道）行军总管，与其他四路大军同时出击，他率军出云中郡，至白道，白道是由河套东北通往阴山以北的要道。这时定襄道行军总管李靖夜袭定襄成功，颉利可汗退至白道，正与李勣军相遇，两军展开大战，颉利被李勣杀得大败。突厥屯营于碛口，派使者到朝廷求和。太宗下诏遣唐俭等人前往突厥营中安抚，赦免突厥之罪。李勣这时已经与李靖军会合，李勣向李靖分析形势说："颉利虽然失败，但兵众还不少，如果度越沙碛逃走，依附于回纥九姓，路途遥远，沙碛广漠，想追击消灭他们也就难了。现在朝廷的使者到了突厥营中，突厥一定放松戒备，我们如果随后袭击，就能不战而平突厥。"他和李靖一样揣摩到太宗的用意，李靖非常高兴，说："你所说的正是汉代韩信灭田横之计。"计议已定，李靖率军连夜出发，李勣整军继进，包抄敌人的后路。当李靖进军至敌营时，突厥军一时大乱，颉利率万余人想渡越沙碛逃走，可是李勣军早已堵在碛口，断绝了他们的逃路。突厥大酋长率领部落投降李勣，李勣俘虏突厥五万多人回师。

晋王李治遥领并州大都督，李勣被任命为并州大都督府长史，驻守并州。贞观十一年（637），李勣跟其他功臣一样，封为代袭刺史，皆未就任。于是仍以本官遥领太子左卫率。李勣在并州十六年，令行禁止，十分称职。并州是防御突厥的边城，突厥知道李勣驻守，畏惧其威名不敢进犯，因此边境安静。太宗告诉侍臣们说："隋炀帝不能精选贤臣良将，安抚边境，只知道修筑长城以防备突厥，他的见识竟是如此昏庸。我委任李勣镇守并州，突厥远远逃走，边境地区安然无事，难道不远胜修筑长城吗？"

贞观十五年（641），太宗征召李勣入京，任兵部尚书。李勣尚未动身，北部边境地区发生薛延陀南侵李思摩部落的事件。薛延陀本是铁勒族的一支，起初依附于突厥。当东突厥势力衰落时，铁勒各部相率起义，于是在漠北建立起薛延陀汗国。在唐灭东突厥的过程中，薛延陀曾是唐朝的盟军，因此唐与薛延陀曾一度保持友好关系，薛延陀接受唐的册封。唐灭东突厥后，太宗不愿意在北方直接面对一个强大的薛延陀政权，而且对日益强盛的薛延陀也心存戒备，担心薛延陀将来会成为唐朝的祸患。贞观十二年（638），太宗派使臣至薛延陀，拜其可汗夷男的两个儿子为小可汗，表面是对薛延陀的优宠，实际是是想借此分化他的势力。又把东突厥残部移至与薛延陀接壤的漠南地区，立李思摩为可汗。思摩是突厥贵族，"李"是唐朝赐给他的皇族的姓。太宗立他为突厥可汗，率部屯驻漠南，作为唐朝对付薛延陀的屏障。夷男深恶李思摩，对唐朝此举甚感不悦。就在李勣将回京赴任之际，他派儿子大度设率骑兵八万南侵，向李思摩部落进攻。太宗立即命李勣任朔州行军总管，率三千轻骑进击薛延陀，李勣军追击薛延陀至青山，与薛延陀发生大战，大败薛延陀军，杀其名王一人，俘虏部分首领及五万余人。由于这次战功，太宗封李勣的一个儿子为县公。李勣返京后，暴病，医生开出药方，说"须灰"可以治疗，太宗亲自剪下自己的胡子，为他和药。李勣感激得不知如何是好，叩首于地，头破出血，哭着表示感谢。太宗说："我是为国家着想，不必深谢。"

贞观十七年（643），晋王李治被立为皇太子，太宗调李勣担任太子詹事兼东宫左卫率，加位特进，同中书门下三品。这样李勣便列名宰相，参议朝政。太宗告诉他说："我儿子刚被立为太子，你是他原来的并州都督府长史，现在把辅助东宫的重任委托你，所以才有这个任命。虽然从品阶、资望上说委屈你了，你可不要计较这些。"有一天太宗与部分大臣一起喝酒，又向李勣说："我将把太子托付给一个大臣，想来想去没有人比你更合适。你过去对李密忠心耿耿，我想，现在你也不会辜负于我。"李勣对太宗如此信重感动得泪如泉涌，发誓不忘君臣大义，一定竭诚奉国，而且咬破自己的手指，以明血诚。一会儿李勣喝醉了，太宗脱下自己的衣服给他盖上。太宗知道李勣是重义气的人，因此以义结之，以加强他忠君奉国之念。

贞观十八年（644），太宗将亲征高句丽，任命李勣为辽东道行军大总管。虽然整个战争并没有达到预期的目的，李勣却指挥唐军取得了不少胜利。他攻破高句丽盖牟城、辽东城、白崖城，还随太宗摧毁驻跸阵。班师后，以功又一个儿子被封为郡公。贞观二十年（646），薛延陀发生内乱，太宗下诏令李勣率二百名骑兵，又调发突厥兵进击薛延陀。李勣统兵至乌德健山，与薛延陀大战，大败薛延陀，其大首领梯真达官率众来降，可汗咄摩支南窜荒谷，走投无路中也向唐使萧嗣业表示投降，萧嗣业将他送至京城，太宗任命咄摩支为右武卫将军，到此薛延陀彻底瓦解，漠北全部平定。至贞观二十一年（647），原来隶属于薛延陀的铁勒诸部都相继归附于唐朝。这一年诸部皆遣使到朝廷，共奉太宗为"天可汗"。

贞观二十二年（648），李勣调任太常卿，仍同中书门下三品。十天后，又任命为太子詹事。太宗曾经把李勣和李靖并称，说："李靖、李勣二人可以跟古代的名将韩信、白起相提并论，卫青、霍去病怎么能赶上他两位呢？"太宗有意安排李勣作为高宗的得力助手。贞观二十三年（649），太宗重病不起，告诉太子李治说："李勣重义气，是个懂得感恩的人，但你对他没有任何恩情。我现在要把他贬出朝廷。我死以后，你把他调回朝廷，任命他为仆射，他既然蒙受你的恩德，一定会尽死力辅助你。"于是让李勣出任叠州都督。高宗即位当月，就召拜李勣为洛州刺史，不久又加开府仪同三司，同中书门下三品，参掌机密。不出一年，又册封李勣为左仆射。李勣开始了辅助新主的政治使命。

抑扬佛道

"示存异方之教"

在唐朝的思想领域里，主要有儒学、佛教和道家流行，各家都有自己的领地。尊崇儒学是历代统治者的一贯方针，唐太宗也不例外，他把儒学称为治国的鸟之双翼和车之两轮。尊崇儒学是必须的，而佛教和道教也被充分利用。

隋文帝和隋炀帝崇奉佛教，造成了佛教的迅猛发展。全国佛寺林立，僧尼数众，佛教成为广大民众相当普遍的信仰，成为不可忽视的社会力量。高祖李渊和太宗李世民在建唐的过程中，为了争取支持赢得人心，起初也尊崇和利用佛教。晋阳起兵后，高祖曾亲临佛寺祈福；称帝后，继续推行崇佛政策，立寺造像，行斋弘佛；武德二年（619），高祖下诏，特定时间内禁止屠宰牲畜，诏书中还称赞"释典微妙，净业始于慈悲"。在诏书中，他先提到佛教，然后才说到道教，从行文上可以看出，他仍然坚持了隋代以来佛先道后的次序，来确定二教的地位高下。第二年，他又在京城长安选出十名高僧，从事僧尼的管理，称为"十大德"。

但是唐初的政治形势要求和迫使统治者不能不对佛教加以限制，佛教发展太迅猛了，已经影响到朝廷施政。最早站出来反对佛教的是太史令傅奕。武德七年（624），他向高祖进呈《废省佛僧表》。在这道著名的奏疏中，他从儒家的观点出发，站在维护国家政治利益的立场上，指斥佛教徒"不忠不孝""游手游食""轻犯宪章""诈欺庸品""窃人主之权，擅造化之力，其为害政"。因此，他主张"除去佛教"以达到"益国""足兵"的目的。傅奕的主张立刻遭到崇信佛教的大臣的反对和抗议，赞同的人只有太仆卿张道源一个人。萧瑀是反对派中最过激的，傅奕和萧瑀在朝堂上进行了激烈的辩论。

萧瑀说："佛是圣人，傅奕要废除佛教，非议圣人无法，真是佛教的罪人，请陛下处以重刑。"身为宰相的萧瑀如此维护佛教，可见要废除佛教，在整个社会上该有多大的阻力。傅奕毫不示弱，他反驳说："按礼的要求，一个人从侍奉父母开始，终身侍奉君王。这样，忠孝的道理就显示出来，臣子的德行就成功了。可是佛却越城出家，不侍奉双亲。以一名百姓来对抗天子，以佛法的传承而悖慢父母。萧瑀也是父母所生，却信奉不要父母的邪教。我听说不孝顺的人蔑弃父母，说的就是萧瑀这样的人！"萧瑀辩不过傅奕，学着和尚的样子，合掌诅咒道："阎罗王所设的阿鼻地狱，就是为傅奕这样的人准备的。"

傅奕的奏疏产生了一定影响。武德九年（626）五月，高祖以京城寺观不甚清静，下《沙汰佛道诏》。高祖之所以限制佛教的发展，主要的原因还是宗教徒不纳赋租，不服兵役，大量的宗教徒的存在，减少了国家的劳动人手和兵源，增加了朝廷的财政负担，而且宗教徒违法乱纪的事情又屡屡发生，这也严重影响了社会的安定和佛教的声誉。这种现状与唐初经济凋敝的形势是不相适应的。但是作为最高统治者，高祖对待佛教的态度与傅奕是不同的。傅奕只看到佛教危害政治的一面，因而"请胡佛邪教，退还天竺；凡是沙门，放归桑梓"，要彻底铲除。高祖则同时又看到了佛教驯化百姓、维系人心的佐治功能，因此他对佛教是从根本上肯定而不予禁绝，所谓"沙汰"就是整顿淘汰的意思，他只是指出佛教徒有的道德败坏，寺院有的藏污纳垢，因此要采取政治手段加以清理，他的目的是对佛教加以约束和限制。本意是要压制佛教，字面上却说是为了"正本清源""兴隆佛法"。按照他的要求，是"京城留寺三所，观二所。天下诸州各留一所，其余的都加以废除"。说穿了是在经济允许的情况下让佛教、道教继续存在，只是控制它们的发展罢了。

即便如此，佛教也面临着一场沉重的打击。就在这场风暴即将来临之际，朝廷里发生了玄武门之变。转眼之间，秦王李世民杀掉太子和齐王，迫使父皇承认了他的太子地位。控制了政局的李世民立刻取消了高祖沙汰佛道的诏令，高祖的《诛建成元吉大赦诏》中说："其僧、尼、道士、女冠，宜依旧定。"这是李世民以高祖的名义发布的诏书，诏书中贯彻了李世民的意旨。但是李世民虽然取消了高祖沙汰佛道的诏令，并不表明李世民是崇奉佛教的。联系当时的政治形势和李世民即位之初的政策，我们知道维持佛道两教的原状而不去触动他们，也是李世民恩结人心的一个举措，体现了他在政变之后奉行稳定压倒一切的原则。全国范围内佛教徒和道教徒人数如此众多，稍有风吹草动，便会影响到局势的安稳，造成动荡。不管怎么说，不少佛教徒和道教徒因此躲过了被淘汰的命运，太宗也因此赢得了宗教徒的好感。

李世民出于各种需要，一直和佛教保持良好关系。武德三年（620），秦王统兵围攻东都王世充，曾得到登封少林寺僧众的援助，在他写给寺主的表彰信中说，"我国家膺图受篆，护持正谛""德通黎首，化阐缁林，既沐来苏之恩，俱承彼岸之惠"。这主要是为了保证战争的胜利，尽量地扩大统一战线，因此声明对佛教施以保护的政策。太宗跟高祖一样认识到佛教作为一种意识形态，对于巩固封建王朝具有特殊的意义。即位之后，在相当长的时间里，太宗仍然继续利用佛教，对佛教表现出宽容的甚至是礼敬的态度。他曾舍通义宫为尼寺，他还下诏在各战阵处修建寺庙，追荐战争中牺牲的将士的亡灵；他还曾敕令为章敬寺设斋行香，开译经馆翻译佛经。当他施斋发愿时，他自称"菩萨戒弟子""诚心发愿""惟以丹诚，皈依三宝"。他还一再下诏，要求各地"普度僧尼"。下敕颁发《佛遗教经》，要求京州官员人手一册；他禁止买卖佛像，认为这是对佛的不敬。

距长安一百多公里的扶风法门寺，素称"关中塔寺之祖"，以塔中藏有佛指舍利而闻名于世。武德年间法门寺曾遇火焚毁，有寺无塔。贞观五年（631），笃信佛教的岐州刺史张亮向太宗奏请建塔，太宗原打算兴建望云宫，敕令把这批建材用来建塔。张亮又建议开启法门寺地宫。太宗同意后，在地宫中得到佛指舍利，供僧众世人普遍观瞻。这在当时引起极大轰动，京城内外每天到法门寺瞻仰灵骨舍利的人多达数万。

太宗的宽容和礼敬刺激了佛教徒的欲望。贞观八年（634），太宗向长孙无忌等人讲到这种情况，他说："外边的百姓看来是很信仰佛教的，有人上封事要我每天带十名高僧和朝廷命官一同上朝，让我向高僧礼拜。看其中的内容像是佛教徒教唆他们上封事的。"侍中魏征担心太宗崇佛太过，立刻加以反对，他说："佛教之法本来是以清静为贵的，宣传佛法，主要的目的是用佛教的信仰来遏制人们的贪欲奢望。过去像释道安那样的名僧，苻坚跟他乘一辆车子，权翼还提出反对意见；释惠琳是僧人中才华杰出的英俊人才，宋文帝带他到朝廷大殿，颜延之说：'三台之位，岂容刑余之人居之？'现在陛下即便是崇信佛教，也不需要每天请佛教徒到朝廷参议朝政。"

在中世纪的欧洲，基督教势力强大，教权有时凌驾于皇权之上。在中国封建社会，由于皇权的强大，宗教势力始终不曾遇到那样的好运气。但这不是说宗教徒不想如此，当他们上封事请求太宗引"十大德"上殿参议朝政，并以天子身份朝拜时，便暴露出这样的念头，但这种用心立刻被太宗识破了。当太宗在大臣面前揭穿佛教徒这个把戏时，他厌恶的口气是很明显的。对于佛教徒的这种要求，魏征也立刻见机而作，断然否定。这一篇封事反映了佛教势力新的滋长，这次朝议则反映了皇权与宗教的矛盾关系。强大的世俗政权是不允许宗教冒犯天子的威严的，魏征的态度就代表了这种立场。

其实太宗对佛教的态度远远没有达到信仰的程度。对于他来说，主要的是政治利用。当我们了解到他的每次宗教活动的背景时，就会发现他总是有着现实的功利目的的，在社会上人们普遍信仰佛教时，可以利用这种信仰做一些安慰人心的工作，例如在战地修寺追荐亡灵，便有纪念牺牲的将士，安慰死者亲属，显示皇上恩德的用意。他虽然对佛教采取宽容态度，却不允许佛教任意发展。也是这一年，长孙皇后身患重病，太子承乾提出"度人入道，冀蒙福助"，就是允许人们剃发为僧尼，用扩大僧尼人数的办法表示奉佛的虔诚，希望得到佛祖的保佑。长孙皇后不答应，她说："佛道者示存异方之教耳，非惟政体靡弊，又是上所不为，岂以吾一妇人而乱天下法？"这才是太宗对待佛教的真实态度。这个意思就是佛教造成经济上的浪费，危害政治，太宗是不崇奉佛教的，现在的政策仅仅是让它存在下去，表示唐朝能够容纳多样的文化。当然让佛教存在下去，也是政治的需要，这一点长孙皇后则没有明言。

太宗的宽容与隋代统治者的佞崇是不同的，他认识到唐初佛教势力的强大，因此不拟轻易触动他们，但他严格控制佛寺和僧尼数量的增加，贞观初曾下敕，有私度僧尼者处死罪；他曾下令隋大业十三年（617）私度的僧尼自首还俗，不出首者处死，禁令甚严，而且一旦感到佛教的发展超过了一定的限度时，就采取政治的手段予以限制。当社会局势安定下来，国家有能力应对限制佛教可能带来的后果时，太宗对佛教的态度发生了明显变化。贞观十一年（637），他对佛教开始采取压抑政策。这年二月，太宗下《道士女冠在僧尼之上诏》，诏书提高道教徒的地位，同时贬低佛教徒的地位，规定："自今以后，设斋上供，行走站立，以至于行文称呼，道士、女冠要排在僧人、尼姑的前面。"

这在宗教政策上是一个重大的变化，因为自隋以来，僧、尼一直是排列在道士、女冠之前的，它表明佛教的地位高于道教。现在两教的地位完全颠倒过来，太宗详细阐明朝廷之所以如此的原因，他是从道教和佛教的对比来加以说明的。

在诏书中，李世民指出，老子李耳是道教的先祖，他为后世树立的规范，主旨在于清静无为。释迦牟尼开创佛教，他留传下来的法则，主要的道理是讲因果报应。分析他们的教义，他们引导人们的途径是不同的；探求他们的宗旨，劝善佐治的目的则是一致的。然而老子开创的道教，兴起于春秋时代，它起源于无名之世，他的教义比一切有形的事物都要高明，超迈日月，包育万物。所以用老子的教义可以治理国家，使天下安定，使世风返还淳朴。至于佛教，乃域外创立的宗教，直到汉代时才传到中国，有各种各样变化莫测的教理，它讲的因果报应的因缘也纷纭不一。到了近代，人们对它的崇信越来越深，人人都希望通过它得到现实的幸福，家家都害怕来世遭受祸患。因此平庸之辈听到老子的义理，就大笑而去；好奇的人都向往佛教的说教，争先恐后地皈依。它开始在民间掀起波浪，最终风靡于朝廷。于是使外国宗教比老子众妙的教义还盛行，我中华传统的道教教义，反而屈居佛教之下。可是多少年来，这种不良的风气不断发展，不曾有回归正轨的时候。我对此日夜忧虑，崇仰老子最高尚的道义，希望革除过去的弊端，使人们的信仰能回归到正确的轨道。何况追溯我李氏的源流，本出于老子李耳，现在我们国家政权稳固，皇业日隆，就是凭借了祖宗崇高道德的余庆；天下空前安定，也是有赖于老子无为而治的政治原则的指引。所以在处置道教和佛教的关系上应该改弦更张，要大力宣扬道家玄妙高明的教义，对百姓施行教化。

诏书没有彻底否定佛教，但对它的流弊大加渲染。不仅再次重申老子是皇族的祖先，而且从治理国家的角度强调道教的重要，同时贬低佛教。这就说明这道诏书的用意绝不仅仅是一个排位先后问题，它关乎着两教的地位高低和前途命运，还涉及国家的政治方针应该如何确立。

限制和贬低佛教不是一件轻而易举的事。太宗的诏书引起佛教徒的不满，僧众推龙田寺寺主法琳上表抗争，龙田寺乃贞观元年（627）太宗舍太和宫而为高祖所立皇家寺院，说明寺主地位颇高，故众人推法琳为代表。对法琳的抗表太宗不予听从。僧众亦不示弱，继续努力，想挽回颓势。朝廷与佛教界矛盾激化。

我们知道，自佛教传入中国以来，佛教和道教的斗争就越来越激烈，双方为争夺徒众、争夺地位和争取统治者的支持展开过多次理论上的和政治上的交锋。朝廷明显地扬道抑佛，令道教徒顿感扬眉吐气，他们乘势对佛教发起进攻。这位法琳是著名的学问僧，有许多著述，武德年间跟道士论争他曾写了一部《辩正论》。贞观十三年 (639) 九月，道士秦世英上表诋毁法琳，说《辩正论》讪谤皇帝的祖宗，有欺君罔上之罪。太宗大怒，下诏沙汰僧尼，并逮捕法琳加以推问。十月二十七日，刑部尚书刘德威、礼部侍郎令狐德棻、侍御史韦悰、司空毛明素等对法琳进行了一场审问。法琳辞气不屈。刘德威等人把推问的情况奏闻太宗，太宗亲自审问。于是代表着皇权和教权的一场辩论和较量开始了。

太宗问："你为什么诽谤和诋毁我的先祖？像这样要挟君王，乃十恶不赦之罪！"

法琳答："我认为拓跋元魏，代北神君，本来就是阴山高贵的氏族。经书上说：'用金换石头，用绢换粗布，就好像舍弃高贵的女子而与婢女私通。'陛下就是这种人啊。放弃代北的祖宗，而认陇西李姓为祖先，这就是陛下做的事。"

法琳不承认老子是李唐皇室的祖先，从而洗刷自己讪谤皇帝祖先的罪名。岂不知这正好又揭穿了高祖、太宗冒认老子为祖先的谎言。这位法琳也真是倔强，他语极质直，不肯退让。当时问答有二百余条，法琳始终不肯认错。面对这位顽固的佛教徒，太宗十分恼火。他说："法琳！在你的书中有这样的话，说只要口念观音，就是用刀砍也不会受伤，我给你七天时间，你就念吧！我看应验不应验，七天后行刑。"

七天后，太宗又遣人复审，问法琳能不能做到刀砍不伤。这次法琳软了，他说："七日以来，未念观音，唯念陛下。"他又说："我所写的《辩正论》，并非我的杜撰，和史书上的记载完全一致。如果有一句不同，甘受诛戮。陛下如果相信我的忠贞，那我不会损伤一根寒毛。陛下如果滥杀无辜，那我就有杀身之惨祸。"太宗闻报，觉得法琳态度较好，再问他佛、道优劣，这次法琳回答称旨，太宗才谕令免刑，将法琳发配到益州为僧，以示惩戒。法琳感到自己蒙受了冤屈，作《悼屈原篇》以叙己志，在赴益州的途中患病死去。

这场较量的结果是迫使佛教徒接受了佛、道次序的重新安排，甘居道教之后。法琳一开始的争辩代表了佛教徒的抗议，最终的行为又代表了佛教徒的屈服。太宗压抑佛教，并没有打算从根本上取消佛教，他知道佛教拥有深厚的群众基础，只凭行政命令的手段也不可能彻底禁除。更重要的是佛教在意识形态领域里的作用不容忽视，统治者需要佛教作为征服人心的精神力量。所以他仍然注意利用佛教，就在下抑佛诏的第二年，虞世南去世，太宗下诏斋僧以追荐亡灵，为虞世南的灵魂祈请福佑。贞观十五年（641），太宗又为长孙皇后追福，亲临弘福寺，他向寺中僧人解释说："大师们应该理解我的心情，那些道士只是因为师习我的祖先老子的教义，所以才把他们的位置排在前面；如果是由佛门弟子掌握政权，那就应该让释门弟子居上位。"这等于是在压抑之后给佛教徒的安慰，甚至包含着一点点道歉的意思。

贞观十七年（643），西行求经的玄奘法师从遥远的印度回国。当他来到于阗，便上表太宗申明归国之意。太宗对这位献身佛教事业的名德高僧表示了极大的敬重，他一边下《答玄奘还至于阗国进表诏》表示欢迎，一边敕令沿途各地官府迎送，对玄奘极尽照顾关心。玄奘于贞观十九年（645）先至长安，这时太宗亲征高句丽，车驾至洛阳，玄奘又赶往洛阳谒见。太宗一见玄奘，高兴万分，他向侍臣们说："过去苻坚称释道安为神器，朝廷上下都尊重道安。我现在看玄奘法师词论典雅，风节贞峻，和道安相比，不仅毫无愧色，而且远远超过了他。"玄奘住进长安弘福寺译经，太宗对这项工作十分重视，令宰相房玄龄提供人力物力。玄奘译出《瑜珈师地论》，太宗立即敕令秘书省，缮写九部，分别颁发给雍、洛、并、相、兖、荆、扬、凉、益等大州，以便"辗转流通，使率土之人，同禀未闻之义"。后来太宗还亲自为玄奘所译和整理的佛经总集写了序言，这篇文章就是《大唐三藏圣教序》，文章的要旨在于肯定玄奘西行取经不畏艰险的献身精神，表彰他携经归国亲自译经所做出的巨大贡献。

这说明太宗压抑佛教，但并不排斥和取消佛教。他晚年曾向玄奘说："我与大师相见恨晚，一生未曾广兴佛事。"这则如实反映了他对佛教的态度，给佛教一定的生存地位，却不曾过分崇奉和推仰。玄奘之所以得到太宗的非分恩遇，恐怕更重要的还是玄奘的人格和学问为太宗所倾仰。当他表达对佛教的真实态度时，总是表现出否定的倾向。在这样一位君王的手中，佛教只能成为被利用的工具，佛教必须随时任他抑扬，而决不让佛教左右自己的决策和意志。在贞观时期的大臣中，萧瑀是崇奉佛教的，当太宗要表现出他对佛教的好感时，他曾特送萧瑀绣佛像一尊，还把萧瑀的形象绣在佛像的一侧，让萧瑀加以供养。还赐给萧瑀《大品般若经》一部，同时还赐一副袈裟，作为讲经诵经时的服装。但对萧瑀供佛之举他有时又表现出极大的反感。贞观二十年（646），萧瑀由于多次受到太宗的责备，深感在朝廷的失意。张亮信佛，太宗故意怂恿他出家。他问张亮："你既然信佛，为什么不出家？"这其实是向这位佛教信徒"将军"，萧瑀在一旁接口说："陛下既然能让张亮出家，那我现在请求出家，陛下应该答应吧？"萧瑀或许以为太宗会执意挽留，谁知太宗顺水推舟，说："我也知道你很崇奉佛教，我不想违背你的心意，满足你的要求！"可是过了一会儿，萧瑀又上前奏道："我刚才想了想，又觉得不能出家。"太宗看到萧瑀在大臣面前如此反复，十分气愤。接下来萧瑀又自称脚生病不能上朝，有时上朝也不觐见，太宗知道萧瑀心里有不满。于是亲自写了一道诏书，贬萧瑀为商州刺史。在太宗晚年的这道诏书中，他又一次明确表达了他对佛教的否定态度，在此节略这道诏书的要点如下。

对于佛教，我在内心里是不尊崇的。虽然国家制度允许它的存在，但它实际上是败坏世风的虚妄方术。为什么这样说呢？求佛拜佛，难以验证将来会获福佑，而过去一些身入佛门信仰佛教的人反而身遭厄运。例如梁武帝对佛教穷心竭虑地信奉，简文帝对成佛也汲汲追求，用尽国库的积蓄供奉和尚，耗费民力修建塔庙。可是战乱一起，都国灭身亡，子孙断绝，宗庙丘墟。佛教所谓施舍恩报的说教是多么荒谬啊！太子太保、宋国公萧瑀却继续走前人覆亡的老路，继承前朝亡国的传统，废弃国事而求私愿，连出世入世的原则都不能明白；身为世俗之人却口口声声心入佛门，令人不能辨别他心术邪正。他修炼的是世代祸患之源，他所求的只是他一人之福，上违忤君王之意，下煽动浮华之风。前不久我告诉张亮："你既然信佛，为什么不出家？"萧瑀却严肃地自请出家，我已经答应了他的请求，他又不能听从。转眼之间，足不离户，就自悔前言，反复不定，实在有失国家栋梁大臣的身份，哪里有可供万民瞻仰的气量？我一直隐忍至今，可他全无悔改之意。他应该立即离开朝廷，到京外小州做一名刺史，现在令他出任商州刺史，他的一切封爵全部取消。

对萧瑀的处分，表明太宗直到晚年也没有对佛教过分尊崇。

纵观中国历史，历朝统治者都想利用佛教，但又不肯放任佛教凌驾于皇权之上，抑扬佛教的举措时常轻重失当。贞观时期太宗又利用又限制的宗教政策应该说较有成效，执行得也是比较妥当的。

"天下大定，亦赖无为之德"

　　唐朝建立，道教因为特殊的机缘而受到尊崇。这种尊崇是从高祖和太宗时开始的。

　　隋末社会上广泛流传着"杨氏将灭，李氏将兴""天道将改，将有老君子孙治世"的政治谶言。究其实质，它是当时社会上反隋的一种鼓动宣传和理论酝酿。老君即老子，姓李名聃，一名耳，意谓将有李姓的人做皇帝。这一谶言在当时影响之大，使隋炀帝无端杀害了右骁卫大将军李浑。隋末起义军将领李密、李轨等人都因为自己姓李而将应谶言为帝而号召和组织群众。

　　李渊起兵太原，也利用这一谶言制造政治舆论，他以"老君子孙"自命，制造李唐夺取政权出于天命的神话。相传李渊起兵前，道士王远知曾奉老君旨意，向李渊密传符命，说李渊将应天命。能预知吉凶的山人李淳风也称老君降显，老君告诉李淳风说："唐公当受天命。"李渊进军关中，在霍邑与隋将宋老生相持，天连日阴雨，道路难行，李渊曾梦感霍山神，山神称奉太上老君之命，来告唐公："你应该速来，一定能夺取天下。"楼观道士岐晖早在大业七年（611）就预言将有老君子孙李姓的人做皇帝，道教将因此而兴盛。等到李渊在太原起兵，他立刻积极响应，称李渊为"真主""真君"。李渊的女儿即后来的平阳公主在关中起兵，岐晖把观中的物资粮食全部捐献，供应她的部队。当李渊军至蒲津关时，岐晖说："真君天子要来了，他将平定天下。"于是改名为岐平定，派八十多名道士前去接应。这些谶言和故事其实都是由李渊的拥护者和道士的有意虚构，目的是宣传李唐代隋是天命神授，以此来收揽人心，争取支持。

　　唐朝建立之后，高祖李渊没有忘记"老君降灵"的特殊作用和道士的佐唐建国之功。据说老子又一次在羊角山显灵，高祖下诏令在显灵的地方建太上老君庙。从此自称为老子的后裔，尊老子为"圣祖"。秦王李世民参与了这次神话的杜撰。

当时刘武周的大将宋金刚率十万人马侵犯晋阳，李世民统领唐军与之相持在绛州。绛州百姓吉善行在羊角山见一白发白须骑白马的老人，老人告诉吉善行："替我告诉大唐天子李渊，现在他已经得到皇位治理天下，国家能够长治久安，应该在长安城东建一座安化宫，在宫中设道像，那样天下就会永久太平。"说完就腾空而去。此后，吉善行又声称他在此地两次见到这位白发神仙，神仙又问他："我告诉你的话你还都记得吗？"吉善行回答："都记得。"神仙又告诉吉善行说："你马上入朝向天子上奏，把我的话转告他。我是无上神仙，姓李，字伯阳，号老君，是皇帝的远祖。亳州谷阳县有一棵干枯的桧树今年又活了，这可以作为凭验。今年消灭刘武周以后，天下太平，唐朝命运久远。"吉善行把此事告诉晋州总管府长史贺若孝义，贺若孝义引吉善行见李世民，李世民送他到长安拜见高祖，高祖大喜，授吉善行为朝散大夫，赐御袍、束帛等。于是又在羊角山建庙，正式认老子为李唐皇室的祖先。

为了报答楼观道士政治舆论上的宣传和对唐军的支持，高祖又下诏修葺楼观，增建老君庙和伊真人庙。高祖亲谒楼观，说："我的远祖老子，曾亲自降临此地，现在我为社稷之主，岂能没有兴建？"降诏改楼观为宗圣观，赐田四十顷，白米二百石，帛一千匹。加封岐平定为金紫光禄大夫，其他有功道士为银青光禄大夫。王远知预告符命有功，授朝散大夫。武德八年（625），高祖亲临国学，下诏论三教先后，确定老子为先，孔子为次，最后为佛。我们知道，自武德七年（624）开始，朝廷已逐步推行抑制佛教的政策，在佛、道二教的次序安排上，这时已经出现了扬道抑佛的倾向，高祖试图改变隋代以来佛先道后的排列顺序，把道教的地位置于佛教之上。这是武德九年（626）下诏沙汰僧道的前奏。但是由于玄武门之变，李渊退位，他处置佛教和道教的措施没有得到落实。如前所述，李世民掌握朝廷权力之后，为了安定局势，取消了高祖压抑佛教的诏令。

李渊崇道的表现主要是尊老子为皇祖，奖励道士，兴建宫观，提高道教的地位。他的政治功利目的是非常直接而明显的。作为李唐政权的创业者，他借道士的宣传和老子显灵的神话来宣扬君权神授，从而神化自己的政权，为自己代隋称帝寻找合法根据。隋文帝和隋炀帝推崇佛教，造成佛教势力的膨胀，从政治、经济、军事和社会安定等方面都产生了许多不利影响。出于政治目的，他企图压制佛教。抬高道教的地位，便有借以压制佛教的用意。同时他要提高道教的地位，也必须压制佛教。于是经过数年酝酿,他终于推出扬道抑佛的政策。但是作为一位政治家,李渊对于道教也是出于利用的目的而推崇的,政治利用的动机远远大于个人信仰的成分。因此,他对于道教同样持限制发展的方针。武德九年(626)所下的《沙汰佛道诏》在沙汰僧、尼的同时,也沙汰道士、女冠,在他规定的京城、诸州保留的寺庙中,道教宫观比佛教寺院的数目还是要少。这固然反映了当时人们对二教信仰的程度、人数不同,同时也表明高祖并不打算过分尊崇道教。

李世民为秦王时,为了与太子李建成争夺皇位继承权,也曾利用道士制造政治舆论。据说秦王统兵平东都,曾和房玄龄一起微服私访身居洛阳的道士王远知,王远知出门迎接,说:"你们二人中有圣人,难道是秦王吗?"秦王只好据实通报姓名。王远知说:"您将要做太平天子,希望您多保重。"道士薛颐也曾暗中告诉秦王:"德星守秦地分野,大王将有天下,希望大王自爱。"李世民夺取皇位,加封王远知为银青光禄大夫,敕润州于茅山置观以供王远知修道之用,并降玺书褒奖。薛颐官至太史令,后又为置紫府观,封中大夫,兼任紫府观观主。道士孙思邈曾在隋末预言"过五十年,当有圣人出",也被召至京师,欲加爵位。这些都是李世民夺位前后,为自己称帝制造舆论和合法根据的策略。

李世民即位以后,继承了高祖尊崇道教的方针,同时也继承了高祖又利用又限制的明智策略。道教宣扬修炼求仙的方术,太宗对此不以为然。贞观元年(627)十二月,他告诉侍臣说:"关于神仙的种种说法本来很虚妄,都是空有其名,并无其实。秦始皇过分爱好仙术,所以才受到方士的欺骗,竟派遣数千男女随徐福入海求仙药,方士害怕秦朝的严刑峻法,因此滞留海上不返。秦始皇还在海边徘徊等待,结果在返回的路上到沙丘死去。汉武帝为了求仙,竟将女儿嫁给道术人,求仙的事没有应验,就实行杀戮。根据这两件事,我看神仙不必枉费心力地追求了。"在他的组诗《帝京篇十首》诗序中,他表达自己的志趣说:"忠良可接,何必海上神仙乎?"在《春日望海》的诗中,他写道:"之罘思汉帝,碣石想秦皇。霓裳非本意,端拱且图王。"

之罘(一作芝罘),地名,在今山东省烟台市北,此地三面环海,一径南通。汉武帝于太始三年(公元前94)登之罘北望"仙山"。碣石,古山名,在今河北省昌黎西北。现已沉入大海。秦始皇三十二年(公元前215)东巡至此,刻石观海。霓裳是神仙穿的衣服,李白写仙人就是"霓为衣兮风为马"。这里借代仙人和仙境。

端拱，端身拱手，古书中多用来形容帝王无为而治。这几句的意思就是说：来到之罘、碣石山，就自然地令人想到汉武帝、秦始皇望海求仙的故事，而我春日望海，并不是出于求仙之意，我逍遥风景，正是体现了端拱无为的治国方针，我所追求的是成就辉煌的帝王之伟业。

贞观八年（634），长孙皇后说："道、释异端之教，蠹国病民，皆上素所不为。"

这些都说明太宗尊崇道教并不是出于虔诚的信仰。

太宗继续推行高祖时已经确定的崇道抑佛政策。贞观十一年（637）二月下《道士女冠在僧尼之上诏》，太宗把老子为皇室之祖作为诏令向全国宣布，明确规定道教地位高于佛教，而且充分肯定道教的佐治教化功能。当他这一诏令遭到佛教徒的反对时，他没有妥协退让。相反他听信道士秦世英对法琳的劾奏，将法琳下狱问罪。终于使朝廷的抑佛政策得到贯彻落实下来。应该说太宗压抑佛教选择的时机是恰当的。虽然遇到一些意料之内的波折，但没有发生大的动荡，而且最终达到了预期的目的。这年七月，他又下诏"修老君庙于亳州，宣尼庙于兖州，各给二十户享祀"。值得注意的是，行文上先言修老君庙，次言宣尼庙，又是置老子于孔子之前的。

分析太宗崇道的心理和原因，我们认为跟高祖崇道有相同之处，但也有新形势下的发展。

利用道教神化李唐政权是太宗崇道的一个重要原因。太宗借道士之口宣扬自己即位为帝是出于天命，他还把即位后军事上取得的胜利归功于圣祖老子的神灵护佑。贞观四年（630）二月，太宗因击灭东突厥而大赦天下，诏书中盛陈唐王朝对外战争的辉煌胜利，然后说："斯皆上玄降佑，清庙威灵，岂朕虚薄，所能致此？"上玄就是上帝太上老君，清庙是三清殿，是供奉三清祖师的殿堂。太宗说征服突厥取得的胜利都是由于老子神灵的降佑。这分明是向普天之下宣告，我大唐是有一个崇高的神灵保佑的，是神圣而不可侵犯的。

借尊祖抬高李唐皇室的社会地位是太宗崇道的另一重要动机，这与隋唐之际社会上浓厚的门阀观念有关。魏晋以来，在门阀制度下形成了重族第门望的社会风尚，人们以血统的高贵为荣，出身于高门望族足以睥睨世人。隋唐之际，虽然"九品中正制"逐渐被打破，但这种血统观念依然十分浓厚。李唐皇室不是出身于世家望族，故引以为憾，但他不想在这方面甘居人后，要抬出一个高贵的祖先来令世人刮目相看，压倒其他旧士族。于是就捏造出老子是其远祖的神话。老子是道教的教主，如果老子是皇室的祖宗，那么道教的地位就会随老子地位的提高而提高，这是一个很敏感的问题。道教徒要及时抓住这个机会攀附皇权，而长期与道教争地位的佛教徒则密切关注这个动向，大概当高祖李渊宣称自己是老子后裔的时候，佛教徒就开始研究李唐的血脉族系了。贞观十一年（637），太宗在诏书中明确宣称"朕之本系，出于柱下"。所谓"柱下"就是老子，史载老子在周朝时曾任柱下史之职。于是佛教徒立刻出来反对，法琳就宣布了他研究的结果，指出李唐的先祖其实是代北拓跋氏。太宗要维护李唐为老子后裔的高贵地位，他就不能不坚决予以钳制，他终于迫使法琳屈服，佛教徒不敢再提出异议。

抬高道教的地位压制佛教是太宗宗教政策的重要内容。在宗教领域里，太宗不想让佛教独大，他有意用道教来与佛教竞争，从而能使统治者更好地利用它们的矛盾控制双方。从两者发展状况看，自魏晋南北朝以来，佛教的发展势头更猛，它的社会地位和信徒之众都早已使统治者不安。唐初已有限制沙汰的诏令，虽然没有落实，说明统治者早已想动手了。由于种种原因，太宗没有对佛教进行大规模的过激的裁抑动作，但他一直在限制它的发展。而要限制佛教仅仅依靠行政手段还不够，还需要有一个佛教的对立面来抵消佛教的力量，那就是道教。道教长期以来不是佛教的对手，太宗则予以政治上的扶植。

通过道教教义贯彻和推行清静无为的政治方针也是太宗崇道的一个重要指导思想。先秦哲学家老子的重要政治思想就是"无为而治"。对于统治者来说，就是要减少扰民的活动，具体地说就是薄税敛，轻刑罚，慎用兵，尚节俭。借神化老子而创立的道教教义中也包含着"清虚无为"的宗旨。太宗即位之初，采纳了魏征施行仁政的政治主张，在他的仁政思想和施政实践中也贯穿着无为而治的政治原则。如本书前文所论，太宗不止一次地反复强调要戒奢止欲"清静"养民，显然他接受并实践了道家包括道教的清虚无为思想，这在一定程度上减轻了人民负担，缓和了阶级矛盾，推动了社会生产，促进了政治安定和经济繁荣。到贞观十一年（637），唐代社会已经出现了天下大治的局面，所以这一年他下诏指出"天下大定，亦赖无为之功"，这的确是贞观时期重要的政治经验总结。研究太宗的政治思想和宗教政策，不应该忽视这一重要方面。

在中国传统思想中，儒家思想长期居于主导地位，历代统治者都重视儒家的政治原则和伦理纲常，因为儒家思想确是维护和巩固中央集权的重要工具。太宗对儒家学说的重要作用是有充分而明确的认识的，他说过："朕今所好者，惟在尧、舜之道，周、孔之教。以为如鸟有翼，如鱼依水，失之必死，不可暂无耳。"在写给太子侍读萧德言的信中，他感叹儒道的衰微，表示要振兴儒学："自隋季版荡，庠序无闻，儒道坠泥涂，诗书填坑穽，眷言坟典，每用伤怀。顷年已来，天下无事，方欲建礼作乐，偃武修文。"太宗在位期间，大力发展儒学事业，扩大国学规模，加强儒学教育。他亲自下诏令颜师古考定五经，颁行天下，又下诏命孔颖达与诸儒撰定《五经正义》，作为官方规定的统一教科书和科举考试的标准用书，以便天下传习。他屡次表彰历朝名儒，鼓励尊孔读经。在太宗的政治思想中，是以儒家"仁政"思想占主导地位的。但如上所论，他也没有放弃对道教和佛教的利用，从而形成了以儒家思想为主导而三教并举的多元政治指导思想。

太宗在尊崇道教的时候仍然是理智和清醒的，他没有因为宣扬老子是祖先就放任道教的发展。历史上有人利用道教信仰发动起义，因此它一直受到统治者的高度警惕。贞观年间，太宗在严禁私度僧、尼的同时，也严禁私度道士、女冠。秦世英是太宗宠信的道士，出入宫廷。但在贞观十七年（643）朝臣弹劾他有骄淫之罪时，太宗立刻将他处死，说明太宗对道教的戒备心理也非常强烈。

艰难的太子废立

教戒承乾与承乾之败

　　武德九年（626）八月，太宗即位。这年十月，下诏立中山王李承乾为太子，这一年承乾八岁。承乾是太宗嫡长子，按照封建宗法制立嫡以长的原则，他作为储君是名正言顺的。太子是皇位继承人，是保证封建王朝世代延续的最重要的人事安排。太宗把太子之立视为"虔奉宗祧，式固邦家"的大事，非常重视。

　　承乾于武德二年（619）生于承乾殿，因以取名。承乾幼年聪敏，太宗很喜欢他。为了加强对太子的教育，贞观四年（630），太宗选拔"慷慨有志节"而又德高望重的李纲担任太子少师，以忠正刚直的萧瑀任太子少傅，以于志宁为太子左庶子，以李百药为太子右庶子。当时李纲患脚疾，不能走路。为了培养太子尊师重傅的良好品质，太宗赐给李纲步辇，让人把他抬到东宫，并下诏令太子接引至上殿，亲自拜师求学。作为太子的老师，李纲受到太宗的敬重。李纲向太子讲论君臣父子之道，以及问安视膳侍奉父皇的礼仪，语言明畅，义理清楚，使听者忘记了疲劳。太子曾和李纲探讨自古以来作为臣子不惜丧身效忠君王的道理，李纲严肃地说："以一身奉事君王，为了国家的利益不惜生命，古人认为很难做到，我认为很容易。"李纲每次与太子讲论，都是"辞色慷慨，有不可夺之志"，令太子肃然起敬。太宗为了培养太子实际的执政能力，有意安排太子处理一些不太重要的政务，这时太宗就让李纲和房玄龄陪侍太子。可惜这位名师已八十四岁，第二年就去世了。为了纪念这位老师，承乾为他立了碑。

　　李纲去世后，太宗把辅助和教育承乾的重任委托给李百药和于志宁。太子的优越地位和生活上的有求必应使承乾逐渐染上一些坏习气，随着年龄增长，他越来越贪图享受，为所欲为，好游戏淫乐。李百药认为承乾还有用心读书的优点，就写了一篇《赞道赋》，用自古以来做太子的成功失败的教训讽谏承乾，希望他改正错误。太宗在东宫看到了这篇文章，很赞赏他尽心辅助太子的行为，专门派人告诉李百药说："我在皇太子处看到了你献给太子的赋，详细地讲述古来储君之事来劝诫太子，讲的道理非常重要。我挑选你辅助太子，正是为了这些，你是很称职的，没有辜负我的期望，只希望你能善始善终。"李百药尽心教导，但承乾却不能明白他的善意教诲，依然如故，令李百药甚感灰心，两年后就辞去此职。

太宗了解到承乾的缺点，另觅名师，以匡正他的过失，于是又任命中书侍郎杜正伦为太子右庶子，贞观初杜正伦曾以直谏受到太宗的褒奖。所以太宗请他与于志宁共同辅助承乾。太宗告诫他们说："我直到十八岁时，还在民间，百姓的疾苦和民情的真伪可以说都很熟悉了。可是到了即位以后，处理起政务来还不免有差错。何况太子是在深宫长大的，百姓的艰难不曾耳闻目睹，难免会骄奢逸乐。对此你们不能不尽心劝谏！"太宗听说于志宁和另一名右庶子孔颖达多次对太子直言进谏，特予嘉奖，每人赏赐金一斤，帛五百匹。在太宗看来，太子在生活上产生一点骄逸的倾向是可以理解的，只要选出好的老师进行教诲，还是有望成为一位理想的皇位继承人。

太宗非常重视太子的老师的挑选。正如前文所述，贞观八年（634），他又一次为太子选拔老师，他告诉侍臣说："上等智能的人自然不会沾染恶习，但中等智能的人不能持之以恒，是随着教导培养变化的。何况太子的老师保傅，自古以来就很难挑选到合适的人选。……一个人的好坏确实在于他周围人对他的影响。我现在要为太子、诸王精选师傅，使他们在礼仪制度上看到良好的榜样，在言行上有所裨益。你们可以寻访正直忠信的人，每人向我推荐两三位。"

高祖去世，太宗守丧。这时承乾已十七岁，太宗便令他代替自己在东宫处理一般政务。承乾有一些听政决断的能力，太宗很满意。从此太宗每次行幸离京，都让他留京监国。太宗和大臣仍对承乾抱着很大的希望。可是承乾在生活习惯和政治作风上在逐渐走下坡路，只是他害怕太宗的威严，不敢在众人面前过分表现罢了。每当他临朝听政时，他一定大讲忠孝之道，可是退朝后便与一些小人厮混到一起。东宫的官员想要进谏，承乾就事先揣摩好他们的用意，然后正襟危坐，非常严肃地听取他们的批评，并引咎自责，表示一定要改正错误。由于他巧言应对，他的聪明足以掩饰他的过错，那些进谏的人对他的纳谏总是拜答不暇，所以执政大臣一开始都以为他贤明而不察其劣迹。

承乾患有足疾，行步艰难。太宗四子魏王李泰当时在朝廷有良好的声誉，太宗越来越偏爱和器重魏王李泰。承乾担心太宗会废掉自己而另立魏王李泰为太子，对魏王李泰十分忌妒，而魏王李泰也自负才能，暗怀夺取太子之位的野心。太子和魏王各自在朝廷树立朋党，于是终于造成了兄弟之间的隔阂和矛盾。有一位太常乐人，才十多岁，姿容妙曼，能歌善舞，承乾特加宠幸，为这位乐伎取了个名字叫"称心"。太宗听说太子这种浪荡行为，顿时大怒，收捕称心并予以处死，另外还有几个人都受株连被杀。承乾怀疑是魏王告发此事，因此对魏王的怨恨更深。承乾痛悼称心，其悲伤无法消除，他在东宫建了一个屋子，在屋子里竖立称心的雕像，在雕像前又排列木偶车马，令宫人早晚祭奠，承乾多次到室中来，徘徊流涕。又在宫中起坟安葬称心的遗体，追赠称心官职，并在坟前树碑，以表达哀悼之情。承乾自此托病不朝见太宗，动辄达数月之久。

承乾的嬉戏玩耍发展到越来越荒唐的程度。他使户奴百十人演习音乐，学胡人的样子梳椎形的发髻，剪裁彩绢制成华丽的舞衣，表演寻橦、跳剑等杂技，击鼓声昼夜不绝，传闻宫外。他命人造大铜炉和六熟鼎，招集亡奴偷盗牛马，亲自参与烹煮，喊来那些和自己一起玩耍的杂役仆隶一起食用。他又喜欢学说突厥的语言，穿突厥人的服装。挑选相貌像胡人的人，穿上羊皮袍，编起发辫，每五人为一个部落，用毛毡建起帐篷，竖起胡人绘有五狼头的大旗，分发兵器，布列军阵，高挂幡旗，自居穹庐。命各部进贡羊只，学胡人的样子，煮熟后抽出佩刀割着吃。承乾又扮突厥可汗装死，让众人号哭，并学胡人习俗，用刀划破面皮，骑着马绕着"可汗"的"尸体"奔驰。承乾玩得尽兴，感到胡人的这一套真是有趣，忽然站起来，向大家说："如果让我当了皇帝，率领几万骑兵到金城，然后散发，投靠思摩，当他手下的一个头领，岂不痛快？"身为大唐堂堂太子，却甘心委身胡人做头领，说这话时承乾早已忘记了自己的身份，他身边的人都觉得他的话妖妄。他还把手下人都武装起来，竖起红色的大旗，与汉王李元昌分别统领，大声呼喊，相互砍杀来取乐。对不听命令奋力冲杀的人，折下树枝对其进行毒打，有的甚至被打死，轻者也会致残。

当时在承乾东宫的官员，都是太宗委派的有名望的人，如于志宁、杜正伦、孔颖达、令狐德棻、张玄素、赵弘智、王仁表、崔知机等人，都是当时一流的人选。他们不断地对承乾进行规谏，太宗对他们规谏太子的行为总是给予重赏，这是对他们的鼓励，也是对承乾的鞭策。可是承乾对这些大臣却暗中派人进行迫害打击。太宗曾对杜正伦寄予很大希望，对他说："太子是国家的储君，地位仅次于皇帝，自古以来都很重视对太子的培养，历代都是挑选忠良大臣辅助太子。现在太子还年轻，思想和志向都没有定型，我如果能整天看到他，当然可以随时加以管束教导。现在既然委派他留京监国，就不在我的面前，我知道你心怀忠诚正直，能督促他走正道，所以才舍得让你离开我，去匡弼太子，你应该知道对你的委托是多么重要。"

贞观十年（636），杜正伦恢复中书侍郎的职务，但太宗仍让他兼任太子左庶子。杜正伦在朝廷和东宫两处任职，参典机密，以政治才干著称一时。这时承乾因足疾不能朝见太宗，喜欢亲近小人，太宗对承乾很不满。起初以年轻和生活阅历少替他开脱，现在觉得事情并不像他想得那么简单，于是告诉杜正伦说："我儿子虽然有病，我觉得总还是可以培养的。可是现在没一点儿好名声，没有听说他有任何爱贤好善的行为，私下引进接触的大多是些小人，你要好好了解此事。如果你教育不了，一定要来告诉我。"太宗不称"太子"，而称"我儿"，表现出他心理上的微妙变化，因为在他看来，承乾这样发展下去，恐怕是难以继承皇位的。至少承乾的太子地位在太宗心理上已经发生动摇。但太宗对承乾的态度仍然是想继续挽救。杜正伦不想辜负太宗的厚望，对承乾多次进行劝谏，承乾听不进去。杜正伦就把太宗的话告诉了承乾，承乾上表把杜正伦转告太宗的话奏闻太宗，太宗很生气，他质问杜正伦："为什么把我的话泄漏给承乾？"杜正伦解释说："我开导他，他不听，所以用陛下的话吓唬他一下，希望他有所畏惧，或许会改正错误。"太宗大怒之下，贬杜正伦离开朝廷去担任谷州刺史，后又贬为交州都督。后来承乾谋反失败，侯君集受到株连，承乾曾交代把一条金带交给侯君集，让侯君集转交杜正伦。于是太宗又把杜正伦充军发配骊州。这是后话。

太宗委派于志宁和孔颖达辅导承乾，同样也抱着很大的希望，太宗告诉于志宁说："我听说古时候太子一生下来，在还要人抱着的时候，就安排辅助之臣。过去周成王年幼，周公、召公做他的师傅，成王每天都听到正确的道理，习以成性。现在皇太子既然年少，你应该用正道来教导他，不要让那些邪僻之说启发他不良的念头，你要自我勉励，不要懈怠。只要你辅导太子称职，官爵和厚赏随时都会破格给你。"于志宁看到承乾屡次违越礼度，立意加以匡救。他花费大量心血，写出《谏苑》二十卷，教导承乾接受批评，改正错误。孔颖达也多次对承乾进行规谏，孔颖达语气的严厉，甚至连承乾的乳母都提出抗议，认为孔颖达对太子太不客气了。太宗对他们的尽心辅导太子很是赞赏，每人各赐帛一百匹，黄金十斤，以激励承乾痛改前非。

贞观十四年（640），太宗又让于志宁兼太子詹事。第二年，于志宁因母亲去世，丁忧去职，承乾奢侈放纵日甚一日。太宗担心没有合适的人辅助太子，又请于志宁提前结束丁忧期限，继续担任太子詹事。于志宁想尽其孝道，等丁忧期满再任职，太宗急不可耐，专门派中书侍郎岑文本来到于志宁的府上敦促于志宁就任。岑文本转达太宗的话说："自古忠孝难以两全，现在我儿需要有人辅助，请你割舍和抑制个人的情感，不要因私情而忘国事。"于志宁感受到太宗教诫太子的恳切之情，于是抑情就职。

于志宁起复太子詹事，看到承乾在农忙之时，动用人力，营建密室，累月不止，所作所为多违越法度，于是上书劝谏，承乾不听。承乾身边有不少宦官，与承乾过从甚密，于志宁又上书劝谏，承乾看了于志宁的上书后，极不高兴。在承乾宫中服杂役的人，期满不许回家，承乾又引突厥人达哥支入东宫，于志宁又上书劝谏，言辞恳切。承乾不仅不听，反而大怒，暗中派刺客张师政、纥干承基刺杀于志宁。两个人来到于府，看到于志宁身为朝廷高官，却身居草房，不忍心动手。左庶子张玄素也多次上疏切谏，但承乾是任谁的话也听不进去。后来承乾谋反失败，在审问中了解到承乾派人刺杀于志宁的事，太宗又看到了于志宁的历次谏书，告诉于志宁说："我知道你多次规谏承乾，无所隐讳。"对于志宁大加勉励和慰劳。同时，右庶子令狐德棻等人因为没有谏书，受到太宗的批评，并予以贬官的处分。

太宗从内心里喜欢魏王李泰，但废立大事，他不能任意决定，而且一般情况下，他也不想动摇承乾的太子地位。他对承乾极尽挽救的努力，耗费了大量心血。承乾却不断下滑，无可救药。承乾担心太宗立魏王李泰为太子，为了断绝太宗此念，消除对手，承乾召壮士左卫副率封师进、刺客张师政、纥干承基等人谋杀魏王李泰，但又没有成功。这时在承乾周围已经形成了以邓王李元昌、吏部尚书侯君集、左屯卫中郎将李安俨、洋州刺史赵节、驸马都尉杜荷等人为代表的太子党，承乾和这些人一起刺破胳膊，用帛揩拭，然后焚灰和酒，歃血盟誓，密谋发动兵变。他们打算寻机率兵入西宫，逼太宗退位。西宫即大内，是太宗的寝宫。贞观十七年（643），齐王李祐在齐州发动叛变，承乾告诉纥干承基说："我的东宫西墙，离大内不过大约二十步远，想夺位还不容易，齐王怎么能和我们相比呢？"这时齐王叛乱被平息，在审理此案时，纥干承基受到牵连，被判死罪。为了立功赎罪，纥干承基告发了承乾。太宗召见承乾，立即将他囚禁起来，然后命司徒长孙无忌、司空房玄龄、特进萧瑀、兵部尚书李勣、大理卿孙伏伽、中书侍郎岑文本、御史大夫马周、谏议大夫褚遂良共同鞠问此案，证据确凿。至此太宗对承乾完全失望了，废承乾为庶人，流放黔州；赐邓王李元昌自尽，侯君集等人论罪被诛。东宫的僚属除了于志宁受到表彰之外，张玄素等人都因为辅助太子无功而受到太宗的责备，但未加治罪。贞观十九年（645），承乾死在黔州。

在太子党中，侯君集本是立过大功的人，也是在朝廷地位很高的人。过去他参与玄武门兵变，为太宗夺位做出了贡献。所以很早就列名宰相，参议朝政。后来在征服吐谷浑的战争中，他也建有卓越的战功。特别是贞观十四年（640），他督军击灭高昌，在开拓西域方面更是功不可没。但是在灭高昌之后，侯君集受到御史台的弹劾，说他未经奏请，配没罪人，又私取宝物，上行下效，将士们都学着他的样子，盗取财货。太宗下诏将他下狱。岑文本上疏朝廷，认为对功臣大将不应以过失淹其大功，太宗才释放了他。侯君集对此事怀有怨恨，早就向张亮表示过谋反之念，张亮告发了他，太宗以无人佐证，未加追究。承乾知道侯君集心有不满，觉得侯君集可以利用，所以就拉拢他，于是一拍即合。侯君集举着手向承乾表示："这是好手，当为你所用。"当承乾谋反的阴谋败露之后，侯君集被收捕。太宗亲自审问，说："我不想让刀笔吏侮辱你，所以亲自鞠问。"侯君集无话可说。太宗向大臣们说："过去国家尚未安定之时，侯君集确实为国家效力了，我不忍心将他依法处罪，我想替他乞求一条性命，大家能答应我吗？"群臣领会太宗的故作姿态，都争着进前发表意见，说："侯君集之罪，天地所不容，应当诛之以明法纪。"太宗向侯君集说："与你永别了，而今而后，再想你的时候，只能看你的遗像了！"于是嘘唏落泪。侯君集被斩首示众，临刑前，他容色不变，似乎早已对这个结局有所预料。他请求监刑将军说："我怎能是谋反的人呢，竟蹉跌至此！我曾为将军统兵出征，破灭二国，立下微功，请替我告诉陛下，希望给我留下一个儿子，将来祭祀我。"太宗赦免了他的妻子和一个儿子，流放岭南。在侯君集的府上，抄家的兵士发现他养有两名一直吃人乳的美人，可见其生活腐化的程度。

宠遇魏王欲益反损

太宗有十四个儿子，其中长孙皇后所生有长子李承乾、四子魏王李泰和九子晋王李治，是为嫡子。魏王李泰，字惠褒，初封为宜都王，徙封为卫王，又徙封越王，为扬州大都督。再迁为雍州牧、左武侯大将军。其职皆挂虚名，并不赴任。贞观十年（636），改封魏王，遥领相州大都督。

魏王自幼富于文才，善作文，又好贤接士，太宗特令他在王府中置文学馆，由他任意招引学士。太宗还因为李泰腰粗膀大，趋走下拜有点困难，派人用小轿把他抬到宫中朝见。这些都说明太宗对魏王泰的宠爱是超过其他诸子的。但这只是做父亲的对儿子的偏爱，太宗起初也并无改立魏王为太子的念头，相反，他是以亲王应各安本分莫生妄念来教育魏王的。

贞观十年（636），太宗就告诉荆王李元景、汉王李元昌、吴王李恪、魏王李泰等亲王说："从汉朝以来，皇帝的弟弟和儿子，受封土地身居荣贵的很多，但只有汉朝的东平王刘苍和河间王刘德最有好名声，能够保全自己的俸禄和王位。像晋朝的楚王司马玮之类招致覆亡的人不是少数，都是生长在富贵的生活中，骄奢淫逸造成的。你们要加以深思，引以为鉴。我为你们挑选贤才作你们的师友，要接受他们的谏诤，不能自作主张。"接着太宗就向他们灌输立身扬名，未必一定要做皇帝，他说："我听说：'修养道德就能使人信服。'此言不虚。前不久我曾梦见一个人，说是虞舜，我不觉肃然而生敬意，难道不是因为仰慕他的高尚道德吗？如果是梦见夏桀和商纣王，我一定挥刀砍杀他们。桀、纣虽然是天子，现在要是称某人为桀、纣，那他一定大怒。颜回、闵子骞、郭林宗、黄叔度等人，虽是布衣百姓，现在要是以他们的名字相称，把某人的品德和他们相提并论，那别人一定会非常高兴。由此可知，一个人立身扬名，可贵的在于德行，何必要论身份名望的高低贵贱。你们都位列藩王，生活上有实封享受，如果再能够修养德行，那不就是十全十美了吗？而且所谓君子和小人并不常定，做好事就是君子，做坏事就是小人，应当自我约束，自相勉励，让别人经常听到你们的好事，不要放纵个人的情欲，自陷刑网，遭受杀身之祸。"

太宗无非是告诫他们，不一定要做天子，即便是一介平民，只要修养道德，也能留名后世，为人景仰。又是勉励，又是恫吓，目的则是要求他们不要觊觎太子的地位。

在魏王府中聚集了一批文士，司马苏勖就是其中一位。他认为，自古著名的亲王多引宾客，以著书立说为美，他建议魏王奏请太宗，组织文士编撰一部地理学著作《括地志》，太宗答应了这个请求。于是魏王就奏引著作郎萧德言、秘书郎顾胤、记室参军蒋亚卿、功曹参军谢偃等人入魏王府，进行此书的修撰。这项有意义的工作从贞观十二年（638）开始。

心理上对某个儿子的偏爱必然导致待遇上对诸子的厚此薄彼。贞观十四年（640）正月，太宗亲幸魏王在长安延康坊的住所。这次他下了一道特别的诏令，赦免雍州及长安死刑以下的罪犯，免除延康坊百姓当年的租赋，又按等级高低多少不等，赏赐魏王府官员僚属绢帛。这是对魏王的一种特殊的恩宠，一种超越常制的待遇。太宗的目的显然是为魏王树立声名，结纳人心，因为这些赏赐都是沾了魏王府所在地的恩泽。

萧德言等人撰著《括地志》的工作进展顺利，因为这件事得到了太宗支持，一切后勤上的需要都有保证供应，卫尉卿提供场所，光禄卿供给膳食，士人中有文学修养者不少人都参与了。许多贵游豪门子弟纷纷结纳魏王，魏王府一时门庭若市。魏王感受到太宗对他的过分恩宠，也想尽快完成这本书的修撰。贞观十五年（641）书成，分道计州，共五百五十篇。魏王附表奏上，太宗下诏令收藏于秘阁，赐魏王绢帛一万段，参加撰写的萧德言等人都有多少不等的赏赐，并提高待遇。

由于太宗对魏王过分的恩宠，不久，朝廷每月供给魏王的料物不仅超过其他亲王，也远远超过了皇太子。这时太宗正为太子承乾的奢纵无赖又屡教不改而大伤脑筋，与对承乾日益厌恶的同时，太宗这样宠爱魏王，可以发现这两个儿子在太宗心目中的地位正在发生变化。尽管他没有明言，但心中肯定闪现过改立魏王为太子的念头。这种完全颠倒了的待遇厚薄，从太宗此时的心情上是可以理解的，承乾恶迹日彰，这必然增强了他对魏王的好感，对魏王的非常待遇，正是他这种好感的外化。但废立大事，太宗是不能随便流露出来的，那么他是不是有意这样做来试探一下朝廷的舆论如何呢？因为改立魏王为太子，魏王就必须在朝廷上有足够的支持力量。我们感到太宗确有这种用意。

太宗对魏王的分外优宠立刻在朝廷中引起了反响。谏议大夫褚遂良上疏太宗，他对"储君料物，翻少魏王"的现象提出批评，特别指出"朝野见闻，不以为是"。太宗又令魏王入居武德殿。武德殿在东宫之西，离大内比东宫还近，参奉太宗，极为方便，而且处所宽闲，是当年齐王李元吉的住处。魏征知道后，急忙劝谏。他担心第二天早上朝见无法面陈，连夜上书，请太宗收回成命。魏征还说，当年齐王李元吉住在这里，人们就认为不合适，暗示太宗注意舆论的压力。太宗不能不知道魏王的俸料多于太子，让魏王居武德殿并不合适，但这一方面是出于他对魏王的偏爱，这种情感驱使他做出违制之举，另外我认为太宗也就是索性看一看大臣对此有何看法。试探的结果使太宗深感魏王缺乏支持力量。于是他也就打消了原来并不坚定的念头，对褚遂良和魏征的意见都加以采纳。

面对承乾越陷越深、无可救药的现实，太宗欲改立太子的矛盾心情还是不断地表现出来。他想扶植承乾，但承乾太不争气；他想立魏王，但在朝廷重臣中没有人响应。太宗犹豫不决，承乾的太子地位就在这种犹豫不决中越来越动摇。

贞观十六年（642）的一天，太宗问大臣："当今国家何事最急？每个人都谈谈自己的看法。"尚书右仆射高士廉说："抚养百姓最急。"黄门侍郎刘洎说："安抚周边各族最急。"中书侍郎岑文本说："礼义教化最急。"谏议大夫褚遂良说："当今天下四方都仰望陛下的恩德，没有敢违法乱纪的，但是太子、诸王各有本分，应该有个定制了，陛下应该为万世树立法则以留传给子孙，在我看来，这是当务之急。"太宗肯定了褚遂良的看法，他说："这话说得对啊。我也快五十岁了，已经感到年老体衰。既然已经立长子为太子，可是我的弟弟和儿子们有将近四十位，心里忧虑的常常在这上面。自古以来不论嫡子庶子，只要没有贤良的大臣辅助，哪一个不倾败国家。你们替我搜访贤明而道德高尚的人，来辅助太子，包括诸王，都为他们寻求正直之士当老师。而且官员们侍奉诸王，任期不宜过久，岁月长久，就情深义重，容易结为朋党。那些超越本分的妄想，大都是由此产生的。王府里的官员僚属，任职时间不要超过四年。"

联系当时的情势，我们知道褚遂良和太宗的话都包含着丰富的潜台词，君臣都不愿明言，心里却都明白指的是什么。按说承乾被立为太子已经十多年，与诸王各自的身份早有定制，褚遂良又为什么说"当务之急"呢？这里隐含着对太宗的批评，意谓不该在太子问题上犹豫不决，造成现在谁为太子的问题在众人心目中还没有定论。说成是当务之急，也暗示太宗不能在这个问题上继续徘徊了，而应该解决的主要是魏王的问题，要把他作为亲王看待，而不能把他看得高于太子，那是有违礼制的。

太宗一边要表现出他在太子问题上没有犹豫的态度，以承乾为太子的决心没有变，一边也把自己的难言之隐暗示给了大家，那就是虽然以承乾为太子，可是太子不学好、不成器这是公开的秘密，所以他又一次强调为太子寻找好的辅佐之人。他提到弟弟和其他儿子，其实着重也是指魏王，意谓在承乾败德的情况下，他们在继承皇位方面都是有资格的，要巩固承乾的太子地位，就要防止诸王觊觎皇位。所以在重申以承乾为太子的决心不变的同时，他也透露了防止诸王当然主要指魏王夺位所采取的措施，一是加强对诸王的教育和辅导，选拔正直之士作为诸王的辅佐；二是建立诸王府官员僚属的轮换制度，防止亲王与其僚属事久胶固，结为朋党，发展个人势力。

太宗自己当年和哥哥李建成就是因为太子和亲王的关系没有处理好发生宫廷政变而夺位的，他当然不愿意看到自己的儿子重演悲剧，褚遂良的话正触及他最担心的问题，所以他不能在大臣面前表现出任何的犹豫不决。在内心十分犹豫的情况下，在众人面前他仍然只能承认承乾的太子地位，唯一能做的就是继续寻找合适的人才辅助承乾。

不管太宗怎么表白，大臣们对太宗有心立魏王还是多所猜疑，议论纷纷。太宗听说后心里十分厌恶，他不想让这股风继续刮下去，刮下去就将皇室内部的矛盾暴露无遗，而且会造成政局的动荡不安。为了显示自己决心未变，他又选最为得力的大臣魏征辅助太子，他告诉侍臣们说："当今忠正刚直的大臣，没有人能超过魏征，我派他去做太子的师傅，以此来打消天下人在太子问题上的猜测，断绝所有人对太子的觊觎。"贞观十六年（642），拜魏征为太子太师，仍然参议朝政。这可以说是太宗在太子问题上下的最大砝码了。但这时魏征已身染重病，他向太宗推辞，担心不能胜任。太宗下诏答复他："汉高祖的太子，由四皓辅助。我依赖你教导太子，就是这个道理。我知道你患病，但可以卧病任职。"魏征接受了这个重任，显然他还想以自己的残年再为教育太子尽绵薄之力，但不久他就一病不起，与世永辞了。

太宗的优宠早已激发了魏王的野心。这时承乾因足疾，同时也因为称心之死而心怀怨恨，很少朝见太宗。在承乾和太宗关系日益疏远之时，魏王争夺太子之位的念头也逐渐滋长。他结纳一些功臣之子如驸马都尉柴令武、房遗爱等二十多人，在朝廷布置心腹。黄门侍郎韦挺、工部尚书杜楚客相继掌管魏王府事，两人都替魏王泰拉拢朝廷要员，甚至采用贿赂手段打通关节。承乾和魏王这时都积极培植党羽，发展个人势力，朝廷官员则各有依托，互相明争暗斗起来。承乾担心魏王夺去太子之位，暗中派人冒称魏王府的典签，到玄武门为魏王进封事。太宗读到这则封事，奏疏中讲的都是魏王的罪状，太宗知道其中有诈，令人捕捉上封事的人，但一无所获。

承乾和魏王的争夺意外结束了。贞观十七年（643），承乾谋反失败。太宗本来就产生过立魏王为太子的念头，魏王也积极谋取太子之位，每天进入西宫侍奉太宗。现在太宗觉得似乎没有什么问题了，于是背后许诺立魏王为太子。岑文本、刘洎明白太宗用意，便请求立魏王为太子。可是一波刚平，一波又起，在承乾败后立谁为太子的问题上，这时在朝廷大臣中发生了分歧。以长孙无忌为代表的大臣坚持要立晋王李治为太子，一场新的争夺又开始了。太宗公开在大臣面前表示立魏王为太子的想法，他告诉大臣："昨天青雀投我怀中，说：'我今天才真算是陛下的儿子，简直是我再生的日子。我有一个儿子，陛下如果立我为太子，我死的时候，定当为陛下杀掉，传位给晋王。'哪个人不爱自己的儿子呢？我看他态度如此恳切，心里很哀怜他。"青雀是魏王的乳名。谁知太宗话音刚落，就遭到了谏议大夫褚遂良的批评，他说："陛下的话很不对，希望您认真思考一下，不要上当。哪会有陛下万岁后，魏王即位，肯杀他的爱子而传位晋王的呢？过去陛下既立承乾为太子，却又过分宠爱魏王，礼制和待遇方面都超过太子，结果造成了现在太子谋反的灾祸。前事不远，足以为鉴。陛下要立魏王，希望您先安排好晋王，使他能保全生命。"面对这种局面，太宗十分为难，说："我不能这样做。"就站起身回宫去了。

太宗原先对魏王的过分宠爱曾引起大臣们的逆反心理，魏王本人也有恃宠、矫情、奢侈、傲慢等缺点，因此朝廷重臣对他没有好感。当太宗恩宠魏王逾制之时，就有人说，朝廷中三品以上的官员多轻魏王。魏王府虽然置文学馆，延揽文士，但其中缺乏朝廷重臣，与当年太宗的文学馆不能相提并论。围绕在魏王泰身边的多是功臣子弟，年轻后生。不难想象，魏王继承皇位，现在身处重位的大臣都有可能地位不保，因此在承乾败后，他很快成为众矢之的。

太宗有嫡子三人，除了承乾和魏王之外，就是晋王李治，于是李治成为众人瞩目的太子人选。但太宗一直觉得晋王懦弱，未曾想到立他为太子。这时有人说太原发现一块瑞石，上面的纹路显出"治万吉"三个字，分明预示李治为太子吉利。这显然是拥护李治的一派在制造政治舆论。太宗内心犹豫不决，又想听从长孙无忌的话立晋王李治。魏王隐约了解到这种变化，就对晋王进行威胁，说："你跟邓王元昌友善，难道承乾一案你不会受到株连吗？"晋王十分忧虑，面有惧色，太宗感到很奇怪，问是怎么回事。晋王如实告诉了太宗，太宗一下子明白了，他为魏王的表现感到很伤心。他有了一种受骗的感觉，原来魏王并无爱晋王之心，他的许多话都是假的。他开始后悔许诺魏王为太子。

贞观十七年（643），承乾对太宗说："我贵为太子，还有什么要求呢？都是因为受到魏王的图谋，与朝廷大臣共谋自安之术。那些品行不端的人才教我做出不轨之事。如果立魏王为太子，正使他得计了。"太宗最讨厌的是身为亲王谋夺皇位，太宗权衡利弊，对侍臣说："承乾说得对，如果立李泰为太子，那就是告诉大家，太子的地位可以谋求而得。假使李泰被立为太子，将来做了皇帝，那么承乾、李治都性命不保；李治被立为太子，李泰、承乾则不会有危险。"于是太宗产生了立晋王李治的念头。经与长孙无忌等人谋议，终于宣布立晋王李治，而将魏王幽禁起来，解除他所有职务，降为东莱王。又下诏说："自今以后，如果太子不道，亲王有图谋太子之位者，两个人都不能作为太子，作为一条规定写到令文里。"

不久，李泰又改为顺阳王，居均州郧乡。有一次太宗手持李泰的表疏，告诉身边的大臣说："李泰文辞可喜，难道不是一位才士吗？我心里一直想念李泰，但为国家考虑，让他居处外地，使他和太子李治两相保全。"在承乾和魏王的事件上，太宗情感支配理智的表现给他的儿子造成了不同程度的悲剧，太子和魏王两败俱伤，跟太宗处置失当有很大关系。

扶植太子用心良苦

承乾事败，太子和魏王争夺皇位的斗争本来有了结果，以魏王为太子似乎水到渠成。可是朝廷舆论忽然又出现了倒向，出现了群臣争欲立晋王李治的局面，特别是几位最有力的朝廷要员如长孙无忌等人，他们态度十分坚决。这使太宗颇感意外，政坛真是风云莫测。

李治字为善，小名雉奴，生于贞观二年（628）六月，贞观五年（631）封为晋王，贞观七年（633）授并州都督，并不赴任。过去谁也不会想到立他为太子，因为不管是论年龄，还是论才华声望，他都没有优势。据说他自幼歧嶷端审，宽仁孝友。少年时随著作郎萧德言学习《孝经》，太宗问他："这本书中哪些话最重要？"他立刻背出："夫孝，始于事亲，中于事君，终于立身。君子之事上，进思尽忠，退思补过，将顺其美，匡救其恶。"太宗听后很高兴，说："行此，足以事父兄，为臣子矣。"这是几句教育人们尽孝守忠的话。萧德言向李治强调这几句话的重要性，李治把这几句话背得烂熟，太宗的夸奖，说明李治拥有亲王臣子的本性，连他自己也是把忠君事亲作为座右铭的。母亲长孙皇后去世时，李治才九岁，但他已经懂事，悲戚哀伤，感动左右。他以仁孝受到父皇的宠爱。

太宗重视对诸王的教育，他告诉魏征："自古侯王能自我保全的很少，都是由于生长在富贵的生活中，爱好骄奢淫逸，大多不了解亲近君子疏远小人的道理。我想让我所有的弟弟和儿子都能看到古代诸侯王的言行，希望他们能以古人的事迹作为鉴戒。"于是命魏征等人收集自古以来帝王子弟成功和失败的事迹，编成一本作为对诸王进行品德教育的历史教材，取名为《自古诸侯王善恶录》，以太宗名义赐给诸王。晋王跟大家一样得到一本。太宗看过这本书后，认为编得很好，对诸王说："你们应该放在座位右边，作为立身之本。"

太宗一直是把晋王李治当作亲王培养的，与其他亲王一样，李治也没有得到太宗特殊的恩遇。因此直到贞观十七年（643）承乾失败，晋王没有多少可以称述的事迹。当承乾和魏王激烈争夺的时候，他像一位闲人一样站得远远的，甚至连观望也算不上，乐于置身事外。承乾事败，他也不曾想到去争一争太子的宝座，相反，魏王一阵喝唬，就使他好几天惴惴不安，忧虑自身不保。

现在他突然受到了以舅舅长孙无忌为代表的一批大臣的拥戴，对此太宗不能不感到意外。直到现在连我们也不能不问一个"这是为什么？"其他大臣不说，长孙无忌与魏王和晋王同是甥舅关系，为什么却有这样强烈的倾向呢？人们分析其中的原因，认为长孙无忌是出于个人固权保位的思想，晋王懦弱，便于控制。那么其他大臣难道也有此心吗？看来问题并不如此简单。我们认为更重要的原因还应该从当时的政局来看。由于太宗对魏王的过分恩宠，造成不少人对魏王的依托，在魏王身边早已形成一个新的势力。在魏王党中，大多是贵游子弟，是一批功臣后代，如房遗爱、柴令武等人，本来他们是有资格接替他们父祖的爵位，有希望成为唐王朝新一代的主角的。但遗憾的是现在把持朝政的仍是长孙无忌、褚遂良、房玄龄、李勣等老臣。长期以来魏王依恃太宗的宠爱，没有把他们看在眼里，因此一批新贵和朝廷元老便形成对立，过去因为有承乾做太子，大臣都力保承乾以抑魏王，但承乾像软豆腐一样扶不起来，最后遭到贬废，这时大臣们才推出晋王李治，以避免魏王得志。李治所有的优势就是嫡子地位和懦弱性格。

由于大臣的坚决反对，也由于魏王的恶劣表现，过早暴露野心，太宗终于放弃了早就产生的立魏王的打算，这种放弃是很痛苦的。尤其令太宗不安的是另一位嫡子晋王李治性格懦弱，在他看来，李治不是一个理想的皇位继承人。但以长孙无忌为代表的大臣态度坚决，太宗不能违拗他们的意见。一向以刚决果断著称的太宗面对如此局面既犹豫不决，又为进退维谷而痛苦不堪。李祐作乱，承乾谋反，魏王刁钻，晋王柔弱，实在令人苦恼。过去花费大量心血的苦心扶植，现在全成了枉费心机，一切都付之东流；自己想立的儿子无人支持，大臣们极力扶植的又不能差强人意。然而另立太子的事情又迫在眉睫，不容稍缓。自己已经四十六岁，朝廷大臣因太子问题已经形成派别，拖延下去，谁知道又会生出什么是非。

这一天，太宗在两仪殿听政，群臣已经走出大殿，太宗专门留下了长孙无忌、房玄龄、褚遂良、李勣，告诉他们说："我三个儿子，一个弟弟所作所为竟然如此，我真感到心灰意懒了，觉得一切都毫无思绪！"说着他便一头撞向龙椅，长孙无忌等人都抢着上前扶抱。没想到太宗又拔出佩刀要刺自己，褚遂良眼明手快，赶快把刀夺下来，交给了晋王李治。无忌等人就问太宗究竟有什么想法。太宗说："我想立晋王为太子。"太宗其实并没有拿定主意，但形势已经迫使他必须发话了，眼前的几位执政大臣都是拥护晋王的，所以他只能勉强地说想立晋王，而不能说出别的人，除了李治也没有一个足以使朝廷上下接受的人。长孙无忌一直盼望着太宗的这句话，因此不容分说，立刻把太宗的话当作诏书肯定下来，说："谨奉诏。如果有敢提出异议的人，格杀勿论！"太宗告诉李治说："你舅舅答应让你做太子了，应该拜谢。"于是李治拜谢他们。太宗心里还不踏实，又问无忌等人说："你们已经同意了我的意见，不知道朝廷上其他大臣看法如何？"长孙无忌回答说："晋王仁孝，人们早就归心于他了。我请求陛下召见群臣，试问一下，如果不像我说的，那就是我背负了陛下，我甘当死罪。"

太宗驾临太极殿听政，召文武六品以上的官员到场。太宗说："承乾悖逆，魏王也一样凶险，都不能立为太子。我想从诸子中挑选一个作为皇位继承人，谁能胜任呢？你们都明白地说。"百官都欢呼道："晋王仁孝，当为太子！"太宗这才放下心来。当天，魏王率领一百多名骑兵到永安门，太宗敕令守门将士把他的骑兵安排到别处，把魏王领到肃章门，幽禁在太极宫北的内苑，防止生起新的事端。

贞观十七年（643）四月七日，太宗下诏立晋王李治为太子，他亲临承天门楼，宣布大赦天下，令百姓食肉三日，以示庆贺。宋代史学家司马光赞扬太宗说："唐太宗不以天下大器私其所爱，以杜祸乱之源，可谓能远谋矣！"这年李治十五岁。

实际上在太宗心目中，放弃了魏王，却未必立晋王李治，因为他一直认为李治过于懦弱，缺乏自己那种英明果断。后来我们知道他对吴王李恪存有好感，但李恪是杨妃所生，是庶出。太宗不很在乎这一点，他对立嫡以长的传统观念不是很重视的，但他知道贸然提出由吴王李恪为太子，很难为大臣所接受。李治毕竟还有嫡子的身份，容易在朝廷中树立支持力量，他的舅舅长孙无忌就坚决力主立他为太子，而李恪没有这种优势。提出来于事无补反而会害了他。因此承乾失败、魏王失宠之后，太宗在太子问题上仍然举棋不定，思想上矛盾重重。不能果断地立晋王李治，原因就在这里。最后下决心立晋王李治，是因为他看到朝廷上对晋王支持的力量较强，因此立李治也有利于稳定当前和今后的局势。

太宗对太子李治的懦弱仍然放心不下，后来有一次，他又私下向长孙无忌说：

"你劝我立雉奴，雉奴懦弱，我担心他不能保全社稷，怎么办呢？吴王恪英明果断，类似于我，我想改立他为太子，怎么样？"长孙无忌决不会同意废掉他的亲外甥而另立吴王，所以他态度非常坚决地反对。太宗说："你是觉得吴王李恪不是你的亲外甥吗？"长孙无忌说："太子仁厚，正是修文致治的理想君主；太子之事非常重要，岂可多次变换？希望陛下慎重考虑这件事。"从此太宗也就打消了这个念头。太宗又担心英明果断的吴王李恪将来生觊觎之心，为了维护李治的地位，他告诫吴王说："父子虽然是骨肉亲情，但如果儿子犯罪，那么法律是不徇私情的。汉朝时已经立了昭帝，燕王刘旦不服，阴谋夺位，霍光就把他杀掉了。作为臣子，不能不以此为戒。"

为了巩固李治的地位，太宗清除了承乾和魏王的余党。与此同时，则派重臣作为太子的辅弼。以长孙无忌为太子太师，房玄龄为太傅，萧瑀为太保，李勣为太子府詹事，左卫大将军李大亮兼东宫右卫率，前太子府詹事于志宁、中书侍郎马周为太子左庶子，吏部侍郎苏勖、中书舍人高季辅为太子右庶子，刑部侍郎张行成为太子府少詹事，谏议大夫褚遂良为太子宾客。这是一个阵容强大的东宫官属队伍。

李治刚立为太子，太宗可能出于娇爱，让他住在自己寝殿之侧，没有住到东宫。散骑常侍刘洎上书提出批评，指出太宗这样做有三点不好：一是让太子优游岁月，荒废学业；二是使太子悠然静处，不习写作；三是使太子久侍身边，不接正人。他劝太宗让太子住到东宫，与师傅在一起，勤学问，亲师友，增广见闻。太宗立刻采纳了他的建议，并派刘洎、岑文本、马周等人轮流到东宫值日，与太子谈论。这些人都是正直敢谏、学识渊博而又富于文学修养的大臣。派他们到东宫去，就是加强对太子政治才干和文学才华的培养。

太宗时时注意对太子的教导。贞观十八年（644），太宗告诉侍臣们说："古代有人重视胎教，我那时没有这个工夫。但是最近从立李治为太子后，遇事我一定对他加以教诲，看见他快要吃饭时，就问他：'你知道饭是怎么来的吗？'他说：'不知。'我就告诉他：'凡是农业上的生产劳动都是非常艰辛的，每一粒粮食都是农民辛苦劳动得来的，不夺农时，才能常有饭吃。'看见他骑马，就又问他：'你知道马的用处吗？'他回答说：'不知。'我就告诉他：'马能代人劳苦，让它按时休息，不要用尽它的气力，那才常有马骑。'看到他乘船，就又问他：'你知道船是怎么浮起来的吗？'他说：'不知。'我就告诉他：'船就好像是国君，水就是百姓，水能浮起船只，水也能使船翻覆。你将做国君，对此难道不应该心存畏惧吗？'看见他在弯曲的树下休息，就又问他：'你说这树还有用处吗？'他说：'不知。'我就告诉他：'这棵树虽然弯曲，木工用墨线量后，可以改造成端直的木料。做国君的虽然有时不守正道，如果接受臣下的进谏就能成为圣明的君王。这是古代贤相明师说的话，你要作为自己的借鉴。'"太宗结合生活小事，就近取譬，启发太子戒奢俭约、爱惜民力、关心百姓、纳谏改过，真是循循诱导，耐心细致。太宗总是不失时机地向太子灌输政治道理。郭孝恪出征西域，俘虏焉耆王突骑支到洛阳，太宗就告诉太子说："焉耆王不寻求贤明的辅助大臣，不采纳忠臣的谋略，自取灭亡，被勒着脖子，捆着胳膊，押送到这里，漂流万里。人们都因此感到亡国的恐惧，那么你也应该知道什么最可怕了。"

太宗关心太子的声望和成长，贞观十八年（644）三月，太宗在两仪殿听政，太子陪侍在旁。太宗问大臣们："太子的性格和品行，外人都有所了解吗？"司徒长孙无忌就说："太子虽不出宫门，天下人没有不钦佩崇仰他的圣德的。"太宗又说："我像李治这个年龄时，并不是循规蹈矩的。李治自幼宽厚，缺少我那时的胆识和气度。谚语说：'生子如狼，犹恐其羊。'希望他年龄再大些时，自然就不会跟现在一样了。"长孙无忌急忙为太子辩解，说："陛下神武，是平息暴乱安定天下的英才；太子仁恕，确实是修文致治的品质，兴趣和崇尚虽有不同，但各当其分，各适其时。这是皇天保佑大唐而福及百姓啊！"太宗注意培养太子的实际执政能力，临朝听政时，就让太子陪侍身边，让太子学习处理日常事务的方法，还有意识地听取太子对一些具体问题的意见。太宗离京时，就让太子监国，让他亲自处理政务。贞观十九年（645），太宗亲征辽东，便留太子于定州监国。临行，太宗告诉太子："现在留你镇守，并委派贤臣俊才辅助你，目的也是让天下人瞻仰你的风采。治理国家的要务，就在于进用贤臣，斥退恶人，赏善罚恶，至公无私，你要努力这样做。"太宗派高士廉代理太子少傅，与刘洎、马周、张行成、高季辅等人共掌机务，辅助太子。

培养太子的目的是使他能够继承父辈开创的事业，担负起治理国家的重任。对于太宗来说，他更希望的是李治能将贞观时期一系列正确的政策和方针继续贯彻执行下去。因此这需要对贞观时期的政治经验进行系统的总结，作为一笔政治遗产留传给后世。为此太宗晚年在日理万机之暇，又不辞辛苦地写下了一部政治论著《帝范》。这本书专门讲做皇帝应遵守的规范，用来赐给太子李治。在序言中，他告诉李治写作的目的："你小的时候，受到父母的疼爱，但治理天下的很多道理并没有向你灌输，作为父亲我对你教育不够。你本来是一名亲王，现在立为太子，将来要继承皇位，可是还不熟悉君臣之礼，还不知道农业生产的艰辛。我常常为此感到忧虑，甚至为此废寝忘食。上自轩辕黄帝，下迄北周隋朝，有不少开国创业之君和继位守成之主，他们兴亡治乱的事迹，史书上都明明白白地写着。所以我历览考察古人的业迹，从史书上广泛地搜集材料，收录那些重要的言论，为你提供鉴戒。"《帝范》除了"序"和"后序"外，共十二篇，其篇目依次是《君体》《建亲》《求贤》《审官》《纳谏》《去谗》《诫盈》《崇俭》《赏罚》《务农》《阅武》《崇文》。这部书全面总结了太宗政治经验，十分宝贵。在"后序"中他又强调太子要把书中讲的道理落实到行动上，他说："此十二条者，帝王之大纲也。安危兴废，咸在兹焉！古人有云，非知之难，惟行之不易；行之可勉，惟终实难。"也就是说，要知，要行，要善始善终。他还总结了自己一生的得失，承认有不少过错，但功大过微。希望太子不要效法他那些失误的地方。最后他言之谆谆地告诫太子，面对国家基业和皇帝宝位，要珍惜，要谨慎。

《帝范》的内容闪耀着政治智慧之光，表现出一位杰出的封建社会政治家对各种政治问题的深刻思考。贞观二十二年（648）正月，当太宗将此书赐给李治时，他又交代说："修身治国的道理，全在这部书中，一旦我不行了，再没有别的要说的了。"

贞观二十三年（649），太宗病重。他对辅助太子的人选作了最后一次调整，特别安排长孙无忌和褚遂良同心辅政。太宗告诉长孙无忌和褚遂良说："我现在把后事全部托付给你们二位。太子仁孝，这是你们知道的，你们要善加辅助和教导。"又告诉太子说："有无忌和褚遂良两个人辅助你，你不必忧虑国家治理不好。"他又告诉褚遂良说："多少年来，无忌尽忠于我，我有天下，他出力不少。我死以后，不要让谗人离间你们君臣。"太宗的各项安排对他死后政权的顺利交接起到了可靠的保障作用；他晚年对太子的教育收到了良好的效果。太宗去世以后，李治即位，是为高宗。高宗在长孙无忌和褚遂良的辅助下，继续贯彻实行贞观时期的各项方针政策，继续保持了政治上的良好局面，所以史书上说："故永徽之政，百姓阜安，有贞观之遗风。"

后　记

　　关于唐太宗的研究，成果已经相当丰富，传记、论著、论文等已发表不少。但不是说一切问题都解决了。一位历史上的巨人永远是学术上的一个课题，每一个时代都会有新的解读。笔者接受本书的写作任务以来，在研究有关唐太宗的原始材料和历来的研究成果后，觉得对唐太宗这个人物，学术界还有花气力进行研究的必要，尤其作为一位影响深远的政治家，太宗留给后世的经验教训是应该认真加以总结的。过去关于唐太宗的评价有以偏概全、过分拔高的倾向。世界上没有完人，李世民也同样不是十全十美的。他有普通人都有的缺点和弱点，他也犯下过重大失误，我们都不必为尊者讳。但他的历史贡献的确非同寻常，唐朝的辉煌是由他奠基的。也许有关唐太宗的研究不仅仅是一般的学术问题，而是更有现实意义的学术问题。有关唐太宗的研究决不应该只是学术层面，了解他更不应该仅仅是书房里的学者和教室里的学子，有关太宗的论著应该有更广泛的读者。

　　由于有关太宗的原始材料比较集中，书中使用的资料没有一一注明出处，防止注来注去，令有些读者生厌，影响阅读的兴趣。关于唐太宗研究的论著、论文数量很大，写作中有所参考，不能一一注明。本书的写作在立意、体例、行文和论述方式等方面都遵循丛书主编的思路，并融入了新的要求。因此，每论述一个问题，都是从原始材料出发，按照自己的思考去写，尽力避免人云亦云的老调重弹，在叙述和论断方面多出于己意，这样可能有的见解和评价不同于前人，立论不免有偏颇之处。为了读者理解方便，引用原文时一般都译为现代白话文，以直译为主，有时参以意译。这也是本书不同于过去一些论著的地方。要把文言文准确翻译下来，有时并不是一件容易的事，甚至吃力不讨好。直接引用原文不失为一种藏拙的技巧，但从读者角度考虑，翻译则是一种负责任的态度。本书不是一部传记，而是只对太宗政治智慧和执政作风进行探讨和分析，这也是不同于以往一些专著之处。所以在关于唐太宗的研究已经有不少成果的情况下，作者自认为对于读者来说，本书仍有阅读的价值。

这本书原著曾以《走出玄武门：李世民的治国谋略》为名，被列入"历代名帝政治智慧"丛书，于2000年在华夏出版社出版。当年写作这本书期间，作者有机会赴西安古城参加了"1998年法门寺国际唐文化学术讨论会暨中国唐史学会第七届年会"。在从扶风法门寺返回西安的途中，亲访了陕西礼泉昭陵博物馆，馆中展出有大量文物。这些文物使我深深感受到太宗那个时代确是一个开放包容且富有创造精神的时代。这种创造精神在物质、精神以及制度等诸多方面都有所体现。我为那丰厚的历史遗产和文化成果而激动，我感到那个时代离我们是那么遥远，又是那么亲近。一个逝去的时代为什么如此具体地展现在我们面前？穿越时间的永久生命究竟是什么？于是我更感到太宗和他的那个时代值得我们好好写一写，它能使我们扩大心胸，增长智慧，增强信心；它能使我们不自觉地抛弃一些庸俗琐屑的念头，培养开阔的胸襟和高雅的气质，促使我们去追求华美、壮大、高远、辽阔的精神世界和生活境界。回到北京以后，坐在电脑前重新开始写作时，我燃起了一种新的激情，由此我也产生了一个想法，希望朋友们有机会都到西安古都去，尽情地观览周秦汉唐的文化遗迹，那种切身感受不是从书本中能够得到的。

当年，首都师范大学历史学院阎守诚教授向出版社推荐我写作此书，非常感谢阎先生这些年一直以来对我的学术和写作给予的关心和帮助。感谢当年丛书主编杨群先生，华夏出版社王进先生，为我提供了写作这本书的机会，并在写作过程中给予许多关心和指导。感谢我所在的单位北京外国语大学中文学院资料室耿聆、胡东篱等几位老师在资料方面提供的方便。诚恳希望读者提出批评指正。如今，著名出版人、北京斯坦威图书有限责任公司李佳铌女士又把这本书再次出版，并允许我对原著进行了大量的完善和补充，将书名更改为《盛世帝王李世民》，让这本书以更令人满意的面貌呈现给读者，在此致以诚挚的感谢。

主要参考书目

（唐）温大雅撰：《大唐创业起居注》，李季平、李锡厚点校，上海：上海古籍出版社，1983年。

（唐）长孙无忌等撰：《唐律疏议》，刘俊文点校，北京：中华书局，1983年。

（唐）杜佑撰：《通典》，王文锦等点校，北京：中华书局，1988年。

（唐）吴兢编著：《贞观政要》，上海：上海古籍出版社，1978年。

（后晋）刘昫等撰：《旧唐书》，北京：中华书局，1975年。

（宋）王溥撰：《唐会要》，上海：上海古籍出版社，1991年。

（北宋）王钦若等编：《册府元龟》，北京：中华书局，1960年。

（宋）欧阳修、宋祁撰：《新唐书》，北京：中华书局，1975年。

（宋）司马光编著：《资治通鉴》，北京：中华书局，1956年。

（宋）李昉等编：《文苑英华》，北京：中华书局，1966年。

（宋）宋敏求编：《唐大诏令集》，北京：商务印书馆，1959年。

（清）董诰等编：《全唐文》，上海：上海古籍出版社，1990年。

（清）彭定求等编：《全唐诗》，上海：上海古籍出版社，1986年。

吴云、冀宇编辑校注：《唐太宗集》，西安：陕西人民出版社，1986年。